高校生のための批評入門

梅田卓夫 清水良典
服部左右一 松川由博 編

筑摩書房

高校生のための批評入門　【目次】

中扉カット――イワサキ・ミツル
装幀――安孫子正浩

この本を使うみなさんへ

批評とは何でしょうか。評論を読んだり、論説文を書いたりすることではありません。もちろん他人の欠点をあげつらうことでもありません。みなさんは、世界にひとりしかいない「私」という人間として、考えています。「私」を、世界の中に考える主体として置くこと――これが批評のはじまりです。批評とは、世界と自分をより正確に認識しようとする心のはたらきであり、みなさんの内部で日々〈生き方をみちびく力〉としてはたらいているものです。この本は、そのような力として批評が生まれる現場へみなさんを案内することを意図して編集されました。だからこの本は、論文の読み方や書き方などの当面の技術を教えるものではありません。〈批評が生まれる現場〉に即して、みなさん自身のものの見方や考え方を訓練する、いわば〈生き方のワークブック〉なのです。

＊

〈文例〉について

本書に採択した五十一編の文例については、次のことを考慮して選び、編集した。

(1) 批評の豊かさを味わうことができることを第一とし、翻訳を含めて、いわゆる評論・論説などのジャンルにはとらわれなかった。

(2) 各章は、批評の生まれる動機や問題意識のあり方によって分けられている。同傾向のものばかりにならないよう〝とり合わせの妙〟を考えた。
(3) これらは批評精神の多様なあり方を示すアンソロジーとして、また高校生のための読書案内としても十分に活用してもらえるようにしてある。
(4) なお、個々の文例については、抄出した部分だけで完結性があることを重視した。文例は途中カットをしなかった。標題は原著(訳)者のものを使用した。全文の場合は出典のところにその旨を明記した。
(5) 用字・送り仮名等は、常用漢字表や当社刊行国語教科書の編集基準に従って改めたところがある。

〈手帖〉について

(1) 各章末に解説として「手帖」が設けられている。
(2) 批評を身につけるための手がかりとヒントを与えるものであるが、通読すると、本書の批評についての考え方がひととおりたどれるようになっている。

〈「思索への扉」について〉

(1) 本文の各文例には必ず設問が一つあり、その解説がおさめられている。
(2) 設問は批評の本質へ読者を導くようなものを心がけた。いわゆる読解のための問題を解く以上に深い理解力と思索が得られるだろう。
(3) したがって「思索への扉」も単なる解答集ではなく、読者が〈考える主体〉として〈批評の生まれる現場〉を追体験できるよう配慮した。

高校生のための批評入門

1

私の流儀

1　みどりのパントマイム

がむしゃらな自己主張ではなく、世界との出会いに心を開くことが批評の始まりである。

子《こ》安《やす》美《み》知《ち》子《こ》

ある日、彼女は、「うわあ、おもしろかった。スンヒルトといっしょだったんだ。」と、玄関にはいるなり、つっ立ったまま、話しだした。

上級オーケストラに入れてもらえることになったフミが、はじめての練習に、ちょっと不安をおぼえながら出ていった日だった。指揮者のトラウトナー先生が、「これが、こんど第一ヴァイオリンにくわわるフミだよ。」と、仲間たちに紹介して、彼女を二列目の席にすわらせた。

パチパチパチパチ――みんなの拍手をうけながら、フミが、ぐるりと

彼女　後出のフミ（一九六四―）。筆者の娘。西ドイツ、ミュンヘンで十二年制の一貫教育をするシュタイナー学校に学ぶ七年生（十三歳）。

スンヒルト　フミの二級上で九年生。髪の毛を頭上で丸め、ぺちゃんこな帽子をかぶっている。風変わりな服装をしている

まわりを見わたしたとき、三人ほどはなれた第二ヴァイオリンの席に、例の少女の顔があった。まっ白な鼻をピンとのけぞらせて、目と口もとをにこりとさせ、フミにうなずく。

「えっ、彼女もいるのか。」

フミは、ひとりでふきだしそうになりながら、ヴァイオリンのケースをあけた。

その日、その子の頭のお団子に、いつものペチャン帽がなかった。練習がおわって、帰るとき、フミは、彼女に近づいていって、「あなたの帽子は、どうしたの？」と話しかけ、つい、クスリと、笑った。

「私の帽子、きょうは、ベッドでおねんねよ。とっても疲れてかわいそうなの。」

高くてやわらかい声で、まるいメロディーのついた話しかただった。ふざけている、という表情ではない。あのペチャンとした、丸いものは、この少女にとって、まったくまともな帽子なのだ。ああ、あれ！　といって、おたがいに笑いだすことになるのでは、と予測していたフミは、このまじめさのまえで、またおどろいた。

が、どこか人をひきつける魅力をもった少女である。

上級オーケストラ　学校教育を大切にするシュタイナー学校には、技倆《ぎりょう》に従って二つのオーケストラが編成されており、その上級の方をいう。

トラウトナー先生　シュタイナー学校の音楽教師。

第一ヴァイオリン　オーケストラの弦楽器群のうち、最高音域を演奏するパート。第二ヴァイオリンは、これに次ぐ高音域を受け持つパート。

「あなたも地下鉄？　途中までいっしょにいけるわね？」

度胆をぬくような服装をしていながら、その話しかたには、あかるい光を発散するようなやさしさがあって、なんとなくフミは、ひきこまれていった。

「フミのヴァイオリンて、音がとってもきれーいね。ほかにどんな楽器ひくの？」

「うーん、ほかはあまりやってない……。」

「あら、ひとつの楽器だけなんて、そんなに幅のせまいことではだめよ。私は、ヴァイオリンとハープとリコーダーとチェロ。あとコントラバスとピアノも必要でね。そのうち始めるわ。」

「〝必要〟って音楽家になるために？」

「ちがう、私の希望はパントマイム役者。」

パントマイム？　あ、そうか、フミは、このあいだの夏休みに見た映画『天井桟敷の人々』を思い出した。あのときの俳優の演技に強烈な印象をうけたのだった。えーと、何て名前の俳優だったたっけ……。

「私、ジャン・ルイ・バロウに弟子入りしたいって手紙出したのよ。

パントマイム　pantomime　黙劇、無言劇。台詞《せりふ》を用いずに身振りや表情によって行う演劇。ギリシア時代に端を発し、ローマ時代に芸能の一ジャンルとして独立した。

『天井桟敷の人々』　ナチス・ドイツ占領下のパリで、侵略に抵抗しつつ二年がかりで製作されたフランス映画史上屈指の大作。一九四四年完成。監督マルセル・カルネ。十九世紀のパリの下町で、芝居小屋のパントマイム役者であったバチスト（ジャン・ルイ・バロウ）と美しい女ガランス（アルレッティ）との悲恋を描いたラブ・ストーあの人の書いたものやら伝記やら、全部読んだの。」

そうだ、ジャン・ルイ・バロウだ、とフミは思い出した。え？ でも、あんな人に手紙を出したなんて！

「ほんとは、演劇のレッスンも必要なのよ、でもそんなにいくつもレッスン受けるお金がないでしょ。だからいまのところ演劇学校に、毎週行って、ほかの人たちのレッスンのようすを見ているのよ。」

地下鉄の座席で、むかいあって座っていたスンヒルトが、しばらく沈黙した。ふと、フミの目のまえで、なにかが、なよなよと動いた。見ると、スンヒルトの両腕がのびてくる。左右の手指をからませたり、はずしたり、その手がパッとひらいたり……。腕をおりまげ、背をまるめ、首をうなだれていたかと思うと、ふたたび頭をおこし、両腕をゆるやかにつきだしてきた。少女の目は、どこか遠くにむけて、自分だけに見えるものを、つかまえようとしている。いきなり、彼女が両手でフミの両肩をおさえて、ゆさぶりながら、

「ねえ、ねえ、フミ、いまの私にとって、なにがいちばんの問題か、わかる？ 緑よ、緑の色を、どうパントマイム化するか、ってことよ。青と、赤は、かんたんなの。でも緑はね、ほんとにむずかし

リー。

ジャン・ルイ・バロウ Jean-Louis Barrault（一九一〇―九四） フランスの俳優。フランス演劇界の中心的存在で、映画にも多数出演した。パントマイムの名人としても有名である。

い。」

さっきとちがう早口で、熱っぽく語りだした。

「あんな子に……私は……もう……ほんとに……はじめて出あった……。」

と、フミは、その日のスンヒルトの言動を私に報告すると、「ふわあ」と、あらためて深く息をはいた。


文中に「必要」ということばが何度か出てくるが、フミとスンヒルトでは「必要」と言ったときの内容が少し違うようだ。その違いを説明してみよう。

子安美知子（一九三三―）　ドイツ文学者、早稲田《わせだ》大学名誉教授。近年ではドイツの哲学者、ルドルフ・シュタイナー（一八六一―一九二五）の教育理念に基づくシュタイナー教育の研究と、日本における紹介に力を注いでいる。著作に『ミュンヘンの小学生』『魂の発見―シュタイナー学校の芸術教育』などがある。

出典　『ミュンヘンの中学生』（朝日文庫）
写真　財団法人川喜多記念映画文化財団提供。

2

遺書

B・バルトーク
羽仁《はに》協子《きょうこ》訳

祖国ハンガリーにヒトラーの魔の手が伸びる。呼応するかのように、祖国は内部からナチ化してゆく。この史上未曾《みぞう》有の暴力に抗して、人間の自立と精神の自由を守る闘いに明け暮れたひとりの芸術家が、ついに亡命を決意する。「遺書」とは一つの宣言なのだ。

埋葬は可能な限りかんたんなものであること。

万一私の死後、私の名前がどこかの通りにつけられるか、または私に関して公開の場所に記念碑が作られるようなことがあるならば、次のことを希望する——。

ブダペストのもとオクトゴン広場、およびもとケレンドが今日、その名によって呼ばれている人たちの名を冠している限り、またハンガリーのどこかの通りまたは広場がこの二人の名によって呼ばれ

ブダペスト Budapest ハンガリー共和国の首都。

オクトゴン広場 Oktagon 八角形広場。当時はヒトラー広場と呼ばれていた。現在は十一月七日広場。

ケレンド Körönd 円形広場。当時はムッソリーニ広場と呼ばれていた。現在はコダーイ・ケレンド広場。

ている限り、ハンガリーのいかなる通りといえ、広場といえ、公共の建物といえ私の名を冠しないこと、同様に私に関していかなる記念碑も公の場所にかかげられないこと。

「希望する」（一九・4）にこめられた筆者の批判精神を読み取ろう。

B・バルトーク Bartók Béla（一八八一—一九四五）ハンガリーの作曲家。一九四〇年、アメリカに亡命。白血病に冒された不遇な晩年をニューヨークで閉じた。作品に「弦楽器・打楽器・チェレスタのための音楽」など多数がある。

出典 『ある芸術家の人間像—バルトークの手紙と記録』（冨山房《ふざんぼう》）

▼ここに掲げたのは一九四〇年十月四日に書かれた遺書の一部である。

3 長い読書

中村真一郎《なかむらしんいちろう》

多読、精読、速読、味読、はてはツンドクまで、読書法もさまざまだ。どれが一番いいというのではなく、自分に合った読書法を見つけ出す。こんなやり方はどうだろうか。

今年も夏を軽井沢《かるいざわ》の小屋で暮らした。この高原のどこかで夏を過ごすのは、私にとってはもう半世紀に近い習慣であって、そして毎日、日課として繰りかえしている散歩の足がどこへ向いても、行く先々で出会うのは堀辰雄《ほりたつお》の思い出である。そして今年は、それに福《ふく》永武彦《ながたけひこ》の記憶も加わっている。

あれは戦争前のある夏だったが、私や福永が愛宕山《あたごやま》の中腹の、堀さんによって「熊の家《ベア・ハウス》」と命名された大きなバラックで暮らしたことがある。私たちが子供のように、自転車を乗りまわして遊んでば

今年　この文章は一九八〇年十月に発表された。
軽井沢　長野県中東部の地名。中山道の宿場町で明治以後避暑地となる。
堀辰雄（一九〇四―五三）小説家。『風立ちぬ』『美しい村』などの作品がある。
福永武彦（一九一八―七九）詩人、小説家。『風土』『死の島』などの作品がある。
愛宕山　信越本線軽井沢駅北三キロ、標高一一六七メートルの山。南山麓《さんろく》は古くから避暑地として知られる。

かりいるのを見兼ねた堀さんは、輪読会をやろうと提案した。

テキストに選ばれたのはヴァレリーの『ユーパリノス』で、堀さんは亡くなったばかりの立原道造《たちはらみちぞう》が愛読していたリルケによる独訳本を持参し、また奥さんのために英訳本も用意した。この輪読会にはもちろん、追分《おいわけ》村から加藤周一《かとうしゅういち》が、そしてはるばる野尻《のじり》湖から白《しら》井《い》健三郎《けんざぶろう》も参加したような気がする。

ところで堀さんがこうした輪読会を思いついたのには、当時、二十歳ばかりの私がむやみと本を雑読する癖があり、それを精神にとって危険だと考えた堀さんが、「本を速くしか読めなかった」芥川《あくたがわ》龍之介《りゅうのすけ》の例を挙げ、ゆっくり読む訓練をしないと、「芥川さんのようになるよ」と、注意してくれたのであったが、その訓練のひとつとして、テキストを一行ずつ時間をかけて正確に読む輪読会となったわけだった。

これは私には大変にいい実物教育になった。そして私も堀さんの真似《まね》をして、ほとんど幼児が玩具《がんぐ》で遊ぶように、一冊の本を気長に愉《たの》しむ術《すべ》を覚えていった。堀さんが一生の間で最も長くつき合ったのは、プルーストの『失われた時を求めて』だったが、今でも堀さ

ヴァレリー Paul Valéry（一八七一―一九四五）フランスの詩人。『ユーパリノス』は一九二三年刊の対話体の作品。正しくは『ユーパリノス、あるいは建築家』という。

立原道造（一九一四―三九）詩人。『萱草《わすれぐさ》に寄す』『優しき歌』などの作品がある。

リルケ Rainer Maria Rilke（一八七五―一九二六）ドイツの詩人。『ドゥイノの悲歌』『マルテの手記』などの作品がある。

奥さん 多恵子《たえこ》夫人。

追分村 長野県軽井沢町の地名。中山道と北国街道との分岐点。

加藤周一（一九一九―二

んの読んだテキストを開けてみると、各所に色鉛筆で枠が囲ってあって、また、別に人物表や研究書からの抜粋ノートがあったりして、いかに徹底して綿密にその所々の章を読み抜いたかを示している。そしてあまり凝った読み方をしたので、とうとう全巻を通読することなく、世を去っていった。

　私が最もゆっくり読むことのできたのは、トーマス・マンだった。自分にとっては文体とは先人のパロディーにほかならない、と敢然と誇っていたマンは、一作ごとに実にその文体に工夫を凝らしていて、その小説の短い章句を嘗《な》めるようにして味わいながら読むには、持ってこいの作家なのである。

　多分、彼の文体の魅力に最初に捉《とら》えられたのは『ヴェニスに死す』ではなかったかと思う。あの擬古典主義的な、修辞学の法則を故意に教条的に採用することで、一種超越的なユーモアの効果をあげている文章（ひとつの名詞にクレッセンドに三つの形容詞を付加させるやり方など）は、山崎剛太郎《やまさきこうたろう》から渡された仏訳本を傍らに置いて、ひと夏たっぷり愉しんだものだった。

　それから『魔の山』は、やはり堀さんの書庫から持ち出した仏訳

〇〇八）評論家。『羊の歌』『日本文学史序説』などの著作がある。

野尻湖　長野県北部、信濃《しなの》町にある湖。避暑地として知られる。

白井健三郎（一九一七―一九九八）フランス文学者。

芥川龍之介（一八九二―一九二七）小説家。『羅生門』『地獄変』などの作品がある。

プルースト Marcel Proust（一八七一―一九二二）フランスの小説家。『失われた時を求めて』は一九一三年から始まり、死後の二七年に全巻刊行された長編小説。二十世紀文学の最高峰といわれている。

本と、それから当時、岩波《いわなみ》文庫で出た邦訳とを対照して、とにかく終わりにまで漕《こ》ぎつけた。

　明るいスケルツオーの雰囲気のある『大公殿下』は、戦前のある夏、原本と英訳とを枕《まくら》の両側に置いて昼寝の友としたのだったが、やがて戦禍のなかにその両方の本ともを失ってしまって、今は時々、思い出したように邦訳本で先を読み継いでいる。

　最も熱心に、だから精密に読んだのは『ファウストゥス博士』で、これは篠田《しのだ》一士《はじめ》に教わって、仏訳が出るとすぐ読みはじめたのが、多分一九五〇年前後だったろう。

　何しろあの小説は五十章近くに分かれているが、その各章が実に見事な形式的配慮によって、ほとんどそれぞれ完結した文章となっている。だから一章読みおえるとほっとして息を抜くことになり、すぐ筋を追って次の章へかかるという、普通の小説読みの衝動に襲われることはない。そこで毎夏、ある年は一章だけ、別の夏は数章を間を置いて、それでもページだけは従順に繰っていって、ついにこの夏のある日、私は読了するに至った。一冊の小説を読むのに、前後三十年をかけたのは、生涯でも最初の経験であって、恐らく絶

トーマス・マン　Thomas Mann（一八七五―一九五五）ドイツの小説家。本文に挙げられた作品のほか、『トニオ・クレエゲル』など多数の小説・評論がある。

クレッセンドに　crescendo（イタリア語）次第に強く、の意。

山崎剛太郎（一九一六―）「マチネ・ポエティク」の同人のひとり。翻訳家。

岩波文庫　一九二七年に岩波書店から創刊された文庫。世界の古典を多数収録することで知られる。

スケルツオー　scherzo（イタリア語）軽快な三

後であろうと思う。堀さんが生きておられたら、「どうです、ぼくもゆっくり読むことを覚えたでしょう。しかも読み切ることを覚えたんですから（その点では、出藍《しゅつらん》の誉れですよ）。」と、報告したいところである。但しカッコ内のところは、口のなかで。

ところで三十年もかけてひとつの小説を読みおえたとなると、実は作品全体の遠近法が判《わか》らなくなってしまっている。どういう筋であったかも、長年のあいだに漠然となってくるのである。

ただこの作品には、その制作途上の時期の日記をもとにした、小説の成長過程を精《くわ》しく説明している、それ自体、一冊の分量のあるノートが発表せられている。私は本文読了と間髪を入れずに、この『ファウストゥス博士の成立』と題する創作ノートを読み通した。

これによって、どの章の主題は何であり、そして統一的な大主題がどのように展開するかを知ることができ、各章の冒頭の余白に、私なりの仮小見出しを付することによって、改めてこの大作の流れを一気に下って見た。作者は書きあげたあとで、この無愛想な構成の作品に、読者に便利な展望を与えるために、全体を七部に配分することを、一時考慮したそうである。

拍子の曲。諧謔曲《かいぎゃくきょく》。

篠田一士（一九二七―八九）英文学者、文芸評論家。『日本の近代小説』などの著作がある。

出藍の誉れ 中国の故事。弟子が師よりもすぐれているという評判、名声。

シェイクスピア William Shakespeare（一五六四―一六一六）イギリスの劇作家。『ハムレット』『オセロ』などの作品がある。

ヘンリー・ジェイムズ Henry James（一八四三―一九一六）アメリカの小説家。『ある婦人の肖像』『ねじの回転』などの作品がある。

が、そうした計画は、この層々塁々たる巨篇《きょへん》の面影を枠でくくることになるので、作者は故意に、そのような分類は取り払った。その仕事は読者の愉しみに任せられたのである。

特にこのノートには、制作中に作者の読んだ無数の作品の名がちりばめられている。これはこの大作を脱線しながら読み進めるには、まことにいいヒントであって、私はこの小説を読み返す際には、ちょうど、その部分を書いていた時の作者が手にした、シェイクスピアなり、ヘンリー・ジェイムズなり、シュティフターなり、ルカーチなりを改めて並行して読んでやろうと思っている。

しかしそのためには、もう私にはもう一度の三十年は無理だろうから、果たして完走できるかどうか。

とにかくこの夏は『ファウストゥス博士』をついに征服したということで記念すべき夏となった。

読了した晩、たまたま加藤周一に招《よ》ばれたので、彼の自慢のハンガリア料理を御馳走《ごちそう》になりながら、この私ひとりのための長征の完了を自祝したことであった。

シュティフター Adalbert Stifter（一八〇五—一八六八） オーストリアの作家。『晩夏』などの作品がある。

ルカーチ György Lukács（一八八五—一九七一） ハンガリーの哲学者、美学者。『理性の破壊』『ゲーテとその時代』などの著作がある。

「その仕事は読者の愉しみに任せられたのである。」（二六・2）という「読者の愉しみ」とは何だろうか。

中村真一郎（一九一八―一九八八）小説家、評論家。加藤周一、福永武彦らと「マチネ・ポエティク」を結成、押韻の定型詩を試みる。創作のかたわら、ヨーロッパ文学、日本の古典文学の評論などに幅広く活躍した。評論『江戸漢詩』、小説『四季』など多数の著作がある。

出典『本を読む』（新潮社）

4

私は教育経験三十年

宮城《みやぎ》まり子《こ》

知らぬ間に固定観念にとらわれていることがいくらでもある。気づかないでいると、私たちの柔軟な思考が妨げられるばかりか、ときには人をも傷つけることがある。どんなものからでも学ぶ姿勢、すなわち素人の視点を失ってはいけないのだ。

もうずいぶん前になる。九月二十六日の夕方だった。七歳の男の子が、

ぼく　かえる　みつけた。
いいい、しみそう。
くさのところへ　いきました。

と書いた。

それを先生が、

ぼくは　きょう　かえるをみつけました
死にそうでした　くさのところへ　いきました

（傍点　まり子）

と、なおした。

私には、日にちと情景が浮かぶ。九月二十六日、夕方、夏の終わり、ご飯をたべる直前の、少し寂しい、夕焼けのピンクが松林にかくれて、チャコールグレーにかわるようなときに、夏のあいだ元気に騒いで鳴いていた蛙《かえる》が弱って、ピョンピョンと跳んでいった。それを、手と足に障害を持つ感受性の強い男の子が、やっと跳んでいく蛙を見て、しみそうと感じた。

「しみそう」は「死にそう」の彼の幼児語であり、知恵の遅れであり、言語障害ではあるけれども、私はその表現が好き。もちろん言葉としては間違っている、弱々しく、哀れに、蛙が跳んでいくのを

チャコールグレー　チャコールは木炭のこと。黒に近い灰色。けしずみ色。

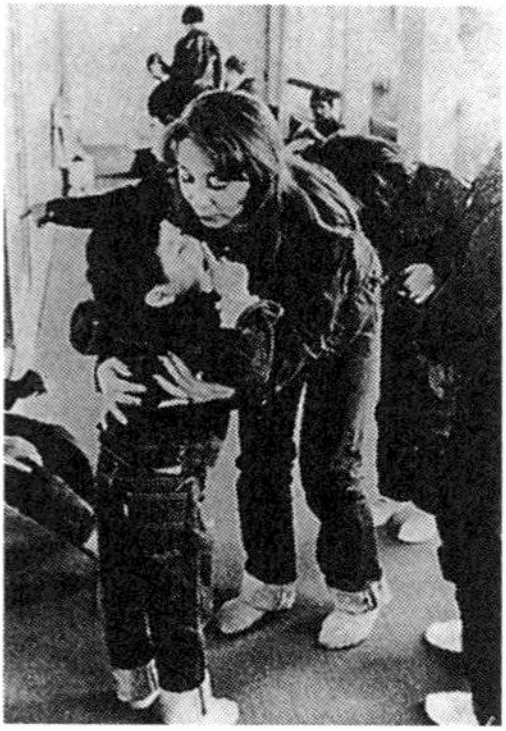

ねむの木学園にて
（『なにかが生まれる日』より）

見たら、「死ぬ」ということではなく、「しみそう」というほうが的確なような感じがした。

その場合、その子がいくつになったら、「これは、しみそうではなく、死にそうなのよ。」っていったらいいのだろうか。小学校では、「夏の終わりなので、蛙が弱っているでしょう。」と、具体的に書かなければならないのだろう、と思いながら、私は、迷う。

私には、言葉の少なさが、とても詩的に感じられたから。

いつか子どもは、「しみそう」ではなく、「死にそう」と書くのだということがわからなければならないだろうけれど、「しみそう」でなく、「死にそう」だということがわかったときに、あの子は絵がかけなくなるような気がする。

ところが、赤で、ペケしてなおしてある。次もペケしてなおして

ある。その子が、私に、

「ぼくは作文もダメなんだねえ。ダメな子なのね。」といったとき、私は思わず、

「ダメな子なんか一人もいない。」

って、いってしまった。もちろんその子は、とんぼや蛙の死は知っているけれど、大きいものの死の悲しみは、本能的にこわい、別れがこわい、と感じとっては甘すぎるだろうか。ペケして、その横に書き添えられる先生の言葉は、あまりにも残酷だった。

「しみそう」でいい。蛙が弱々しく草の中に入っていくのだから。夕方の情景も考えてみれば、孤独な少年が、孤独な蛙を見送っているんだナと思うと、いじらしくて、かわゆく、その子の書いた文章のほうが私は好き。

　そして、そのままの感じを絵で表現したらいいって思った。そのとき、職員室に、先生にお願いに行った。

「先生、たいへん生意気で、失礼だと思うけど、お願いがあります。先生は、学校の教師を長いことしていらっしゃるから、先生の教育方針があると思っています。そしてこの子はこういう丸い形をした

子どもだとお考えになっていらっしゃると思います。だけど、この子はこういう横に長い楕円《だえん》形のような形をした子なので、先生の教育方針からはみ出るところがあります。だから先生、こういう楕円形になって、この子の教育をしていただけませんか。この子は、こういう子どもで、先生のこういう丸い形から見ると、横にはみ出しすぎてしまいます。先生、その子にあった形で教育してほしいのです。これは私の無理なお願いでしょうか。」

　そしたら、その先生に、

「あんたは女優さんで偉いかしらんけど、私は教育経験三十年です。」って、叱《しか》られた。

「すみません。たいへん生意気いって。」とにかく申しわけなかったと、謝り、走って砂丘に行った。そして海に行って、大きな声で、

「ナガイダケガノウジャネエゾー。」

って、海にいいつけて、砂浜にひっくりかえって、大声をあげて泣いた。ちゃんと答えは、返ってきた。波が、ザブン、ザブンと、くり返しなさいとくり返した。

「ダメな子なんか一人もいない。」（三一・4）と言い切った時の筆者の気持ちを考えよう。

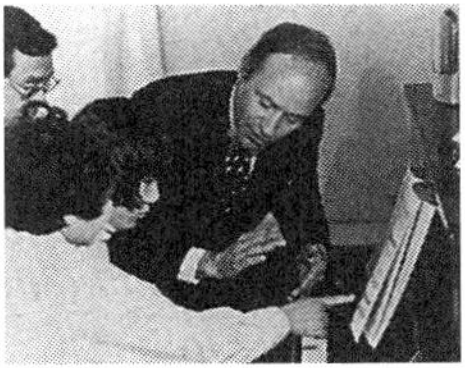

宮城まり子（一九二九—）俳優、歌手、ねむの木学園園長、同養護学校校長。ヒット曲「ガード下の靴みがき」以来、一貫して庶民の感情をドラマティックに歌い演じ続ける稀有《けう》の個性。一九六九年にねむの木学園を創設。肢体《したい》不自由児教育に全力を注いでいる。著書に『ともだち　ねむの木　そして私』（1〜3）などが、映画に『ねむの木の詩《うた》がきこえる』『ハロー・キッズ！』ほかの作品がある。

▼静岡《しずおか》県御《お》前崎《まえざき》市浜岡《はまおか》町にあるねむの木学園の図書館は「吉行淳之介《よしゆきじゅんのすけ》文庫」というが、そのほかにも画家の谷内六郎《たにうちろくろう》（故人）、ドイツのピアニスト、クリストフ・エッシェンバッハ（写真）など、内外の芸術家が訪れ、絵に音楽に惜しみない援助を続けている。

出典『まり子の目・子どもの目』（小学館）

ほんめ・としみつ「夢のおはなし」（10歳のときの作品）
＊本文で紹介されている「男の子」とは、ほんめ・としみつ君である。彼はまり子おかあさんにあてた手紙の一節にこう書いた。「みんなでおはなししました。二十さいのとき、どうしてるのって。ぼくは、こころのえをかくひとと、おかあさんのにもつをもつひとになります。」としみつ君の絵は、ひとつひとつの色彩が透きとおるように美しく、見る者の心を不思議な優しさへと導いてゆく。

5

春と猫塚

良知《らち》 力《ちから》

飼い猫の死は自身の死の前兆だった。生きるものすべてへの愛惜と鎮魂の文章。

もやの途《みち》だった。手探りするように進んで行くと、小さな影が立っていた。ペペだった。ママの着古したネグリジェをひきずるように身にまとい、手には私がやった毛糸の手袋をして、頭に小さな花々を置いていた。

「パパ、遅かったじゃないか。」ペペはニコニコと笑った。

「世のしがらみさ。渡し舟もいないから、歩いて渡るか。ペペ、パパの頭に乗れよ。」

ペペは私の頭にぴょいと飛び乗ろうとして、また例によってドジを踏み、私の頭に爪《つめ》を立てた。

「痛い！」

目《め》が覚めた。ペペをひとり夢のなかに置いてきたむなしさに、目尻《じり》に涙が溢《あふ》れた。

ペペが死んだのは一月二十二日、日射《ひざ》しのやわらかい朝だった。前の晩は好物の鰺《あじ》の干物をママにねだるなど元気だったのに、夜の十一時ごろ戸を開けさせて外に出、それきり戻って来なかった。明け方、私は起きて探しに行こうとしたのだが、私の病を気遣う妻に強くとめられた。結局朝になってから庭の片隅にうずくまっているペペを妻が見つけ、医者に連れて行ったのだが、すでに遅かったのだろうか。医者から帰って来てすぐ、妻と娘と私の三人に看《み》とられて死んだ。いつ息を引き取ったかわからぬほどの静かで平和な死だった。

オレンジが入っていた紙箱に妻のネグリジェを敷き、そのうえにペペを置いて、そっと包んでやった。なんといってもペペは妻に一番懐いていたのだから。それに私の手袋も入れ、ブラブラも一緒に添い寝をさせた。ブラブラというのはシャム猫の縫いぐるみで、娘が幼いころにさんざん可愛《かわい》がったお下がりを、今度はペペが自分の子供代わりにしたのである。いつも夜の十一時になるとブラブラをくわえて、妻の寝床にもぐりこみ、妻の枕《まくら》を自分たちが占領して眠る。そのほかに三途《さんず》の川の渡し賃にと十円玉を三つぺぺのお腹《なか》にのせ、家にありあわせの花を箱に一杯入れて、翌朝庭の梅の木の下に葬った。その小塚の上に信楽《しがらき》の狸《たぬき》を置いた。この春も次の春も、白い花となって私たちに会いにおいでというヘボな詩と一緒に。

生まれが薄運だったから、余計私たちとの縁が強まったのだろうか。ぺぺがわが家にやってきたのは、娘が中学二年のとき、いまから七年前である。中学の同じ級の悪戯《いたずら》小僧がどこからか拾ってきて、昼間はやかんの中に入れて教室の片隅に置き、夜は女生徒がまわり持ちで家に連れて帰った。最初にわが家に来たときは、一泊させただけでそのまま持ち帰らせた。妻が大の猫嫌いだったからである。だが、数日も経《た》たないうちにまた娘と一緒にわが家へやって来た。まだよちよち歩きのねずみのような小猫だった。だが、体がすっかり弱って、ミルクも飲めない状況だった。あとしばらくでもたらい回しを続けたら、生命がもたないことは目に見えていた。「仕方ない。飼ってもいいわ。」という妻の言葉は、私にも思いがけなかっ

三途の川　人が死んで七日目に渡るという、霊界の途中にある川。

信楽　滋賀《しが》県甲賀市信楽町産出の有名な陶器。古くは茶器中心だったが現在は壺《つぼ》や置物なども作る。狸《たぬき》の置物は特によく親しまれている。

たが、ぺぺにとっては天から降った神の声だったろう。とがった顔や焦茶色《こげちゃいろ》の長い尻《し》っぽは多分シャム猫の血だった。しかし少し大きくなると、体にトラ猫の縞《しま》が浮き出てきた。要するにシャムトラの混血の美女で、若かりしころの浅丘《あさおか》ルリ子を思わせる顔立ちだった。芝生の上で陽《ひ》の光を浴びて遊ぶとき、ぺぺの背はセピア色に輝いた。

「あなた、セピア色ってどんな色だか知ってるの。」妻が揶揄《やゆ》する。

水彩のセピア色とは関係ない。沈み込むような思いを湛《たた》えた青磁色の表面にさらに濃い紫の釉薬《うわぐすり》を縞模様に流し込んだような色が、私にとってのセピア色で、そのセピア色とはつまりはぺぺの色で、ぺぺは世界に一匹しかいない猫だったから、そのセピア色を共有するものはこの世には存在しないのである。

ぺぺが私たちのもとを去ってから半月後の二月七日、私は妻と共に築地《つきじ》の国立がんセンター病院を訪れた。医師で古くからの友人である斎藤龍太《さいとうりゅうた》君の紹介で、呼吸器科の池田《いけだ》茂人《しげひと》先生に胸部レントゲンの診断をお願いするためだった。

「言いにくいですが、影が見えてますね。」

シャム猫　シャムはタイ王国の旧称。シャム猫はタイ原産といわれる猫の高級な一品種。

浅丘ルリ子（一九四〇—）女優。

セピア色　黒褐色。イカの墨汁液より作る。

築地　東京都中央区。

なるほど光をあてられたエックス線フィルムの右肺下葉部にはっきりとコイン・シャドウが見えた。ほかにも全肺野にわたって白い影が散在する。左右上葉の影は結核の古い痕跡《こんせき》だろう。あの戦後の貧しさのなかで姉が肺結核で死んだから、多分そのときに私も罹病《りびょう》したものの、それと自覚する前に、若さが病をねじ伏せてしまったのだろう。結核と混同した誤診であってくれればありがたいのだが、この先生に肺癌《はいがん》の誤診を期待するのはいささか虫が良すぎる。

「まあ覚悟はきめていますが、しかしだめになる前にやりかけの仕事をなんとか仕上げたいのですが、四、五年生きられませんか。」

池田先生、苦笑いして答えなかった。

「じゃあ、二、三年はどうでしょうか。」

せりにかけた叩《たた》き売りじゃあるまいしと自分でも思ったが、台の上に乗っているのが台湾《たいわん》バナナじゃなくて自分の寿命だということになれば、少しでもいい値をつけたいのが人情である。

「二年というのも大変ですよ。」

二年がだめなら兆民居士《ちょうみんこじ》にならって一年有半といくか。ただし、私の場合「続」はあるまい。

右肺下葉部　肺は深く切れ込んだ斜裂によってそれぞれの肺葉に区分される。右肺は二条の切痕《せっこん》で上・中・下の三葉に、左肺は一条の切痕で上・下の二葉に分けられる。

兆民居士　中江《なかえ》兆民（一八四七—一九〇一）。明治の思想家。自由民権思想を啓蒙した。『一年有半』は癌で余命一年半と宣告された後に書かれたその書名。『続一年有半』も刊行した。

さてそうと決まれば、残された時間をどう使うかが唯一の問題となる。どうせ長くない時間を抗癌剤や放射線の副作用で台無しにされるのもばかげている。幸いにして池田先生も、「私の方針も基本的にあなたの考えと同じです。」と言ってくれた。放射線治療は痛みがあるとき以外は行わない、化学療法も行うとしても影響の少ないものをとのことだった。

まえもってかなりの程度心は決まっていたから、医師の宣告にもさほどのショックはなかった。だが、さすがに私も気弱になったか、珍しく妻にやさしくなった。がんセンターの玄関を出てからタクシーを停《と》め、東京會館、と行き先を告げた。私自身東京會館とか帝国ホテルなどというところで食事をしたことはないから、そこがうまいかまずいか知らないけれども、妻の心を慰めてやろうといささか殊勝な心になったのである。妻と二人で高級レストランで食事したことはまだない。二人で行くとしても、ときたま自転車に乗って近所のそば屋に手打ちの天ぷらうどんやとろろそばを食べに行くくらいだ。

東京會館へ乗り込んだものの、結局安い一品料理とワインを注文

東京會館　東京都千代田《ちよだ》区にある高級フランス料理レストラン。

帝国ホテル　東京都千代田区にある高級ホテル。一八九〇年創業。

しただけだった。実際に席を占めて、私はしゃべる言葉もなく、ただ窓の外を流れる車を眺め、濠《ほり》の石垣を意味もなく数えた。妻はハンカチを二、三枚濡《ぬ》らすほど泣いていたのに、私の心は乾いたまま、ただ重さを感じるだけだった。広間の隅の方で給仕の男女がこちらを見ながら、なにやらコソコソ話し合っている。「きっと、あの夫婦別れ話しているなんて、話してるに決まってる。」妻は泣きながら怒っていた。

私が盲腸付近の腫瘍《しゅよう》を切除するために都内のある病院で手術したのは去年の八月一日だった。手術前、約一週間にわたって注腸検査、内視鏡検査をふくめて腸の精密検査を受け、その経過のなかで私は自分が結腸癌に冒されていることを知った。手術は根治手術が行われたのだが、しかしすでに淋巴《りんぱ》腺《せん》転移は陽性だった。のちにがんセンターの診断でわかったのだが、手術時にすでに肺に転移していたのである。なぜそんなに手術の時期を失したのかという問題もあるのだが、それについてはいまは書かない。

入院していたのはちょうど八十日間だった。一応危機を脱し、多少心に余裕ができるようになると、ぺぺがいまどうしているか、それだけが気になった。人間どもはどうでもいいというわけではないが、動物は自分の想《おも》いを自分の言葉で人に伝えることはできないから、それだけあわれがひとしおである。昔の家は台所の揚げ板とか土間のどこかに猫用の穴があって、彼らの出入りは自由だったのだが、いまのわが家は、いったん外へ出ると、自分ではなかに入れず、ドアを爪でガリガリとノックしてなかから開けてもらう以外にない。私の入院中は妻も一週に二日ほどしか家に帰らず、娘は娘で家にいないことが多かったから、ぺぺはさぞかし受難だったろう。締め出しを食うことも多かったのである。外階段にうずくまって人待ち顔に淋《さび》しそうな顔をしていたと、近所の奥さんがあとで語ってくれた。

　私の退院は十月六日だった。私の顔を見てぺぺは、口を大きく開けて、ニャーニャーと三声鳴いた。また私が入院したらぺぺが可哀《かわい》想《そう》だなと思ったが、その心配もいまや無用となった。ぺぺはもういないのに、そのあとも彼女を慕う彼氏が庭先にうずくまっている。「ぺぺはもういないんだよ。」と教えてやっても、うつろな目をしたまま動こうとしない。隣の猫である。本名は違うのだが、私たちのつけた愛称はゴロンタ。だが最近姿を見せなくなった。妻が隣にそれとなく訊《き》くと、「死んだの」とのこと。ぺぺと仲が良かったから。

退院してからも私は、まだ自分に半分は希望を持っていた。根治手術をして悪いところはきれいにとったのだからと思い、通俗的な医学書などをひもといて、自分に近い条件での五年間生存率などを調べたりもした。だが、どうしようもなく一歩一歩追い詰められてきた。もう後にさがる余地はない。不可逆的な時の流れにあえて逆らうという絶望的な構えが残されているだけだ。

二月七日の段階では、腫瘍が数個に限定されていることがはっきりすれば手術もありうるとのことだったが、二月十四日胸部断層写真をとり、三月六日胸部CTスキャンを撮影してみて、手術の可能性もおそらくは消えた。医学用語はよく知らないが、ドイツ語でいえば多分ムルティープレ・メタスターゼ。二、三ミリから一センチくらいのノジュラー・マスが両肺に数十個あるらしい。

さてそうなったからといって、特別な感慨があるわけもない。いまの私にとっても、日常は時間の流れに従順に埋没している。死ぬまで生きるだけの話である。そのとき、私が私であることをやめるだけのことではないか。

CTスキャン　エックス線とコンピューターを利用した断層撮影法。
ムルティープレ・メタスターゼ　multipele Metastase　直訳すると「多発性転移」となる。
ノジュラー・マス　nodular mass　こぶ状のかたまり。

しばらく前の暖かな日、娘と一緒に久しぶりに北浅川《きたあさかわ》の河原へ行った。川は私の家のすぐ裏を流れている。コンクリートで固められた都内の河川と違って、ここはまだ河原に自然の姿が残っている。五月になればまむしが出るし、夏になれば蛍が飛び交う。私の目的はペペの墓石を拾うことだった。いまの狸じゃ、美人のペペに似合わない。高さ五十センチくらい、形もすらりとして、ちょっと御影《みかげ》石《いし》のような色つやの程よい石が見つかった。本当は河原から石を持って来てはいけないのだけれども、ほかならぬペペのお墓にするのだから、勘弁してもらわなくちゃあと、勝手に許可を与えて、石を娘に担がせた。

ペペの墓の上に白い梅の花びらがはらはらと降り注いだ。

「花が終わって、今度はペペ、青々とした葉になるのね。」と、妻が呟《つぶや》いた。

「死んでからもう二月半か。もうペペ、骸骨《がいこつ》になっちまったかな。」

何気なく私が非情な言葉を口にすると、妻は怒って歯をむき出した。「何言っているの。ペペはちゃんと元のまま、生まれたときと同じ可愛い顔をして眠っていますよ！」

北浅川　東京都八王子市北方を流れ、多摩川に合流する。

御影石　花崗岩《かこうがん》などの石材名。墓石などに用いる。

なぜペペは「元のまま」（四四・16）なの

私は黙った。ただ木の下に眠るぺぺへの想いを私自身の移ろいの姿に重ねた。

ま」（四四・16）なのだろうか。

良知力（一九二九―八五）社会思想史家、歴史家。当初、マルクス主義思想の研究に従事するが、後年、ウィーン革命（一八四八／四九年）下の疎外された民衆の具体像を描き注目を集める。癌《がん》を宣告されてから、ライフワークであったウィーン革命史『青きドナウの乱痴気《らんちき》』を書き上げた。ほかに、『向《む》う岸からの世界史』などの著作がある。なお、右の文章は死の五カ月前に記されたものである。

▼「僕は君が死を前にして病に耐えていた時の従容たる態度と平静を失わなかった心、それが、まなこを閉じてなお眼元《めもと》が微笑《ほほえ》んでいる君の死顔となったのだと信じている。今、この儀式の場では具体的なエピソードを話す時間も余裕もないけれども、『死に臨んで従容』という久しく忘れていた古い言葉を想《おも》い出させてくれたのが、この何カ月間かの君の振る舞いぶりだった。

かすかな表情と言葉少ない振る舞いとをもって話をした人良知君、君の最後の姿は、その君にふさわしくそういうふうだった。立派でした。全身に癌を抱《かか》えて書き下ろしの本を一冊書き上げたのも偉いけれども、僕はそのこと自体よりも、それをやり遂げることを通して君が獲得した、あの平静と穏やかさと抑制の心とに対して満腔《まんこう》の敬意を捧《ささ》げたいと思う。」（藤田省三《ふじたしょうぞう》「良知君に捧ぐ」より）

出典『魂の現象学』（平凡社）

▼ここに掲げたのは「春と猫塚」の全文である。

〔手帖1〕 批評が生まれるとき

1 批評と評論

「批評」という言葉が本書の題につけられているのを見たとき、諸君はどう思っただろう。多くの人はその言葉から「評論」という言葉を連想したのではないだろうか。批評と評論。言葉も用い方もよく似ているようでややこしい。

しかし本書はあくまで「批評」のための本なのである。どうちがうのだろう。

評論とは、文章の体裁そのものを指す言葉である。つまり「評論文」のスタイルをとった文章のことである。何事かについてある主張を読者に訴えるのに、論理的な記述と構成が展開される文章である。広くいう「論説文」や「随想」もこのスタイルの範疇に重なっている。

批評とは、それでは何だろうか。少なくともそれは表現のスタイルの名称ではない。人の悪口をいうことでもない。

たとえば「評論」が人の心を動かし共感を与えるためには、論理の展開がなるほどという妥当性をもっていなければならないのはもちろんだが、主張そのものの中に、読者をハッとさせるような個性的な批評が含まれていることが不可欠である。

批評なくして評論は成り立たないが、批評じたいは文章で表現されなければならないという訳ではない。人が事物に対して、他者に対して、あるいは自分に対して、ひいては世界に対して抱き持つ精神の働きなのだ。それは、人間が一人一人みなそれぞれにかけがえのない個性の持ち主であり、思想の主体であることの証《あか》しにほかならない。

2 違和感からの出発

自分は作文が下手である。とりわけ理屈をこねるのが苦手である。だから自分には批評なんて縁はない。――このように考える人はいないだろうか。

前述したようにこうした抵抗は、実は「評論」の文章様式への抵抗にすぎないのである。

どのような人間にも批評の精神はある。能力としてできるのではなく、一人の人間として何かを考えて生きている限り、それは在るのである。

それが「在る」ことの素朴な実例を、わたしたちがさまざまなものに対してしばしば抱かずにいられない違和感に見出すことができる。

他人に対して、物事のあり方に対して、あるいは自分自身の言動に対してすら、わたしたちはふとつまずくようにある抵抗を抱いてしまうことがある。それがなければ何の支障もなくスムースに生きてゆけるところへ、まるで邪魔するように、わたしたちの感性の深い部分で異議が発せられるのである。「いやだな」と感じる。「おかしいぞ」と思う。それは一瞬の直感である。なぜかを論理的に説明するのが追いつかないほどの素早い反応なのである。なぜならそれはまさに「違い」の自覚だからだ。べつに理論武装なんかしていなくても、私たちは自分の精神が望んでいるあり方と違っているものを、即座に検出できるのである。

それはまぎれもない自分の個性を、実体として自覚できる機会である。だから「違い」の発見は、その人にとっては、外に向いても、内に向いても、両面の発見だということができる。すなわち違和感は、何ものかに対する「違い」を明らかにするだけではない。それとは異なる望ましい自分の「あり方」を、自覚し発見することでもあるのだ。

こうした違和感の正体を追求していくと、必然的にそれは「あり方」をめぐる鋭い批評となっていくのである。わたしたちはもっともっと「違い」にこだわり、敏感になってよいのだ。

批評にめざめることは、他とは違う「私の流儀」が確立されることである。

3　心を「かたち」にする

心に生じた違和感や怒りや疑問は、そのまま時間がたてばわずかな記憶の痕跡《こんせき》だけを残してどんどん薄らいでいく。やがてそれが跡形もなく消え失《う》せるとともに、以前と同じ日常にわたしたちは再び呑《の》み込まれてしまう。つまりせっかく姿を現しかけた批評の芽生えも、あやふやな幻のように見失われるのである。

心を何らかの「かたち」として残すための最も身近な方法は、言葉にすることである。言葉はわたしたちが脳裏ではっきり自覚するための符号である。つまり言葉は、他人に向かって伝達するだけでなく、自分自身の意識に対して考えを明らかにする手段でもあるのだ。言葉にできたとき、ある「感じ」であったものは初めて客観的な「考え」になる、といいかえてもいい。

たとえば文例4「私は教育経験三十年」の筆者は、海に向かって「ナガイダケガノウジャネエゾー」と叫ぶ。もしも筆者が頭の硬い教師を「バカヤロー」などと感情に任せてののしっただけだったとすれば、この言葉ほどの痛烈さは得られないだろうし、同時に、教師に対抗しうる筆者自身の教育への信念を守り通すことはむつかしかっただろう。女優でありながら困難な教育現場に足を踏み入れた筆者が、自分が立ち向かわなければならない既成教育の壁を明瞭に自覚したとき、そこに痛烈な批評が言葉としてたぎり出してきたのである。つまりこのとき、筆者の怒りの感情は、今日の「ねむの木学園」を築き上げた教育思想に変じたのだ。

論理的な文章にしたり口でだれかに説明したりしなくても、わずか一語でも人が自分の考えを言葉の発見として自覚したとき、すでに批評は築かれているのである。

また、絵や写真といった手段によっても人の

「考え」は表現されうる。見つめるということはそれだけですでにもう何かなのだ。まなざしが対象を選び、表面をかき分けて内奥までまさぐっていく。その結果、たどり着いた真理が映像として獲得されれば、それは文章表現とはまた別個の、そして対等な「かたち」による自覚された表現である。文例中に掲げられた絵画や映像作品もそれら読まれるべき「かたち」の数々なのだ。

4 批評の種子《たね》

他人の発言や書物の中から自分の心を言い当ててくれている言葉を見つける場合がある。ふつう人が「考え」を造り上げていくのは、そうした〝言葉の取り入れ〟を重ねた上でのことである。

　違和感が自分の望むあり方を他と区別する精神の働きだとすれば、逆に望ましいあり方を他に見いだし吸収するこの力は「共感」と呼ばれる。つまり人はさまざまなものと遭遇し、ぶつかり合う中で、違和感を覚えたり、あるいは共感を抱いたりしながら、自分のあり方と、それを自覚する言葉とを会得していくものなのである。

　本書には五十一編の文章が収められている。これらは筆者自身がそれぞれに何かとぶつかりながら築き上げた批評精神の発露であるが、それと同時に、読者の側からの遭遇を待ち受けている、いわば批評の〝種子〟でもある。読者の心の共感にすくい上げられたとき、やがてそれは豊かに芽を伸ばすことだろう。

　しかし、批評は決して楽天的な喜ばしいだけの精神ではない。むしろこれまで何の疑問も持たずに幸福に（幸福であると思い込んで）過ごしてきた生き方に対して、思わぬ疑惑や不信を突きつけられることでもある。あるいは孤独を引き受けることでもある。無批判に成り立っている価値を解体してしまう力が批評にはあるからだ。しかも、それが自分自身に対しても向けられるものだからだ。

　批評にめざめるということは、世界の中で一個として在る自己に直面させられるということであり、あるいは世界に向ける眼《め》を受け持たされてしまうということである。重荷といえば、それは厄介な重荷である。しかし考えてみれば、この世に一人生まれ落ちて生き抜いてゆくということがそもそもだれにとっても厄介な重荷ではないだろうか。鍛えられた信念と、強固な「流儀」だけがその重荷を支えられるであろう。批評の精神は、むしろその厄介な人生と複雑な世界とをしたたかに生き抜く武器ともなる力なのである。本書が諸君に身に付けてもらいたいと願う力とは、うまく立ち回って点をかせぐ〝学力〟よりも、そのような〝生き方を支える力〟なのである。

2

境界に立つ

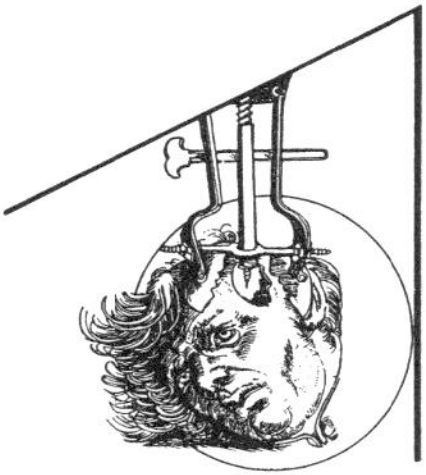

6 ヘンリ・ライクロフトの私記

G・ギッシング
平井《ひらい》正穂《まさお》訳

できることなら、私たちは静かな、なんの屈託もない朝を迎えたいと願う。しかし……。

だれかが徴兵制度を賛美して、美しい声を張り上げているらしい。レヴューや新聞でこの種の記事を読むのもきわめて稀《まれ》なことである。たいがいのイギリス人が、私と同じように、こんな記事を見て恐怖と嫌悪の情に襲われるだろうと思うのだが、そう思うと私の気もはれるのだ。徴兵制度はイギリスでは実行できないことだなどとあえていう人間はまずいないだろう。いやしくも分別のある人間なら、文明国民が慎重に営々と苦心して抑えてきたにもかかわらず、人間のもつ暴力的なものは依然として強く、それに対するわれらの防衛がいかに手薄であるか、ただちに分かるだろう。デモクラシーは文

徴兵制度 満十九歳前後の青少年の全員に、兵役検査を受けさせ心身に不備があり軍人に適さない者を除き、入隊させ一定期間軍隊生活を行わせ、常備軍を形成する制度。イギリスは平時は（現在も）志願兵制度を採っている。

レヴュー review 雑

明のすべての輝かしい将来に対する脅威にみちている。しかも、それと必ずしも不自然でなく結びついて生じる、軍国主義の上にたつ王権の復活は、われわれの前途をいっそう不安ならしめる。もし万が一にも「殺戮《さつりく》」がその不気味な姿を現すようなことがあれば、たちまち各国民は互いに鬩《せめ》ぎあい、殺しあうことであろう。もしイギリスが危地においこまれたならば、イギリス人は必ず起《た》って戦うであろう。そのような危急存亡の秋《とき》、他に選ぶべき手段はないからである。だがさし迫った危険もないのに、国民皆兵の呪詛《じゅそ》にわが国民が屈するとすれば、暗澹《あんたん》たる変化がわが国民の上にもたらされることは必至とみなければならないのだ。たとえ不謹慎のそしりを招いても、わが国民があくまでその人格の自由を守るであろうことを私は信じたい。

ドイツのある知識人が、一カ年の軍務に服したときのことをあるとき私に話したことがあったが、もう一、二カ月でもその軍務が延びていたら、自分は自殺してでもそこから抜けだしたに違いないといった。私自身の勇気をもってしてはとうてい十二カ月の終わりまでもちこたえられそうにも思えない。屈辱や憤怒《ふんぬ》や嫌悪の情に苦し

誌。評論。

められて私ならついには発狂したかもしれない。学校時代、一週に一回、運動場で「教練」があった。四十年もたった今でさえも、ただそのことを考えただけで、当時しばしば私を病人のようにした、あの悲痛な絶望の身ぶるいに再び襲われるのである。機械的な練習の愚にもつかぬ操作はそれだけで私には堪えられないものだった。一列に並んだり、号令に応じて腕や脚をつき出したり、無理に歩調をあわせてドサドサと足踏みしたりするのなんか大嫌いだった。個性の喪失は私には全くの恥辱と思えた。毎度のことだったが、隊列にいてなにかへまをやると教練係の軍曹は私を叱《しか》ったものだが、そういうときは私を「七番!」といって呼びつけた。恥辱と怒りで私はかっとなったものだった。私はもはや人間ではなかった。機械の一部になってしまっていた。そして名前は「七番」なのだった。当時驚いたことは、教練を愉しんでやる、張り切ってやる仲間がいたことだった。そういう少年を見て、どうしてわれわれ二人はこうも感じ方が違いうるのか、と、自問したものであった。確かに学友のほとんど大半は教練をエンジョイするか、あるいはともかく平気な態度で教練を受けているかのいずれかであった。彼らは軍曹殿と仲

教練 軍事教練のこと。学校で行われる軍隊の予備訓練。

よしになり、ある者は軍曹殿と校則で定められた区域外を歩くのを自慢にしていた。左、右！　左、右！　私自身はどうかというと、この肩幅の広い、いかつい顔の、不快なドラ声をした男ほど、前にも後にも人を憎んだことはかつてなかったと思う。彼が話しかける一語一語が、私には侮辱のように感じられた。遠方にいる彼の姿を見ただけで、敬礼の義務を免れるために、いやそれ以上に、当時の私の苦痛の種であった神経の異常の昂奮《こうふん》をさけるために、くるりと引き返して逃げていったものだった。もしだれかが私に害を、そうだ、肉体的であるとともに精神的な害を、与えたとしたら、それこそまさしく彼であった。真面目《まじめ》な話だが、私が少年時代からずっと悩みつづけてきた神経異常のいくばくかは、その起因をこの呪《のろ》われた教練の時間に求めることができると信ずる。また同じこの惨めな時間から、私のひどく困った性質の一つである猛烈な自尊心も始まったと信じている。自尊心はもとよりあった。それはやわらげらるべきものでこそあれ、激化さるべきものではなかったはずである。

　もっと若い時代なら、あの学校の教練場で私だけが鋭く苦しみを感じる感受性をもっていたのだ、と考えて、私は独り悦に入ったかもしれない。ところが今では、多くの級友たちも、やはり同じような抑圧された反抗的精神に燃えていたと、信ずる気持ちの方が強くなっている。いかにも少年らしく、教練を楽しんでいた人々の間でさえ、大人になって、奴隷的軍務が自らや同胞たちに課せられるのを喜ぶというような人間はまず一人としてなかろうと思う。ある見方からすれば、徴兵制度を熱心に、あるいはいいかげんに受け入れることによってイギリスが救われるよりも、むしろ征服者の下に血を流す方がはるかにましであるかもしれない。こういう見方はイギリス人には支持されないだろう。しかし、イギリスを愛する者のうち、だれ一人としてそういう考えを抱く者がいない日がくるとしたら、それこそイギリスにとっては悲しむべきことだといわなければならない。

番号で呼ばれることが、なぜ「機械の一部になってしま」（五四・11）うことになるのだろうか。自分が呼ばれる場合を実例にして考えてみよう。

G・ギッシング George Robert Gissing（一八五七―一九〇三） イギリスの小説家。幼い時に父に死なれ、奨学金を得てロンドン大学に学んだが、十八歳で不幸な街の女と恋愛し彼女を救うために盗みを犯して退学、牢獄《ろうごく》生活を送った。のちに彼女と結婚したが不幸な貧困の生活は続いた。『暁の労働者』『三文

文士街』などの作品がある。晩年南フランスへ渡った後、やや生活の安定を得て『ヘンリ・ライクロフトの私記』を書いた。ほとんどこの一作によって世界に知られている。

▼ギッシングは実生活での貧困と不幸の中でも、知的貴族主義・古典的教養へのあこがれを抱きつづけた。『ヘンリ・ライクロフトの私記』は小説の形をとっているが、実は自分を主人公ライクロフトに託して、貧困と肉親の絆《きずな》から離れ静かに平和と美の世界に生きることの幸福を描いた随筆的作品である。古典を愛して、夏のある日の散歩から帰ったその夜静かに死んでいくライクロフトの姿には、ギッシングの願望と高貴な精神がそのまま反映している。

出典『ヘンリ・ライクロフトの私記』（岩波文庫）

▼ここに掲げたのは「春」の「一九」の全文である。

7

ああ西洋、人情うすき紙風船

岸《きし》 惠子《けいこ》

ここに、親しい人との小さなトラブルに底知れぬ深淵《しんえん》を見てしまった人の、言葉がある。

それは、日本行きをあと二、三日にひかえたある夕方のパリでのこと。

まだ姿も現していない親不知《おやしらず》を切開手術で抜歯されたムスメが、風船のように腫《は》れあがった頰《ほ》っぺたを押さえながら、台所に粉砂糖と卵のカラをまき散らして製作におよんだ「リル・フロッタント（浮き島）」というデザートのでき上がりを、大きな菓子ぼんに入れて食堂に運んでゆくときに突然沸き起こった出来事。

およそ風流なお菓子の名前とはうらはらの、裂けるような悲鳴。

「ひどい。ひどいわッ。」と叫んだのはわがムスメ。

「なんたる蛮行だ。」と短く鋭く言い放ったのは、食事に来ていた私の友人。

「えッ?!」と運搬中のデザート・ボールを捧《ささ》げ持って顔をあげた私がみたのは、テレビの画面いっぱいに拡《ひろ》がった血の海。キャメラが後退するとその中で、何十何百頭のイルカの大群が半数は砂浜にひきあげられて瀕死《ひんし》の状態。半数は、まだ自らの流血で真っ赤に染まった海の中で、何か棒のような物をふり下ろす人間たちに最後のとどめを刺されている、いとも無残な光景なのだった。

「野蛮人。」と、さらに叫んだのはムスメだったのか友人の方だったのか、その声に、なにか私をはばかるような、非難するような、険悪なニュアンスがあったので、ふと棒立ちになった私に、「日本人っていうのは……」という追い打ちがかけられ、そしてそのあとのことばが呑《の》み込まれてしまったのは、私の様子にただならぬものがあったからなのだろうか。

　白けきってしまった食卓にもう笑いの花は咲かず、折角の「浮き島」に手をつける者もなく、私の心に濁ったわだかまりと、どうにもならない孤独が拡がっていった。

私のムスメは小さいころから動物が大好きで、犬猫はもちろんのこと、金魚に亀《かめ》にタツのおとしご、野うさぎ、もぐら、アムステール（ねずみの一種）、小鳥も熱帯魚も数種類、別荘で食物泥棒で壁のいたるところに穴をあけてしまう野ねずみ退治に大わらわになった私に、涙を浮かべて抗議し、猫いらずを呑み下した瀕死のねずみを両手ですくいあげ、ぶどうの皮とタネを抜きとって口に運び、注射器のスライドを利用してミルクを飲ませて蘇生《そせい》させてしまった。九歳になったとき、『ウーム、私の白いイルカ』という絵入りのシナリオを書いて、世の親バカ総代表のような夫と私は、日本のアニメーション・プロダクションに頼んで、白いイルカのシリーズ物を作り、一時、フランスの茶の間で人気随一の子供番組となった。その「原作者」であるわがムスメには、だから日本人とイルカはひどく親密な関係にあったらしい。

そのムスメに、突如、日本人にコン棒で撲殺され、あの愛敬《あいきよう》のある可愛《かわい》いちいさな眼《め》に、涙を流しているようにみえる、切なそうな血まみれの修羅場をみせるのは、身をきられるほど辛《つら》かった。

「なんてひどいの、なんてひどいひとたちなの！」と席を立って自分の部屋にとじこもってしまった感じやすい少女に、日本人としての私に対する断固としたレジスタンスをみて、やたらと切ない思いがした。

長崎県壱岐《いき》で虐殺されたイルカの数は一千頭におよぶという。果たして、あの人びとに愛されているイルカは可愛いけれど、途方もない大食漢で、体重の十ないし十五パーセントの魚を、しかも漁民がしかけた網にかかってこれから曳《ひ》きあげるばかりになっている大量のサバやハマチを、横からスイッと出て来て掠奪《りゃくだつ》するとか、弱肉強食のこの浮き世、せんない生存競争かもしれないけれど、でも、その方法はいかにも無残で自然保護の観点からみれば、なんとも釈明のしようがない。

二百海里問題で、窮地に追い込まれている漁民を責めるのは見当はずれだけれど、ふた言、み言の説明だけで、いきなり、イルカ大量殺りくを「見よ日本人の残虐蛮行を！」というような調子で世界中のTVニュースに一つのスペクタクルとして流されたんではたまらない。いったい、だれがキャメラを回し、どんなつもりで世界中のTV局へ売ったのか。それが日本人であったとしたら何をかいわ

二百海里問題　一海里は一八二〇メートル。一九七三年の国際会議で、領海の外側に二百海里の排他的経済水域を設けたことをさす。日本の遠洋漁業にとって大打撃となった。

んやである。ま、こと外交問題、やってしまってから、文化国家ニッポンの恥、なんておそまきの反省論はおエライ方にまかせるとして、私としては、ここで正直なところ深い、ふかーい溜息《ためいき》をつかざるを得ない。

ああ、西洋、人情紙風船、なのである。

先年、アメリカの近島でベビーフォックスの大量捕獲があったとき、フランスの世界的映画スターが憤然と立ちあがり、テレビニュースで、動物愛護の弁をとうとうとのべた。私は彼女のファンなので、世にも魅力的なアジテートだと感心したけれど、なぜ彼女はアザラシに憂き身をやつす前に、自分の一人息子の面倒をみないのだろうと不思議な気がした。数年前、ふとした偶然から、私はその少年と、ひと夏一緒に過ごすことになり、離婚という子供にとっては青天の霹靂《へきれき》に出逢《であ》い、父親の偏愛の中で、少年がどれほど自分をかえりみてくれない美しい母親に、絶望的な慕情と、暗い怨恨《えんこん》を秘めていたか……。ムスメとふざけ合っている私をみつめる彼の眼に浮かんだキラキラとした憎悪に近い羨望《せんぼう》の光は、イルカのかなし気な眼より、アザラシ捕獲の無残より、もっともっと酷烈な印象を私に

ベビーフォックス　アザラシの子は銀ギツネ（シルヴァー・フォックス）に似た白い毛に包まれているものが多い。そのため、たとえばタテゴトアザラシの子の毛皮で作ったコートを「ホワイト・コート」と呼ぶなど、アメリカ近海では以前は毛皮をとる目的でアザラシの子が大量捕獲されていた。

アジテート　agitate　煽動《せんどう》する、説いてまわる。

のこした。

思えば西洋のひとたちは、人間不信が昂《こう》じてあれほど動物を溺愛《できあい》し、犬を飼うのではないのだろうか。子供たちが犬好きなのも分かるし、また子供のいない年寄り夫婦が孤独のあまりに犬を愛するのも分かるけど、働き盛りのいい若い男が、自分と同じぐらい大きな犬と歩調合わせて街を歩き、犬に語りかけ、処《ところ》かまわずオシッコをさせ、犬に噛《か》まれて一夜にして変身した高価な靴の片われを誇らし気に人にみせ、一つ物を分けて食べ、夜は夜で犬と抱き合いながらテレビをみているありさまなんぞ、おお、なんと人情不在のいじらしさ。背中がぞおッと寒くなる。

ひとはよく、理由《わけ》知り顔に、国際結婚だとか、比較文明論だとか、いとも軽々しく言うけれど、そのもつ意味の決定的な重大さが、こんなふうに、ある日突如として、日常生活の中に深い断絶をひろげるのを知っているのだろうか。

「イルカ撲殺」で全世界に野蛮人として映った日本人の情の深さを私はわがムスメにも、友人にもかき口説くつもりはない。

それはムダなことなのだから。全く異質な文明文化の中で、異な

「日本人っていうのは……」(五九・11)と言われたこの食卓に、もしもあなたが同席したとしたら、あなたは

るなりわいの人々に自分のなりわいを講釈しなければならないほど、私は日本人を見限ってはいないのだから……。

どのような態度をとるだろうか。

岸 惠子（一九三二―） 俳優。一九五一年松竹《しょうちく》に入社、『我が家は楽し』『君の名は』『ここに泉あり』などに主演。一九五六年、フランスの映画監督イヴ・シャンピと結婚、渡仏。その後もしばしば帰国して多くの映画に出演している。また、『巴里《パリ》の空はあかね雲』『砂の界《くに》へ』などの著書は異国経験によってみがかれた鋭い洞察力と批評精神にみちている。

出典 『巴里の空はあかね雲』（新潮文庫）

8

満月の海の丸い豚

藤原新也《ふじわらしんや》

「人間が人間に興味を失うということは『衰弱』である。私は起死回生の旅に出た。」と筆者は回想する。彼は、場末の娼婦《しょうふ》から深山にこもる高僧に至るまで、いかなる人間に対しても、とことん付き合うことを自分に課して「全東洋」の旅を続けた。

上海《シャンハイ》の街を抜けると田園が広がった。
延々と田園風景が続いた。
田園の上に巨大な空が現れた。
光が満ち緑が輝いた。
時折山や河が姿を現し、湖が光った。
土色の集落が過《よぎ》り、竹林が揺れた。
大麻畑が匂《にお》い、蓮沼《はすぬま》が濡《ぬ》れ羽色《ばいろ》に光った。

上海　中国江蘇《チアンスー》省にある大都市で、中央政府の直轄市。中国における貿易・商工業の中心で、北《ペ》京《キン》と並ぶ代表的都市。

大麻　麻の一種。茎の皮は繊維の原料となり、また実は薬の原料や鳥の飼料とされる。

濡れ羽色　烏《からす》の羽が水に濡れたような、真っ黒でつややかな色をいう。

白い芋の花が地表に浮き、鵞鳥《がちょう》の群が蠢《うごめ》いた。
人がぽつねんと立ち、木立のわきに紫煙が立ち昇った。
浮き雲が流れ、その下に水牛の背が見えた。

鉄錆色《てつさびいろ》にくすんだ上海ばかり見ていた私はその美景に驚いた。人も鵞鳥も牛も家も田畑も質実な美しさで底光りしていた。この全東洋の旅で出会ったことのない質感の美景がそこにあった。

このような美景をまともに眺めるのにいつも私には少しためらいがある。こんな風景を前にすると自分の心が曲がっているのがすぐにわかる。私はその風景を見て歓声を上げたり目をうるませたりしない。いつも流し目で見ている。できることなら目をそらしておきたい。

私はかつて標高四千メートルのチベットの、これ以上青くしようのない真っ青な空の下で暮らした。あれ以来、下界に降りて、いかなる土地に行っても空が濁って見えるという宿病を背負った。

チベットの空は私の眼球に真っ青な不遇のシミを植えつけてしまった。まともに見ないように用心した方がよいことが旅にはいくら

鉄錆色　鉄が錆《さ》びたような色。この少し前で筆者は「灰褐色にくすんだ街の壁」と上海の印象を書いている。

全東洋　ギリシアのアテネから東京に至るまでの、四百日に及ぶ漂泊の旅の行程を筆者は全東洋と名付けた。

チベット　Tibet　中国四川《スーチョワン》省の西、インドの北、パミール高原の東に位置する高原地帯。現在、中華人民共和国チベット自治区。

もある。目の前の吉兆はいつも悪夢と表裏一体となっている。悪夢が見えないようにいつも目を濁らせ、感受性を鈍くしておくことだ。これが私流の長旅の、長生きの秘訣《ひけつ》となった。

しかし、見えてしまったらもう仕方がない。眼球の端にまた一つ不遇のシミがついたと思って諦《あきら》めるしかない。

汽車に揺られ、濁った目で白痴然と走りいく美景を眺めつづけ、やがて景色が暗くなり、看視人の王《ワン》さんと陳《チエン》さんが隣のベッドで薄目を開けて眠っているつまらぬ夢を見て一夜を明かし、朝になってすがすがしい気分になり、欠伸《あくび》しているすきに、不用意にも、私は窓の外に一瞬その悪夢を見てしまった。

汽車は上海を離れて千百キロ、衡山《ハンシャン》のあたりを走っていたと思う。

一瞬、矢のように窓の外に、ある光景が過った。

私は反射的にカメラを握って身構えようとした。しかし、その光景は、カメラが目の位置に来ないうちに瞬く間に過ぎ去った。それでも、間に合わないままに私はシャッターをやみくもに押していた。

写っていないことはわかっていた。指がただ衝動的に動いただけのことだ。写真には写らなかったが、その一瞬の光景は私の脳裏の

看視人の王さんと陳さん 筆者の上海滞在中の通訳が陳さん、案内人が王さん。観光ビザで個人旅行をした筆者には、自由で気ままな行動は許されなかった。

衡山 中国湖南《ホーナン》省、洞庭《トンテイン》湖の南にある雄大な断層山脈で、七十二峰を数える。山中には南台《ナンタイ》寺、祝聖《チユーシヨン》寺などの大寺院がある。

フィルムに明瞭《めいりょう》に感光した。たった〇・五秒垣間《かいま》見ただけの瞬景を、私はなぜか自分でも驚くほど鮮明に記憶している。

明け方の山水の中で二人の遊童を見たのである。

二人は七歳と六歳の年子の兄弟だった——私はそのように思った。二人は女ものの大人服の端切れをつぎ合わせて縫った、綿のぼてついた服を着ていた。兄は竹の釣り竿《ざお》を持って草の上に座っていた。弟は兄の背の後ろに立ち左手に長い笹《ささ》の枝を握っている。枝には小さな七、八匹の箆鮒《へらぶな》が両目を突き通されて連なってぶら下がっていた。

二人の童子の眼下には崖《がけ》の窪《くぼ》みにおち込んだ深い沼があった。沼は魂を吸われるような微妙な色をしていた。千年の水苔《みずごけ》が水の面を被《おお》い、あでやかな碧緑色《へきりょくしょく》をしている。その濡れた碧緑色の表被にう

上海－広東《カントン》間　車窓からシャッターをきる

写真　筆者撮影。

箆鮒　コイ科の魚。ゲンゴロウブナの飼育品種で食用。からだが平たく、口が小さく、頭が左右に出っぱっている。

っすらと天空の紫色が映えていて、その沼の色は在って無いような非現実的な光彩をしている。それは一見沼でないように見えた。そこには微妙な色あいの天体が浮かんでいるように見えた。少年の手のずっと先から目に見えぬような一本の糸がまっすぐに垂れ、その天体に向かって沈んでいた。二人の少年は一心にその沼を見ていた。沼はそこに何もないかのような静寂そのものだった。二人の少年は沼の静寂と同じように息を沈めていた。少年と沼の背後に剣の先に似た青い大きな山と崖が迫って立ち上がっている。山の頂を視覚の中に入れると少年と沼と篦鮒は見えないくらい小さくなった。

　そしてその微細な少年と沼と篦鮒とは一瞬のうちに前景に過ってきた竹林の向こうに消えた。

「いつも流し目で見てい」（六六・11）たり、「いつも目を濁らせ、感受性を鈍くしておく」（六七・2）のはなぜだろうか。

藤原新也（一九四四―）　写真家。近代化が葬り去ろうとした、人間社会の暗部を執拗《しつよう》に問い続ける独自のカメラアングルは、異彩を放っている。フォト・エッセイに『印度《インド》放浪』『乳の海』などがある。

出典　『全東洋街道』（集英社文庫）

9 貧困の現代化

I・イリッチ
大久《おおく》保《ぼ》直幹《なおき》訳

文明化すれば貧困はなくなるだろうか。いやいや、逆です。新手《あらて》の貧困をごらんください。

ケネディが「進歩のための同盟」を提唱したころ、アカチンゴには、その程度の大きさのほとんどのメキシコの村と同様、酒場で演奏する楽師のグループが四つあって、八百人の住民を楽しませていた。今日では、レコードやラジオの放送を拡声器で流すようになり、おかげで地方のタレントは仕事にありつけなくなっている。ときおり、懐旧の念やみがたく、村が募金を行って、特殊な休日に、大学を中退した連中のバンドを雇い、古い歌を歌ったりするのである。ヴェネズエラが、商品と見なされる「住宅《ハウジング》」を獲得する各市民の権利を立法化した日、そのために、全国の家庭の四分の三が、自分

ケネディ John F. Kennedy（一九一七—六三）アメリカ合衆国第三十五代大統領（在職一九六一—六三）。

進歩のための同盟 キューバ革命（一九五九年）に対抗するために、ラテン・アメリカ諸国との結束強化を目的に提唱。公的援助を条件として、一

たちの手で建てた住まいが掘っ立て小屋の地位に下落してしまう悲哀を味わったのであった。さらに――これは皮肉な不幸なのだが――いまや自分の手で家を建てることは偏見をもって見られるようになってしまった。認可された建築士の設計図を提出しなければ、いかなる住宅も法的に着工を認められなくなってしまったのである。それまでは立派な建築材料として再利用されていたカラカスの有用な廃物が、いまや固形廃棄物処理の問題をかもしだしているのである。自分固有の「住宅」をつくる人間は、規格化された住宅を大量生産して放出するように求める地方圧力団体と協調しない変人と見なされるのである。また、人間の創意工夫を法律違反ときめつけ、犯罪にさえ仕立ててしまうような無数の規制が現れているのである。この例は、新しい商品が長らく伝えられてきた暮らしの知恵を無効にしてしまうとき、最初に被害を受けるのは貧しい人びとであることを例証している。職なき貧困者たちの「ひまの活用」が、労働市場の拡張のために犠牲にされてしまうのだ。みずから選んだ活動としての「住宅造り」は、仕事を離れたときに自由にひまを利用する他の活動と同様に、異常な人間、往々にして有閑な金持ちの特権と

九六一年調印。

アカチンゴ Acatzingo メキシコシティー東方の穀倉地帯の町。古来先住民の直轄地であった。

ヴェネズエラ 南アメリカの北部でカリブ海に面した国。首都はカラカスで人口約二百八十万人。

なるのである。

麻痺《まひ》を促す豊かさに溺《おぼ》れる状態が、いったん文化のなかに滲透《しんとう》すると、そこから「貧困の現代化」がはじまる。これは物の価値を軽視する状態であり、商品の増殖と必然的に結びつくものである。大量生産される産業製品の効用がこのようにますます下落していくことが、経済学者の注意を惹《ひ》かないのは、それがかれらには測定できないからであり、また社会事業にたずさわる人びとの注意を惹くこともないのは、それが「数学的にはじきだせる」ものではないからである。市場的な価値に換算できない満足が社会全般に失われていく現象を計算する有効な手段を、経済学者はもちあわせてはいないのである。それゆえ、今日では、東でも西でも、現代の機構のなかでのごく基本的な取り決めに向けて、訓練された盲目的な社会活動を実践し、あくまでも職業的な活動を追求していく人びととしか受けいれない友愛協会のメンバーであると、経済学者を定義することができよう。個人が私的に行為したり、作ったりする能力の衰退、これこそが、商品がますます豊富になるに応じて支払わねばならない代価なのである。

「現代化された貧困」の存在とその特性は、それが主として貧困者に影響を与えるものであるかぎりは、通常の会話でも話題とされずにすまされていた。発展、つまり現代化が貧しい人びと――それまでは、市場経済から排除されながらも生きてゆけた人びと――にまでおよんだとき、かれらは購買の機構に加わることによって生存することを組織的に強いられたのであり、このことは、かれらにとっては、常にかつ必然的に市場のかすを手にすることを意味していた。かつては学校に入る権利のなかったオアハカのインディアンたちが、いまでは卒業証書を「受ける」ために学校へ行かされるのであり、その卒業証書はまさしくかれらが都市の住民よりも相対的に劣っていることを示す尺度とされるのである。さらに――これもやはり皮肉な不幸であるが――この一枚の

メキシコのインディアン
古来の生活を守りつづけている

オアハカ　メキシコ南部の州。

「市場的な価値に換算できない満足」（七

紙がなければ、かれらはもはや建築業をはじめることもできないのである。「窮乏」の現代化は常に貧困にあらたな差別を加えるのである。

二・9）で、いま君の周辺に残されているものを考えてみよう。

I・イリッチ　Ivan Illich（一九二六―二〇〇二）思想家。ウィーン生まれ、イタリア、オーストリアで学んだのち、アメリカ、プエルトリコ、メキシコでも活躍した。著作には『脱学校の社会』『脱病院化社会』などがある。技術文明が民衆の自律的な能力を奪い、管理する現代を鋭く批判しつづけた。

出典　『エネルギーと公正』（晶文社）

〈手帖2〉 違いにこだわる

ひとの話に耳を傾けていて、「うん、わかる、わかる。だけどボクの考えとはちょっと違うなあ」と感じるような時、君は批評の入口に立っている。その「ちょっとの違い」にこだわって、どこが違うのか、違いはどこからくるのかと問いかけてみよう。自分が忌み嫌う「教練」を楽しんでやっている仲間を見て、「どうしてわれわれ二人はこうも感じ方が違いうるのか」と自問した若きギッシングのように。

彼は、普段なんのさわりもなく楽しんでいる友たちに、違和感を抱く自分を見つめている。なぜ友たちはあんな愚劣な「教練」を楽しめるのか。自分は楽しむどころか、恥辱と怒りしか「教練」に感じられない。彼と我の違いをこのように問うことによって、ギッシングは友たちを、手ごたえある「他者」として発見する。同時に、「他者」とは決定的に違う「自己」の像をくっきりと浮き彫りにしてゆく。彼を取り囲む世界は、こうして軍曹《ぐんそう》殿、友たち、そして私と画然と区別され、それぞれと私との違いが明らかにされながら、他のだれでもない、私の世界が確立されてゆく（6「ヘンリ・ライクロフトの私記」）。

こんなふうに、自分とまわりとの間にあるわずかの違いを見逃さずに問い直してゆくことが批評の第一歩だが、私たちの住む日本の社会は、違いにこだわるよりも、むしろまわりとうまくやってゆくことに、より大きな価値を置く社会のようだ。ひとりひとりが、独自の感性に縁取られた自分の世界を保持しながら、「他者」との快い緊張関係を結んでゆく社会ではない。他との違いをおおいかくして自己を非個性化し、まわりとの間に波風を立てないことが美徳とされる社会である。わずかの違いをあげつらうことは、世間知らずで大人気ないとされる。つまり私たちの社会には、自分のまわりの「他者」が何であるかをつきとめたり、またそれに対置して自己を浮き彫りにしてゆく批評の基本的なシステムが、まだ充分に確立されていない。

　ゆたかな批評の世界を手に入れるためには「他者」の〝発見〟が不可欠だ。ただし「他者」とは人間に限らない。ものでもあり、規則や制度などでもある。イリッチは、商品がますます市場に出回り、一見生活が豊かになってゆくありさまを見渡しながら、何か違うぞと感じた。そしてこの違和感にこだわることによって、貧困を救うはずだった品物の大量生産が、かえって新手の貧困を生み出している構造を、見抜いたのだった（9「貧困の現代化」）。

　だから、世間知らずといわれようと、大人気ないと説教されようと、若い君は耳をふさいでおくがいい。違いにこだわることは、それをしないでいるより、はるかに自分と世界とを広く、また深く知ることにつながるからだ。

3 拒絶の勇気

10 サラリーマン訓

花田《はなだ》清輝《きよてる》

もしきみが職業に迷っているなら、新入サラリーマンほど楽な仕事はない。その反対に社長ほどつらい仕事はない。どうやったらそうなるかという秘伝をお教えしよう。ただし、実行できるかどうかはきみしだいだけれど。

入社試験を入学試験のようなものだと考えているオメデたい人間がいる。ブタバコにはいるのにも、ある種の試験が行われるものと知るべし。したがって、入社試験においては、黙秘権を行使し、答案はブランクのまま出すほうが、得策である。

しかし、世の中にはさまざまな人間がいる。是が非でも、ブタバコにはいりたいような人間がいるように、是が非でも、会社にはいりたいような人間もいる。（どちらにはいっても、ささやかながら

黙秘権　法律用語。被疑者が取り調べを受けるさい、言いたくないことは黙っていられる権利。

ブランク　blank　白紙。

食いっぱぐれだけはないから。）

そういう奇特な人びとは、入社試験など敬遠し、直接社長に会って断固おのれに入社の意志あることを表明すること。紹介状など、ないほうがいい。社長は必ずきみの勇気に感心して採用してくれる。もっとも、会社のなかには、守衛などのぶらついているウルサイところもあるから、名刺くらい用意していったほうがいい。名刺には新聞記者の肩書きを刷りこんでおくこと。不思議なことに、日本では、社長は、新聞記者にたいしてだけは、万障くりあわせても会ってくれる。新聞社名は「朝日」や「毎日」などがいい。「産経」なども悪くない。しかし、大学新聞だけはいけません。大学新聞の記者には、タチのよくない連中がそろっているという評判があるから。

入社した以上、社長をはじめ、すべて、長と名のつく社の幹部諸君にたいしては、つねに、アワレミの心をもって接すること。資本家だとか、資本家の手先だとかいって、かれらにたいして、絶えず反抗の気勢を示すことをもって義務のように心得ているひとがあるが、資本家といえども、人間である。しかも、ただの人間ではない。

やがて没落して、きみからアゴのさきで使われる運命にある気の毒な人間である。

第一、きみのようなオソルベキ人間をやとっているだけでも、十分、同情に値する。したがって、かれらが、きみにむかってお辞儀をしたようなばあいには、きみのほうでも三度のうち一度くらいは、答礼してやること。それが、人間の人間にたいする当然のエチケットというものである。

むろん、その反対に、同僚の婦人社員や給仕にたいしては、将来のこともあるから、いくらペコペコしても、ペコペコしすぎるということはない。財布のゆるすかぎり、お茶やお菓子をオゴッてやること。

なにか社用を命ぜられたようなばあいには、ちょっとせせら笑っていかにその用事が不急不要のものであるかを力説し、大いにきみに見識のあるところをみせるがいい。「君子は、重からざれば、威なし。」という格言がある。数回、これを繰り返すと、ついに相手も、みずから無知を恥じ、その後は、絶対にきみに用事をたのまなくなる。

「君子は、重からざれば、威なし。」『論語』「学《がく》而《じ》」に「君子不《レバ》レ重《カラ》則《ハチ》不レ威《アラ》」とある。君子（人格者・為政者）は、しかし、なんにもしないのも退屈なものだから、きみがスポーツ好きなら、会社のなかに、野球部や庭球部をつくるがいい。文学好きなら、短歌や俳句のサークルをつくるがいい。社員のレクリエーションは大切である。のみならず、オリンピックへ出たり、ノーベル賞をもらったりすることになれば、会社の宣伝にもなる。

万一、――たぶん、社長のお声がかりで入社したきみのことだから、そんなことはあるまいが――万一、クビだといわれても、素直にひきさがってはいけない。友人のボクサーを会社へ案内して、軽く社長のアゴをなでてもらうがいい。

一度、この手をつかったときなど、社長は、六階の社長室から、自動車を目ざして、まっしぐらに階段を走りおりていったが、その長い道中のあいだ、社長を助けようとする社員が、一人としていなかったのには驚いた。みな、ニヤニヤしているのだ。まことに社長というやつは、孤独な存在である。

重々しくないと威厳がなく、人にあなどられる、の意。

君が社長だとして、このようなオソルベキ新入社員に対抗しうる「社訓」を作ってみよう。

花田清輝（一九〇九―七四） 小説家、文芸評論家。転換期における変革精神のあり方を、特異な逆説的文章で描いた。文学、映画、美術、演劇、政治、歴史を包括した幅広い総合的な視野で、前衛芸術理論を展開した。著作には『復興期の精神』『鳥獣戯話』『アヴァンギャルド芸術』などがある。

▼花田清輝には『小説平家』や『室町《むろまち》小説集』などの歴史小説作品があるが、それらはいずれも小説の装いをとりながら、きわめて周到に同時代への批評精神を封じ込めた、評論とも小説ともつかない独自の世界である。その手法や文体の特異さのため、文壇や論壇においても孤高の存在で、派手な論争をたびたび繰り広げた。吉本隆明《よしもとたかあき》（一九二四―）との激烈な論争はとくに有名である。

出典　『冒険と日和見』（創樹社）

▼本文は「サラリーマン訓」の全文である。

11

ゴルディウスの結び目

E・ケストナー
高橋《たかはし》健二《けんじ》訳

ええい面倒くさい、とばかりに問題を投げ出したり、苦心して解決の糸口を探す人を茶化したり、私たちはとかく物事に安直な始末をつけたがる。だが、困難な事態に立ち向かった時、勇気をもってそれを受け入れ、慎重に解決の筋道を探ることを恐れてはいけない。

わたしたちはみんな歴史の時間にマケドニアのアレクサンダーのことを習って、まだおぼえています。若々しい征服者について語り伝えられている、有名なゴルディウスの結び目の逸話のことも、知っています。彼がゴルディウムに侵入し、たくみにからませられた結び目のこと、そしてそれをこれまでだれひとり解いたものがないことを聞くと、すぐそこへ案内させ、その名高いものを四方八方からながめました。この問題を解いたものには、大きな成功と遠くひ

ゴルディウスの結び目 Gordian knot　古代フリュギアの首都ゴルディウムには、ゴルディウス王（紀元前七〇〇年ごろ）の時代に結ばれたと伝えられる結び目があり、「この結び目を解く者はアジアの王たるべし」という予言が残されていた。

マケドニア Macedonia　ヨーロッパ東南部、バルカン半島のエーゲ海に面する地方。アレクサンダー大王の故地。

アレクサンダー大王像（4世紀）

びく名声とを与えると約束した神託を考え、彼は時をおかず決意し、剣を抜いて、結び目をまん中で断ち切りました。

そりゃもちろん、アレクサンダーの兵隊たちは歓声をあげました。みんな若い王の知恵と独創性をほめたたえました。それは驚くにはあたりません。もっとも、わたしは一つのことを率直に言わずにはいられません。——わたしの母がそこにいあわせなくてよかったと！　母がそこにいたら、腹を立てたでしょう。わたしが、アレクサンダーに独創や知恵にかけていささかも劣らなかった子どものころ、ひもでくくられた紙ばこをあけるのに、時をおかず決心して、剣を、いやナイフを抜いて、ゴルディウスのひもを断ち切ろうとしたら、そのつど母から、神託に正反対な意見を聞かされました。それには、歓声をあげるマケドニアの軍隊

アレクサンダー　Alexandros（前三五六—前三二三）二十歳でマケドニア王に即位。ギリシアを征服後、ただちに東征。広大な帝国を支配した。

神託　神のお告げ。

はすっかり面食らったにちがいないでしょう。アレクサンダーは、人も知るように、偉大な勇将で、ペルシャ人も、メディア人も、インド人も、エジプト人も、日夜いつも彼に対しおののいていました。さて、わたしの母は一しょにおののきなんかしなかったでしょう。「結び目は断ち切るもんじゃない！」と母はきびしい調子で言ったでしょう。「そんなことをするもんじゃないよ、アレックス！　ひもはいつだって役に立つよ！」

　もしアレクサンダー大王があんなに若くて死なず、賢い老人になったとしたら、彼はいつかそれを思い出して、ひそかに考えたでしょう。「あのケストナー夫人があの時ゴルディウムで言ったことは、まちがっていなかった。結び目は断ち切るものではない。それにもかかわらず、そんなことをしたとしても、兵隊は歓声をあげるべきではなかったろう。歓声をあげたとしても、少なくともそんなことを自慢すべきではなかったろう！」

*

わたしは近年おりにふれ短い韻文の警句を書き、小さいかばんに

メディア　Media　ペルシャ北西部の山岳地帯を領する王国（紀元前七世紀ごろ）であったが、ペルシャ帝国に併合された。

アレックス　アレクサンダーを親しみをこめて呼んだもの。

しまっておきました。その警句の一つがたまたまゴルディウスの結び目に関係しています。それでその五行詩をこれにちなんで発表するのは、ふさわしいことのように思われます。

死後の名声について

解けない結び目を剣で断ち切るのは、
アレクサンダーの課題であった。
さて、あの結び目を結んだ人の名は？
それはだれも知らない。
だが、たしかにそれはだれか別な人だった。

ほんとに奇妙じゃありませんか。だれかがこしをすえて、熱心に利口にたくみに結び目をつくります。巧妙至極にからませてあるので、世界中のだれも解くことができません。しかし、その逸品を作りあげた人を、歴史はわたしたちに伝えておりません！　が、だれが剣を抜いたかは、わたしたちはもちろん知っています！　歴史家は数千年来強い人たちには弱いのです。石の板に、パピルスの巻き物に、厚い本に、歴史家は、問題を剣で解決しようと試みた人たちを感激して書きとめます。が、運命の糸がどんなに解きがたくからんでいるかについて報告することは、彼らの興味を引くことがずっと少ないのです。また、風変わりな理想家がそういう運命のもつれを平和にときほぐそうとすることについて書くのは、彼らを退屈させます。結び目を切りきざむことに、彼らは高校生なみの興味を寄せます。古いゴルディウスの方法を尊重し生き長らえさせることに、彼らは少なからず貢献しました。

そういう結び目を苦心してほどく代わりに、剣で断ち切った現場に、わたしたちはしたしくいあわすという、ありがたい思いをしました。とほうもなく興味のあることでした。わたしたちの頭髪は、ぬけてしまわないかぎり、今でもなお逆立っています。至る所でできる新しい結び目をほぐすために、世界中から代表が集まって苦吟している時に、早くもまたしても、サーベル理論の信奉者が、わたしたちの国でももちろん、のさばって、「まったくすべてたわごとだ！　いつまでぼそぼそ言っているんだ？　ぶった切るのが一ばん

石の板　古代エジプトのヒエログリフ（聖刻文字）や、メソポタミアの楔形文字《せっけいもんじ》は、石板や粘土板に刻まれた。

パピルス　papyrus　ナイル河の岸に生えるパピルス（カミガヤツリ）という草の茎から作った紙のようなもの。紀元前二四〇〇年ごろから使用された。

サーベル　sabel　西洋の刀や剣。

「歴史家は数千年来強い人たちには弱いのです。」（八六・14）と言

筋が通っている！」とつぶやきます。

　結び目の代わりに、そういう提言をする連中をこそ、一刀両断にするように、実際徐々に転換していくべきだと、わたしは思います。

う筆者は、私たちにどのような反省を促しているか。

E・ケストナー　Erich Kästner（一八九九―一九七四）ドイツの詩人、小説家。その文学活動はユーモアとヒューマニズムに貫かれ、全世界に広い読者層をもっている。児童文学に『エミールと探偵たち』『ふたりのロッテ』など、また小説に『ファビアン』ほか多数がある。

▼時代と社会に対する彼の辛辣《しんらつ》な風刺は当然ヒトラーにも向かった。ヒトラーは自らが政権を握った直後の一九三三年五月、ブレヒト、トーマス・マンらと共に彼の著書に非ドイツ的という烙印《らくいん》を押し、ベルリンのオペラ広場で焼いた。ケストナーは市民にまぎれてその一部始終を見据えていた。

出典　『子どもと子どもの本のために』（岩波書店）

▼ここに掲げたのは「ゴルディウスの結び目」の全文である。

12

不健康のままで生きさせてよ

森《もり》 毅《つよし》

ひとつにまとまることが美徳と考えられている。価値の基準がひとつであることに疑問を抱かない風土がある。考え方、生き方はもちろんのこと、身体のあり方や健康管理にまで、その拘束力は及んでいる。

いろんな人の「生いたちの記」に、「子どものころ、からだが弱かった」というのがよく出てくる。実際にまわりにもいたし、ぼく自身もたぶん、そうだった。戦争中で、「からだの強い、よい少国民」でなければならない時代だったので、かなり迫害されもした。

しかし、そのころには、社会的迫害はあっても、内面的には「からだの弱い子」でおれたような気がする。すくなくともぼくの場合は、社会的には「軟弱な非国民少年」とされたにせよ、「不健康な

戦争中　太平洋戦争のこと。

少国民　戦時中の子どもたちのこと。国家主義教育を受け、戦争のための予備軍と考えられていた。

少國民新聞
東日版
帝國・米英に宣戰
畏し・大詔を下さる
詔勅を

太平洋戦争開戦を告げる「少国民新聞」

少年」の生活を送るのに、それほどの不便はなかった。朝礼のときは目がくらんでぶっ倒れるだけでよかったし、遠足の翌日は熱を出して寝ているだけですんだ。

そのころに比べると、このごろは社会的迫害はないはずなのだが、「不健康な少年」として生きにくくなっているのではないだろうか。ひょっとすると、戦争中の「不健康な少年」が、少数派の特権として、差別されながらも認められていたのが、いまでは多数になって「社会化」しているのかもしれない。あるいは、「差別」はあってはいけないので、みんな「健康」であるべきなのだろうか。なんだかぼくには、「障害を持った弱者」が問題にされるとともに、「健康」であることへの強迫が強まっているような気さえする。

ぼくには、人間の身体のあり方とか、生き方とかについては、できるだけ幅がひろいほうが、よいような気がする。人類全体の生存としても安全だろうし、人間文化としてもゆたかだろう。「標準」的な模範に単一化するのは、危険なことじゃないだろうか。

たしかにぼくの子どものころだって、「健康な子ども」のイメージはあったらしく、ぼくのように、遠足の弁当をほとんど残したり、夜は寝つきがひどく悪かったりするのは、まさしく「弱い子」のイメージにぴったりだった。しかし、そうした「弱い子」のイメージというのは、「不健康な子ども」のあり方のほうが、存在を主張できたこととも言える。

たぶん、おとなの世界のほうも、幅が狭くなっているのだろう。「健康」を求めることが、ほとんどビョーキのように、はびこってきている。高齢化がすすめばなおさら、「健康」が気にされる、というのも奇妙な現象に思える。

ほんとのところ、「健康」という概念が、ぼくにはあまり理解できていない。やせすぎず、ふとりすぎずとか、血圧は高からず、低からずとか、からだ中のあらゆる機能が、すべてにわたって「正常」であるというのが、ひどく奇妙な気がするのだ。どちらかの方向に逸脱しても、その形で生きていて、なぜ悪いのだろう。

それに、「正常」というものが、「異常」を持たぬことでしか、定義できないような気がする。これが、自分にはなにかの「異常」があるのではないかと、つねに気にかけずにおれない、健康強迫症の構造ではないか。

この構造は、みごとに「いじめの構造」と相同的である。集団のなかで、みんなが「正常」であらねばならぬ。それは、「異常」を探して、「異常」を排除することで、達成される。

それゆえに、みんなが「正常なよい仲間」になろうとしたって、いじめは解決されない。仲間のなかで「異常」であることが許される状態だけが、いじめの問題を解決する。「いじめられっ子」としての、ぼく自身の体験からしても、みんなの仲間に入って「正常」になろうとしたら、かえっていじめられるものだ。「異常」な地位を確保する以外に、いじめられないようにする方法はなかった。それでぼくは、「みんな、なかよく」というのは、いじめの解決どころか、いじめの原因になっているのではないかと考えている。「み

強迫症　ある考えや感情が頭にこびりついて、抑えようとしても離れない症状を伴う神経症。

んな」のように「正常」でなくってもよい、そう思っているほうが安全である。「いじめっ子」のほうだって、一種の正常強迫症が、彼をいじめに駆りたてているような気がする。

おとな社会のほうでも、「健康な家庭」などを、だれもが求めすぎるように思う。そしてその一部として、「健康な子ども」を育てようとする。いじめ問題の原因とまでは言わぬが、子どもに「健康」を強制しすぎるのにぼくは懐疑的である。

ぼくの子どものころは、家ごとに、もっと病人がいたような気がする。薄暗い部屋に腰の弱ったおばあさんが寝ていたり、そして、「からだの弱い子」がいたりした。胸を病んで、青白い顔をしているお姉さんには、なんとなく憧《あこが》れたものだ。

実際に病気をすると、本人は苦しかったり、まわりは経済的にたいへんだったりするのだが、小説のなかでは、病人のいる風景といったものが、いくらか好ましくえがかれている。このことは、だれもが「健康」であるばかりでなく、病人のいる風景のほうが、人間のよいあり方であることを意味しないだろうか。だれもが病人にならないようにすることより、病人であっても、その風景のなかで、

胸を病んで 肺結核にかかること。

あまり苦しまずに生きられるというのが、人間の風景と思うのだ。

　まして、病気というほどでもない、疲れやすいとか、しばらく立っていると貧血するとか、そうした「不健康」の程度が、なぜいけないのだろう。ぼく自身は、子どものころから、それに加えて、食事や睡眠がひどく不規則であって、これもまた、「不健康」なことであった。いまだに、昼になったから食事をしなければならぬとか、夜になったから寝なければならぬとか、そうした強迫がまったくない。ところが、これもまた一種の強味であって、ぼくは「不健康な生活」にひどく適応性がある。「健康」な人は、どうやら、ぼくのように「不健康」なことができないらしい。

　たとえば、子どものころから、「子どもは元気で、乗り物のなかでは立っていろ」というのが、どうにもだめだった。今でも、帰りのバスが混《こ》みそうだと、ゆっくりとお茶など飲んで、すくのを待つことがある。バス停のいすに腰かけてでも、すいたのが来るまで、まあこうした原稿のことなど考えながら、小一時間も待てばたいてい座れる。これも、たぶん「健康」ではないだろう。でも、そうした「不健康」な人もいるのが、町の風景ではないか。

たしかに、世間の人がみな「不健康」だと、この社会がまわらないかもしれない。社会を動かしているのが、「健康」な人たちだというのも、ある程度は正しいかもしれない。しかしながら、この社会というものが、「不健康」をも包みこむことで、よく生きているのも事実である。社会が「健康」な人ばかりになったら、それは社会がやせていることでもある。

だからぼくは、「子どもは元気に、健康で」などと、強制すべきではないと思う。「不健康」なら、それなりに生きていけばよい。そして、学校のなかでも、あるいは町かどでも、いくらか不健康な子どもも見うけられる風景のほうを、好ましく思うのだ。

「『標準』的な模範に単一化する」（九一・3）例について考えてみよう。

森　毅（一九二八―二〇一〇）数学者。京都大学教授として数学を教える一方、閉塞《へいそく》的で画一化された現代の教育に対して積極的に発言した。語り口にはユーモアがあるが、筆鋒《ひっぽう》はきわめて鋭い。著書には『学校とテスト』『佐保利《さぼり》流数学のすすめ』などがある。

出典　『はみだし数学のすすめ』（青土社）

▼ここに掲げたのは「不健康のままで生きさせてよ」の全文である。

13 独裁者の結びの演説

C・チャップリン
中野《なかの》好夫《よしお》訳

ユダヤ人の気弱な床屋のおやじが、ウリ二つの独裁者になりすましたはいいが、さて兵士の前で演説させられるハメになった。ご存じの名作『チャップリンの独裁者』のクライマックス。無声映画出身のチャップリンが、声をからして兵士に、恋人に、全世界に呼びかける。

残念ながら、わたしは皇帝になどなりたくありません。そんなことはわたしの任ではありません。わたしはだれを支配することも、だれを征服することも、したくありません。できることなら——ユダヤ人も、キリスト教徒も——黒人も——白人も、みんなに力をかしてあげたいのです。

　わたしたちは、みんなおたがい助け合いたいと望んでいます。人間とはそういうものなのです。わたしたちは、他人の不幸によってではなく、他人の幸福によって、生きたいのです。憎み合ったり、軽蔑《けいべつ》し合ったりしたくはありません。この地球上には、みんなが生きてゆけるだけの結構余裕はあるのです。そしてこの大地は豊沃《ほうよく》で、すべての人間を養うことだってできるのです。

わたしたちは、自由に、そして美しく生きてゆくことができるのです。だのに、わたしたちはその途《みち》を見失ってしまいました。貪欲《どんよく》が人間の魂を毒し――世界中に憎しみのバリケードを築き――あのガチョウの足取りよろしく、わたしたちを不幸と殺戮《さつりく》の中に追い立てて行きました。新しいスピードが開発されましたが、結果はかえってわたしたちみんな、自分の穴に閉じこもるようになってしまいました。生活を豊かにするはずの機械が、逆にわたしたちを貧困の中にほうり出しています。知識はわたしたちを皮肉《シニカル》にし、知恵は非情、冷酷にしました。考えるばかりで、思いやりをなくしてしまったのです。わたしたちにと

1　司令官の恩人となった床屋

バリケード　barricade
市街戦などの際に敵の侵入を防ぐために造られる応急の防壁。

あのガチョウの足取り
ナチス・ドイツの軍隊独特の歩調のとり方。グース・ステップとよばれた。

全く偶然にウリ二つの独裁者とユダヤ人の床屋がいた。第一次大戦中の「トメリア国」で砲兵をしていた床屋は司令官の命の恩人となる（図1）。

2　独裁者ヒンケルの野望は世界征服

3　ユダヤ人の美しい少女ハナとともに

って必要なのは、機械よりも人間なのです。頭のよさよりも、親切、そして思いやりなのです。そうしたものがなければ、人生はただ暴力、一切はただ破滅あるのみです。

飛行機とラジオはわたしたちの距離をちぢめました。こうした利器が持つ本来の性質は、人々の善意——世界的な兄弟愛——すべての人類が一つになることを、叫んでいるのです。いまこの瞬間にもわたしの声は、世界中の何百万という人々——絶望の中にいる男や女や子供たち——罪もない人々を拷問し、投獄する、ある組織の犠牲者たちの耳に達しているはずです。耳をもったすべての人々に、わたしは呼びかけたいのです。「絶望してはいけません。」と。わたしたちを襲

敗戦後トメリアでは独裁者ヒンケルが勢力を伸ばしてきた（図2）。床屋はユダヤ人地区の店に戻り、ハナと知り合う（図3）。ヒンケルはユダヤ人一掃を命じるが、その時床屋に助けられた司令官は反対して逮捕されてしまう。迫害はますます激しくなった（図4）。司令官は脱走してクーデターを企てるが床屋とともに再び捕まる。ハナは中立国「オストリッチ」へ逃れるが、ライバル国の首相ナポロニをだました（図5）ヒンケルの魔手はそこへも伸びてきた。

4　突撃隊がユダヤ人地区を襲う

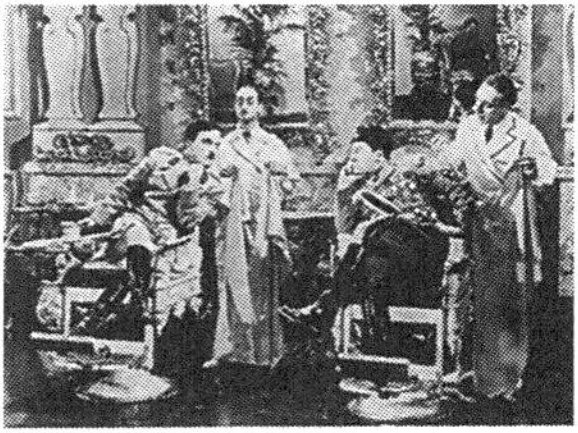
5　ライバル独裁者ナポロニとの会談

ってくるこの不幸も、それはただ貪欲のなせる業――人類の進歩を恐れる非情な人間たちのつくり出しているものにしかすぎません。憎しみはきっと消え、独裁者たちは死に、彼らが人民から奪い取った力は、ふたたび人民の手にかえるでしょう。そして人間に死のあるかぎり、自由は決して滅びません。

　兵士のみなさん！　みなさんはこれらのけだものたち――あなた方を軽蔑し――奴隷にし――あなた方の生活のすべて――何をすべきか、――考えるべきか、感じるべきか、そんなことにまで一々命令し、規制するこれらのけだものたちに、決して身をゆだねてはなりません。ただあなた方を猛訓練するだけ――飲み食いまでも制限し、家畜のようにこき使い、

6　床屋の代わりに逮捕されたヒンケル

7　床屋がヒンケルの代わりに演説する

ただ大砲の餌食《えじき》にするだけなのです。もはや人でないこうした人間たちに、決して身をゆだねてはなりません——彼らは機械の頭と機械の心だけを持った機械人間なのです！　あなた方は機械ではない、人間です！　人間愛を心にもった人間です！　憎んではいけません！　愛を知らぬ人間——愛されたこともない、自然に背いた人間だけが憎むのです！

　兵士のみなさん！　隷属のために戦ってはいけない！　自由のために戦ってください！　ルカ伝第十七章にはなんとありますか？　神の国は人の中にあり、とあるのです——それは一人の人間の中でもなければ、あるグループの中でもありません。すべての人間、あなた方の中にあるのです。力を持っているのはあなた

　ところが鴨猟《かもりょう》に出たおりにヒンケルは床屋と間違えられて逮捕され（図6）、代わりに独裁者になりすました床屋が演壇に立たされることになった（図7）。

ルカ伝第十七章　『新約聖書』の中の、キリストの受難を伝える福音書の一つ。ここで引用されたのは、神の国はいつ来るのか、との質問にキリストが答えた言葉。

方人民——機械を作る力、幸福を創《つく》る力をもっているのは、あなた方人民なのです！　あなた方人民は、人生を自由にし、美しくし、この人生をすばらしいものにする力をもっているのです。だとすれば——民主主義の名において——それらの力を動員し、みんなで一つに手をつなごうではありませんか。新しい世界——みんなの人間に働く機会を与え、青年には未来を、老年には保障を与えてくれる立派な世界をつくり出すために、みんな立って戦おうではありませんか。

もっとも、けだものたちも、同じ公約をかかげて権力を握りました。しかし彼らは嘘《うそ》をついている！　公約を果たすつもりなどありません。絶対に！　独裁者というのは、自分だけは自由にするが、人民は奴隷にするのです。いまこそ世界の解放のために戦おうではありませんか——国と国との障壁を毀《こぼ》ち——貪欲や憎悪や非寛容を追放するために。理性の世界をつくるために——科学と進歩がわたしたちすべてを幸福に導いてくれるような世界を創り出すために、さあ、みんな戦いましょう。兵士のみなさん、民主主義の旗の下で、みんなで一つに手をつなぎましょう！

ハナ　映画中で主人公の恋人であるユダヤ人の女性。迫害をのがれ中立国へ逃げたものの侵攻してきた兵士がまたもや現れた。映画では兵士に殴《なぐ》られ倒れていた彼女が、ラジオから聞こえてくるこの演説を耳にして、「あの人だ」とつぶやいて立ち上がる。

ハナ、ぼくの声が聞こえるかい？　いまどこにいようと、さあ、上を向くのだ。空を見るのだ、ハナ！　雲が切れる！　太陽があらわれる！　闇《やみ》が去って、ぼくたちは光の中に出るのだ。新しい世界――貪欲と憎悪と残忍を忘れたよりよい世界が、いまや来かかっているのだ。空をごらん、ハナ！　もともと人間の魂は翼をあたえられていたのだ。だが、ついにいまはじめて空を飛びはじめたのだ。虹《にじ》の中へ――希望の光の中へと、いま飛んでいるのだ。空をごらん、ハナ！　上を向いて！

映画の演技のなかで、ゆっくりと低い声で語られている部分がある。文章を読んで推測してみよう。

C・チャップリン　Charles Chaplin（一八八九―一九七七）アメリカの映画俳優、監督。ロンドンの無名の寄席《よせ》芸人の両親のもとに生まれる。幼いときに両親が離婚、同居した母親も彼が六歳のとき発狂し、彼は兄と二人で孤児院に入れられた。二十一歳のときアメリカに渡り、喜劇映画のスターとして成功したが、第二次大戦後のマッカーシズム（左翼攻撃）のあおりを受けて追放されたのちは、スイスに住んだ。代表作は『キッド』『黄金狂時代』『街の灯《ひ》』『モダン・タイムス』『ライムライト』など多数にのぼる。

▼口ひげ、だぶだぶズボンにドタ靴、ステッキに山高帽というおなじみのチャップリン・スタイルが考案されたのは、一九一二年ハリウッド入りして第二作『ヴェニスにおけるベビーカー競走』からで

ある。やがて脚本、監督、音楽なども一人で手がけるようになり、七三年の『ライムライト』ではアカデミー劇映画作曲賞を受けている。なお彼を追放したハリウッドは七一年になって、二十年にわたる追放を陳謝し、アカデミー名誉賞を贈った。

出典　『チャップリン自伝』（新潮社）
▼本文は「独裁者の結びの演説」の全文である。

写真　財団法人川喜多記念映画文化財団提供。

〈手帖3〉　常識を疑う

ちょっと単純な連想ゲームをやってみよう。まず、本章の文例を12・10・11・13の順序にたどってみる。次に各文例の筆者が疑いを持ち、そういう人間になることを今一度立ちどまって考え直してみようと、私たちに再考を促している人間像とはどんなものか、それを想像してみよう。

文例12では学校にあって、無遅刻・無欠席の「身体強健」な学生を、10では会社にあって、上司を裏切ることのない「謹厳実直」なサラリーマンを、11では社会にあって、群衆の先頭に立つ「勇猛果敢」な行動の人を、13では以上の三点において最優秀な人間、つまり「独裁者」の下で働く有能な「滅私奉公」の兵士を想定することができる。

こんなゲームは全くの思い過ごしで、根も葉もない空想だとの反論がでるかもしれない。それはもっともな意見だ。12・10・11・13から想像される人間像を大声を出して、あからさまに奨励する者はいないように思われる。しかし、はたしてそうだろうか。私たちは生まれた時から、学校に入学した時から、「遅刻・欠席」をするな、「身体強健」になるよう努力せよと、耳にタコができるほど言われてきたのではないか。会社に入ったら、決して「怠惰で不実な」サラリーマンになってはいけない、「謹厳実直」になれと、教師から叩《たた》き込まれているではないか。かつて、私たちに面と向かって、「優柔不断・意志薄弱」になれ、とすすめた人がいただろうか。戦争中に、「滅私奉公」の戦陣訓を叫ばなかった指導者が、どれだけいただろうか。

私たちが日ごろ、普通のことと考え、多数の人々が是認する考え、すなわち常識というものがある。生まれたときから私たちはそれを教え込まれ、叩き込まれている。周りの大人たちから、新聞・雑誌・テレビなどのマスコミから繰り返し繰り返し聞かされてきたことである。「身体強健」「謹厳実直」「勇猛果敢」「滅私奉公」に対して異議を唱えることができず、疑ってみることができないとすれば、それは反復されてきた教育のひとつの成果といえるだろう。常識と呼ばれ、処生訓と呼ばれるものが、既に私たちの中に入り込み、根を張っているのだ。

常識をひとつの思想として疑うこと、それが本章の筆者に共通する姿勢だ。そして、勇気をもって拒絶する。なにも大声を上げて拳《こぶし》をふるったり、武器を持って戦うことが勇気ではない。外部から迫る思想に呑《の》み込まれずに、自分の思想と対峙《たいじ》させ、踏みとどまろうとする営為が、勇気を必要とするのである。

4

喩《ゆ》の世界

14

良識派

安部《あべ》公房《こうぼう》

イソップ物語やグリム童話は、人間と社会についてのあらゆる寓意《ぐうい》に満ちている。社会のゆがみ、人間の傲慢《ごうまん》や無知など。これに限らず、人は昔から直接的に表現することがはばかられることや、面とむかって言えないことを、巧みにたとえ話に託してきた。

昔は、ニワトリたちもまだ、自由だった。自由ではあったが、しかし原始的でもあった。たえずネコやイタチの危険におびえ、しばしばエサをさがしに遠くまで遠征したりしなければならなかった。ある日そこに人間がやってきて、しっかりした金網つきの家をたててやろうと申し出た。むろんニワトリたちは本能的に警戒した。すると人間は笑って言った。見なさい、私にはネコのようなツメもなければ、イタチのようなキバもない。こんなに平和的な私を恐れるなど、まったく理屈にあわないことだ。そう言われてみると、たしかにそのとおりである。決心しかねて、迷っているあいだに、人間はどんどんニワトリ小屋をたててしまった。

ドアにはカギがかかっていた。いちいち人間の手をかりなくては、出入りも自由にはできないのだ。こんなところにはとても住めないとニワトリたちがいうのを聞いて、人間は笑って答えた。諸君が自由にあけられるようなドアなら、ネコにだって自由にあけられることだろう。なにも危険な外に、わざわざ出ていく必要もあるまい。エサのことなら私が毎日はこんできて、エサ箱をいつもいっぱいにしておいてあげることにしよう。

一羽のニワトリが首をかしげ、どうも話がうますぎる、人間はわれわれの卵を盗み、殺して肉屋に売るつもりではないのだろうか？　とんでもない、と人間は強い調子で答えた。私の誠意を信じてほしい。それよりも、そういう君こそ、ネコから金をもらったスパイではないのかね。

これはニワトリたちの頭には少々むずかしすぎる問題だった。スパイの疑いをうけたニワトリは、そうであることが立証できないように、そうでないこともまた立証できなかったので、とうとう仲間はずれにされてしまった。けっきょく、人間があれほどいうのだから、一応は受け入れてみよう、もし工合がわるければ話し合いで改めていけばよいという、「良識派」が勝ちをしめ、ニワトリたちは自らオリの中にはいっていったのである。

その後のことは、もうだれもが知っているとおりのことだ。

筆者が良識派に「　」をつけたのはなぜだろう。

安部公房（一九二四—九三）小説家。満州（現、中国東北部）で少年期を過ごす。大学では医学を学んだが、作家への道を選んだ。『壁—S・カルマ氏の犯罪』『他人の顔』など、現代人をとりかこむ厳しい疎外状況や、都市の不毛をテーマにした問題作を次々に世に問うた。なお、彼の作品は外国でも数多く翻訳・紹介されており、高い評価を得ている。

出典　『安部公房全作品』第十五巻（新潮社）

▼ここに掲げたのは「良識派」の全文である。

15

隠喩《いんゆ》としての病

S・ソンタグ
富山太《とみやまた》佳《か》夫《お》訳

「おまえはこの学校の癌《がん》だ。」などと呼ばれている人はいないだろうか。癌は病気としてばかりでなく、そのように比喩《ひゆ》としても猛威をふるっている。そして病気が人の肉体を侵すように、それらの比喩は人の思考をむしばんでいく。

ある現象を癌と名付けるのは、暴力の行使を誘うにも等しい。政治の議論に癌を持ちだすのは宿命論を助長し、「強硬」手段の採択を促すようなものである。――それに、この病気は必ず死に至るとの俗説をさらに根強くしたりもする。病気の概念がまったく無害ということはありえないのだ。それどころか、癌の隠喩そのものがどことなく集団虐殺を思わせるとの議論も成り立つように思われる。もちろん、いずれかの政治観のみがこの隠喩を独占するというので

トロツキー Lev D. Trotskii（一八七九―一九四〇）ロシアの革命家。

スターリン Iosif V. Stalin（一八七九―一九五三）革命後のソヴィエト連邦共産党書記長。一種の恐怖政治を行った。

四人組 一九七六年、毛《マオ》沢東《ツォートン》（一八九三―一九七六）主席の死去後中国におきた権力抗争。未亡人の江青《チアンチン》ら四人のグループがクーデター計画を立てた。

ジョン・ディーン John Dean ウォーターゲイト事件当時のニクソン大統領の法律顧問。

ウォーターゲイト事件 一九七二年、盗聴行為の

「死の踊り」（右から僧侶《そうりょ》，騎士，商人） 中世の主な病気の隠喩はペストだった

はない。トロツキーはスターリン主義をさしてマルクス主義の癌と呼び、中国では最近四人組が「中国の癌」ということになった。ジョン・ディーンはウォーターゲイト事件をニクソンに説明して、「内部に癌があります。――大統領のすぐ近くに――しかも、大きくなっています。」と述べた。アラブ陣営の論説のなかで中心的な隠喩となっているのは――イスラエル国民は過去二十年にわたって毎日ラジオでそれを聞かされてきたのである――イスラエルは「アラブ世界の心臓部に巣くう癌」である、「中近東の癌」であるという類のものであるし、一九七六年

発覚から起きた政治事件。これを機にニクソン大統領は辞任に追いこまれた。
ニクソン Richard Nixon （一九一三―九四） アメリカの第三十七代大統領。
イスラエル 西アジアの地中海にのぞむユダヤ人の共和国。
レバノン レバノン共和国。南をイスラエルと接する。
タル・ザータル Tal Zaatar レバノン首都ベイルート郊外、東北部の難民キャンプ。約一万七千人が住んでいたが七五年の内戦時に全滅させられた。
パレスチナ難民 イスラエルの建国にともない、イスラム教徒たちが難民となって住みついている。

同（骸骨《がいこつ》）

八月、レバノン・キリスト教右派勢力を率いてタル・ザータルのパレスチナ難民キャンプを攻撃した某将校など、このキャンプを「レバノン体内の癌」と決めつけた。憤怒《ふんぬ》を表したい人々にとって、癌の隠喩はまことに抗《あらが》いがたいものらしい。一九六九年ニール・アシャーソンは、スランスキー事件は「チェコスロバキアの体内に生じた巨大な癌であった。——いや、癌である。」と書いた。シモン・レイは『中国の影』のなかで、「中国の顔を蝕《むしば》む癌としての毛沢東《もうたくとう》主義者」と。D・H・ロレンスによれば、自慰行為とは「現代文明の最も根の深い危険な癌」。この私にしても、アメリカの対ベトナム戦争に絶望したあまり、「白人種は人類史上の癌である」と書いたことがある。

だが、二十世紀も後半になった今、どうしたら道徳的に厳格であり得るのだろうか。厳しい態度を向けるべきものがかくも多い時代に、どうしたら？「悪」に気づきながら、悪について理知的に語

ニール・アシャーソン Neal Ascherson（一九三二—）イギリスのジャーナリスト。

スランスキー事件 チェコスロヴァキア共産党の書記長スランスキーが、一九五二年スパイの罪名で処刑された事件。

シモン・レイ Simon Leys フランスの中国学者。

D・H・ロレンス David H. Lawrence（一八八五—一九三〇）イギリスの小説家。本文の引用は、『フェニックス』所収「ポルノグラフィーと猥褻《わいせつ》」による。

ベトナム戦争 一九六〇年代から七五年にかけてベトナムの民族解放勢力

ることを可能にする宗教の言葉も哲学の言葉もない時代に、どうしたら？「根源的な」「絶対の」悪を理解しようとして、われわれは適切な隠喩を探し求める。だからといって、今ある病気の隠喩ではうまくない。現にその病気にかかっている御当人にしてみれば、自分の病気の名が悪の縮図としてのべつ引き合いに出されてはたまったものではない。歴史上の事件・問題が病気に似ていると言えるのは、きわめて限られた意味においてである。癌の隠喩など殊におおまかなものである。それは複雑なものを単純化する傾向を必ず助長し、狂信的な態度はともかく、自分は絶対に正しいとする思い込みを誘いだしてしまうものである。

　癌のイメージと壊疽《えそ》のそれを較《くら》べてみるとよい。壊疽は癌と同じような隠喩になじみやすい属性を幾つか持っている。——無から生じ、拡散し、胸が悪くなってくる等。論客の必要とするすべてが壊疽には備わっているように見える。事実、重大な道徳問題において使われたことがある。——一九五〇年代、アルジェリアでフランスが拷問を使用したのに反対し使われたことがあるのである。この拷問使用を暴露したことでよく知られる本のタイトルは『壊疽』であ

に対して、アメリカが軍事介入を続けた戦争。結果的にアメリカは敗退した。

壊疽　壊死の一種。臓器が腐敗菌に侵され、組織が崩壊する。

アルジェリア　北部アフリカの地中海に面した国。フランスの植民地だったが、激しい抗争ののち、一九六二年に至って独立した。

アルトー　Antonin Artaud（一八九六—一九四八）　フランスの詩人。現代演劇の創始者の一人。

ライヒ　Wilhelm Reich（一八九七—一九五七）　オーストリア出身の精神分析学者。学会と反目しアメリカに渡り、無理解のうちに世を去った。

った。しかし、癌の隠喩と壊疽の隠喩の間には大きな違いがある。まず第一に、壊疽の原因ははっきりしている。それは外から来る(――壊疽はひっかき傷からでも生ずる)が、癌の方は得体の知れない病気で、原因もいろいろあり、内外双方から来る。第二に、壊疽は全身的な病気ではなく、しばしば手足の切除をまねくとはいえ、死につながることは少ない。癌はたいてい死につながるとされている。壊疽ではなく――そしてペストでもなく(この病気を陰鬱《いんうつ》なもの、災いをもたらすものの隠喩としようとするアルトー、ライヒ、カミュ等のさまざまの作家の奮闘はみのらなかった)――癌こそが病気の隠喩のうちで最も「根源的なもの」の地位にとどまっている。そして根源的なものであるだけに、ことのほか宣伝用に使われやすい。――偏執病の人々に、戦争に十字軍的な性格を与えたい人々に、宿命論者(癌イコール死)に、超歴史的な楽観的革命論(最も「根源的な」変革のみが望ましいとする思想)のとりこになっている人々に、まさしく格好の隠喩となっているわけである。癌の記述及び治療に軍事とつながる誇張表現がつきまとうかぎり、平和を愛する人々にとってこれほど不適切な隠喩はまたとないのである。

カミュ (一九一三―六〇) Albert Camus フランスの小説家。実存主義の代表的作家の一人として人間の不条理を追求。代表作は『異邦人』『ペスト』。

偏執病 被害妄想や誇大妄想など、妄想にとりつかれる精神病。パラノイア。

十字軍 中世のヨーロッパのキリスト教徒が、イスラム教徒支配下にあった聖地エルサレムを奪回しようと起こした義勇軍。

たとえば破格の出世をした人間を「シンデレラ」にたとえる表現がある。その場合、どのような思想がその比喩《ひゆ》に隠されているだろうか。

S・ソンタグ Susan Sontag（一九三三―二〇〇四）アメリカの評論家。現代のもっとも刺《し》戟《げき》的な文学者の一人と呼ばれた才女。小説、映画、写真など広範な分野に関心をもちつつ、内容の解釈に偏っていた批評の世界で、形式をテキストとして解読する方法意識を発展させてきた。主な著作に『ラディカルな意志のスタイル』『反解釈』『ハノイで考えたこと』がある。

出典 『隠喩としての病《やま》い』（みすず書房）

Susan Sontag: "ILLNESS AS METAPHOR"

16

ユーモラスな現代

辻《つじ》まこと

「批評」の生きている場所はさまざまだ。これは、ある新聞に「文明戯評」として発表された、画《え》と文が一体の作品である。

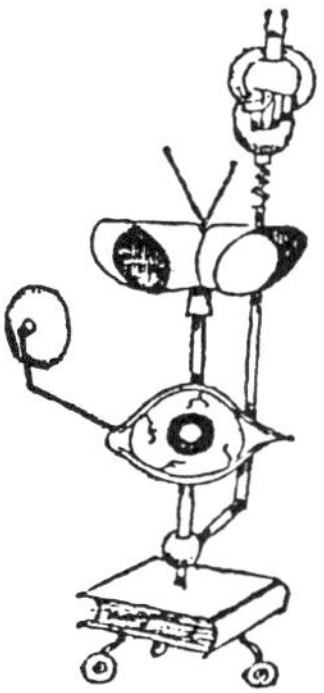

前進するのにバックミラーが要る。
街道をはずれると化け物に食われる。
二本足では立ってもいられず、ツリ皮が要る。
落ち着く椅子《いす》に車がある。

標題の「ユーモラスな」にこめられた批評精神について考えよう。

辻まこと（一九一三—七五）詩人、画家。反体制的なダダイスト辻潤《つじじゅん》を父に、憲兵に虐殺された婦人活動家伊藤野枝《いとうのえ》を母に持つという宿命を生きた。十四歳の時、画家を志してパリに渡り、帰国後は、ペンキ屋、新聞記者、デザイナー（図案屋）などの職業を転々とした。風刺にみちた詩的画文集に『虫類図譜』が、また山の画文集に『山の声』『山で一泊』などがある。

▼辻まことは強健な身体をもっていたが胃癌《いがん》に倒れた。原稿用紙に書かれていた遺書には「寺・墓不用　骨は山か海へまいてくれ。」とあった。

出典『辻まことの世界』（みすず書房）

▼ここに掲げたのは「ユーモラスな現代」の全文（と図）である。

17

一握の大理石の砂

中井《なかい》正一《まさかず》

裁判が終わってからしか「それでも地球は動く。」とは言えなかったガリレオ・ガリレイをまつまでもなく、真理を手にした者が必ずしも幸福であるとは限らない。権力を握る者の蒙昧《もうまい》が正義としてまかり通ることも多いからだ。

ミケランゼロであったか、彫像をほり終えた時、その依頼者が下見にきた。そして少しその像の鼻が高すぎると難をつけた。ミケランゼロは、一握の大理石の砂をひそかに握って、足場を昇り、あたかも、その鼻をけずるかのようなしぐさで槌《つち》を動かせて、少しずつ、その大理石の砂を掌《てのひら》からおとしていったのである。そして、静かに降りて「これでどうでしょう。」といった。依頼者は「ああ、具合よくなった。」といって、得々として帰っ

ミケランゼロ Michel-angelo Buonarroti（一四七五―一五六四） イタリアの彫刻家、画家、建築家。代表作「ダビデ」「モーゼ」「ピエタ」（サン・ピエトロ大聖堂の／サンタ・マリア・デル・フィオレ大聖堂の／ロンダニーニの）。彼は若い時からメディチ家の庇護《ひご》を受けたり、法王ユリウス二世の命で制作をしたり、必ずしもその身は自由ではなかった。

ていったという。

　多分さまざまな芸術家につきまとう一つのつくり話であろう。

　しかし、この話の中には、ある切実なものがふくまれている。

　この像の作者は、この鼻を打ち壊してしまうのも一つの方法でありまた決してその鼻に手を加えないと言いきることも一つの方法である。しかし、どうして、この大理石の砂をもって足場を、彼が昇っていったのであろうか。単なるへつらいで彼がそわそわとしたとも思えない、では、またなぜか。

　ここには一つの寂しい認識があるのではあるまいか。すなわち、人類全体が、今、愚劣なのではあるまいかという怖《おそ》ろしいような認識である。

　自分をもふくめて、人類の愚劣に驚嘆する時、人間は第二の誕生

アテナイのパルテノン

貝殻投票　古代アテナイで陶片を用いる公衆投票により、異端者、危険人物を国外へ追放したこと。貝殻追放、陶片追放ともいう。

パージ　purge　浄化。

に面したともいえるのではあるまいか。

そして、今、この愚劣なものよりほかに、人類がなかったとしたならば、私は一握の大理石の砂をもって、足場を昇るよりほかに道がないではないか、そして、その鼻の美しさを守り、人類が、その美しい鼻を、ほんとうに自分のものだと思う日を待たなくてはならないではないか。

私は、ある時期に、人類が全部愚劣であっても、それで人類の尊厳が汚されきったとは考えないのである。

ギリシャ人が貝殻投票で、その同胞をパージでおたがいに傷つけあう愚劣をきわめた時期があったといって、あのパルテノンの柱の滝のように墜《お》ちているあの美しいヒダを造った芸術家の魂の中の尊厳を決して疑いようがない。

ローマ人が自分の同胞をコロシウムの中に追い込んでライオンに食わせた愚劣きわみなき時があったといって、あの数々のローマの彫刻の美しさを疑うことはできない。

私は思う。この三千年の間に、いろいろのあやまった歴史を人類はさまよっている。今もまたいろいろさまよっている。

追放。

パルテノン Parthenon ギリシアのアテナイのアクロポリス上にある殿堂。紀元前四三八年竣工《しゅんこう》。

コロシウム colosseum （ラテン語） 古代ローマで、人間同士や人間と猛獣の格闘が行われた競技場。野外円形劇場。ローマのものは約五万人を収容した。

しかし、私たちがピンゼルをもつために、この手の骨格を変形した三十万年の人類の自由への努力の勝利のしるしに比べれば、ものの数ではない短いあやまりである。

宇宙の秩序があることは、自然の秩序である。しかし、その秩序を描くことを試みるという新しい秩序を創造したのは、人類だけである。

宇宙の中に、宇宙をうつす新しい宇宙を、人類だけが創《つく》りだしたのである。

すばらしい創造であり、それが三十万年の歴史のほんとうの勝利のしるしである。

それだけで、人類はすばらしい存在なのである。ほかのどんなことも嘘《うそ》であってもよい。これだけで人類は宇宙の中ですばらしい存在なのである。

三千年の歴史の中の時々起こってくる愚劣きわみない行為に対して人は時々、我慢づよくなければならない。

そのほかにかき抱くべき人類はないのだと、自分によくいいきかせて、そして、その一人一人が、三十万年の歴史の勝利のしるしを、

ピンゼル Pinsel（ドイツ語）絵筆。

筆者が「三千年の歴史」（一二一・14）と「三十万年の歴史」（同・9）の二つの尺度を用意しなければな

一人一人残りっこなしに、豊かにそしてひそかにもっているのだということをも、よく、さらに自分にいい聞かせなくてはならない。

らなかったのはなぜだろうか。

中井正一（一九〇〇―五二）美学者。第二次世界大戦中の思想統制下、京都大学にあって『世界文化』（同人誌）などによって、学問の自由を守り戦争に抵抗する運動を続けながら、一方で「機械美」をも含む美学理論を確立した。戦後は文化面で指導的役割を果たし、国会図書館初代副館長をつとめたが、病に倒れた。著書に『中井正一全集』（全四巻）などがある。

出典『中井正一全集』第三巻（美術出版社）

▼ここに掲げたのは「一握の大理石の砂」の全文である。

18 中国の近代と日本の近代

竹内《たけうち》　好《よしみ》

あなたは自分が奴隷であると認めることができるか。魯迅《ルーシュン／ろじん》と竹内好はそれを認めた人だ。

魯迅はこう書いている。

「人生でいちばん苦痛なことは、夢からさめて、行くべき道がないことであります。夢をみている人は幸福です。もし行くべき道が見つからなかったならば、その人を呼び醒《さ》まさないでやることが大切です。」(「ノラは家出してからどうなったか」)

私も、夢をみていたい一人だ。なるべく呼び醒まされないでいたい。「人生でいちばん苦痛なこと」をよけて通りたい。しかし私は、呼び醒まされた人を見てしまった。「夢からさめて、行くべき道がない」「人生でいちばん苦痛なこと」を体験した人を見てしまった。

魯迅（一八八一―一九三六）中国の小説家、思想家。革命に先立つ時代に文学・思想の分野で中国民衆を導いた偉大な先覚者。『狂人日記』『阿《あ》Q正伝』などによって自らの内なる奴隷性を告発しつづけた。

それは魯迅だ。私は、自分が呼び醒まされはしないかという恐怖を感じながら、魯迅から離れることはできなくなった。魯迅はこうも書いている。「私たちは、人に犠牲をすすめる権利はありませんが、そうかといって、人が犠牲になるのを妨げる権利も持っておりません。」（同前）

　魯迅は、何に呼び醒まされたか。どう、呼び醒まされたか。私はそれを、気にせずにはいられない。

　魯迅に「賢人とバカとドレイ」という寓話《ぐうわ》がある。ドレイは、仕事が苦しいので、不平ばかりこぼしている。賢人がなぐさめてやる。「いまにきっと運がむいてくるよ。」しかしドレイの生活は苦しい。こんどはバカに不平をもらす。「私にあてがわれている部屋には窓さえありません。」「主人にいって、あけさせたらいいだろう。」とバカがいう。「とんでもないことです。」とドレイが答える。バカは、さっそくドレイの家へやってきて、壁をこわしにかかる。「何をなさるのです。」「おまえに窓をあけてやるのさ。」ドレイがとめるが、バカはきかない。ドレイは大声で助けを呼ぶ。ドレイたちが出てきて、バカを追いはらう。最後に出てきた主人に、ドレイが報告する。

「ノラは家出してからどうなったか」 魯迅が一九二三年に北京《ペキン》女子高等師範学校で行った講演。評論集『墳《ふん》』に収められている。

「賢人とバカとドレイ」 魯迅が一九二五年に発表した短編。作品集『野草』所収。→全文は「思索への扉」参照。

「泥棒が私の家の壁をこわしにかかりましたので、私がまっさきに見つけて、みんなで追いはらいました。」「よくやった。」と主人がほめる。賢人が主人の泥棒見舞いにきたとき、ドレイが「さすがに先生のお目は高い。主人が私のことをほめてくれました。私に運が向いてきました。」と礼をいうと、賢人もうれしそうに「そうだろうね。」と応ずるという話である。

これは魯迅が、呼び醒まされた状態について書いているものと考えていいと私は思う。「夢からさめて、行くべき道がない」「人生でいちばん苦痛な」状態について、逃れたい現実から逃れることのできぬ苦痛について、書いていると思う。もっとも、この寓話をそう解釈するのは、解釈する方の主観に何か条件が必要ではないかという気が私はするが、そしてその条件は、対象である魯迅から逆に規定されているようにも思うが、そのことを詳しく考えていく手間はいまは省きたい。それは私の主題からはずれることになるし、そうでなくとも、私の主題とこの寓話の私の解釈とが相互媒介的な関係にあることは説明ぬきでわかってもらえると思うから。

この寓話の主語はドレイである。ドレイ根性ではなくて、具体的なドレイ（極言すれば魯迅自身）である。この寓話から、バカと賢人という人間性の対立の面だけを抽象すると、個性的なものが失われて、ヒューマニズムという一般的なものに還元されてしまって、したがってそれは、ヨーロッパにも日本にもある、珍しくないものになる。魯迅は、そういう性質のヒューマニストではなかった。そういう性質のヒューマニストは、魯迅の目からは「賢人」に見える。魯迅はヒューマニズムを（そして一切のものを）拒否した人だ。かれが賢人を憎んでバカを愛したことはたしかだが、それは別々のものではなく、賢人を憎むことがバカを愛することであった。バカと賢人が価値的な対立において魯迅に眺められているのではない。そのような眺める立場、つまりヒューマニズムの立場というものは、魯迅には成立しない。なぜなら、ヒューマニストが希望するようにはバカはドレイを救うことができないのだから。バカがドレイを救おうとすれば、かれはドレイから排斥されてしまう。排斥されないためには、したがってドレイを救うためには、かれはバカであることをやめて賢人になるより仕方がない。賢人はドレイを救うことができるが、それはドレイの主観における救いで、つまり、呼び醒まさないこと、夢をみさせること、いいかえれば救わないことがドレイには救いである。ドレイの立場からいえば、ドレイが救いを求めること、そのことが、かれをドレイにしているのだ。だから、このようなドレイが呼び醒まされたとしたら、かれは「行くべき道がない」「人生でいちばん苦痛な」状態、つまり自分がドレイであるという自覚の状態を体験しなければならない。そしてその恐怖に堪えなければならない。もし恐怖に堪えきれずに救いを求めれば、かれは自分がドレイであるという自覚さえ失わなければならない。いいかえれば「行くべき道がない」のが夢からさめた状態なので、道があるのは夢がまだつづいている証拠である。ドレイが、ドレイであることを拒否し、同時に解放の幻想を拒否すること、自分がドレイであるという自覚を抱いてドレイであること、それが「人生でいちばん苦痛な」夢からさめたときの状態である。行く道がないが行かねばならぬ、むしろ、行く道がないからこそ行かなければならぬという状態である。かれは自己であることを拒否し、同時に自己以外のものであることを拒否する。それが魯迅においてある、そして魯迅そのものを成立せしめる、絶望の意味である。絶望は、道のない道を行く抵抗においてあらわれ、抵抗は絶望の行動化としてあらわれる。それは状態としてみれば絶望であり、運動としてみれば抵抗である。そこにはヒューマニズムのはいりこむ余地はない。

日本のヒューマニスト作家なら「賢人とバカとドレイ」という寓話を、そのようなものとして書かぬだろう。ドレイが賢人によって救われるか、バカによって救われるというふうに書くだろう。あるいは、ドレイが自分で主人を倒すことによって自分を解放するというふうに書くだろう。つまり呼び醒まされたことを喜びとして、苦痛としてでなく、書くだろう。そして、そのようなヒューマニストの目には、魯迅の暗さが、解放の社会的条件の欠如からくる植民地的後退性のあらわれとして映るだろう。しかし、逆に魯迅の目からは、魯迅をそのように映す「先進的」な日本文学が賢人主義の文学、つまり解放の幻想の文学として映るということは、その先進性のゆえに日本文学の意識にはのぼらぬだろう。まったく、魯迅にくらべれば、日本文学のなかで暗いといわれるものでさえ、底ぬけに明るいように私は思う。魯迅の暗さが、解放の社会的条件の欠如からくることは否定できない。しかしかれは、幻想を拒否している。賢人を憎んでいる。「呼び醒まされた」苦痛の状態に堪えている。暗黒と手さぐりで戦っている。解放の社会的条件を「与えられる」ものとして求めていない。与えられるものとして求めぬのは、かつて与えられなかった、いまも与えられぬ、将来も与えられぬだろうという、与えられぬ環境のなかで形成された自覚からきている。与えられぬのは抵抗のためだ。抵抗するから与えられぬので、与えられぬから与えられるという幻想を拒否するようになる。抵抗を放棄すれば与えられるが、そのため与えられるという幻想を拒否する能力は失われる。保守的であるために健康であるのと、進歩的であるためにダラクするのとのちがいである。日本文学のヒューマニストたちは、すべてダラクした。（少数のダラクを拒否した詩人は敗北した。）ヒューマニズムを拒否した魯迅は、いかなる意味においてもダラクしたといえない。

ドレイは、自分がドレイであるという意識を拒むものだ。かれは自分がドレイでないと思うときに真のドレイである。ドレイは、かれみずからがドレイの主人になったときに十全のドレイ性を発揮する。なぜなら、そのときかれは主観的にはドレイでないから。魯迅は「ドレイとドレイの主人はおなじものだ。」といっている。「暴君治下の臣民は暴君よりも暴である。」ともいっている。「主人となって一切の他人をドレイにするものは、主人をもてば自分がドレイに甘んずる。」ともいっている。ドレイがドレイの主人になることは、ドレイの解放ではない。しかしドレイの主観においては、それが解放である。このことを、日本文化にあてはめてみると、日本文化の性質がよくわかる。日本は、近代への転回点において、ヨーロッパにたいして決定的な劣勢意識をもった。（それは日本文化の優秀さがそうさせたのだ。）それから猛然としてヨーロッパを追いかけはじめた。自分がヨーロッパになること、よりよくヨーロッパになることが脱却の道であると観念された。つまり自分がドレイの主人になることでドレイから脱却しようとした。あらゆる解放の幻想がその運動の方向からうまれている。そして今日では、解放運動そのものがドレイ的性格を脱しきれぬほどドレイ根性がしみついてしまった。解放運動の主体は、自分がドレイであるという自覚をもたずに、自分はドレイでないという幻想のなかにいて、ドレイである劣等生人民をドレイから解放しようとしている。呼び醒まされた苦痛にい

「ドレイとドレイの主人はおなじものだ。」 出典未詳。

「暴君治下の臣民は……」 魯迅の「随感録」六十五（『熱風』所収）に出てくることば。

「主人となって一切の他人を……」 魯迅の「諺《ことわざ》」（『南腔《なんこう》北調集』所収）に出てくることば。

ないで相手を呼び醒まそうとしている。だから、いくらやっても主体性が出てこない。つまり、呼び醒ますことができない。そこで与えられるべき「主体性」を外に探しに出かけていくことになる。

　こうした主体性の欠如は、自己が自己自身でないことからきている。自己が自己自身でないのは、自己自身であることを放棄したからだ。つまり抵抗を放棄したからだ。出発点で放棄している。放棄したことは、日本文化の優秀さのあらわれである。（だから日本文化の優秀さは、ドレイとしての優秀さ、ダラクの方向における優秀さだ。）抵抗を放棄した優秀さ、進歩性のゆえに、抵抗を放棄しなかった他の東洋諸国が、後退的に見える。魯迅のような人間が後退的な植民地型に見える。日本文学の目で見ると中国文学がおくれて見える。そのくせ、おなじように抵抗を放棄しなかったロシア文学は、おくれて見えない。つまり、ロシア文学がヨーロッパ文学を取り入れた面だけが見えて、ヨーロッパ文学に抵抗した面は見逃されている。ドストエフスキイにおける頑強な東洋的抵抗の契機は見逃されている。少なくも、それがヨーロッパに反射してくるまでは、日本文学の肉眼に直接には映らない。トルストイがどんなにバカに

ドストエフスキイ　Fyodor M. Dostoevskii（一八二一—八一）　ロシアの作家。『罪と罰』『カラマーゾフの兄弟』などの作品がある。

トルストイ　Lev N. Tolstoi（一八二八—一九一〇）　ロシアの作家。『戦争と平和』『アンナ・カレーニナ』などの作品がある。

(a)「自分がドレイであるという自覚を抱いてドレイであること」（一二八・11）と(b)「ドレイは自分がドレイであるという意識を拒むものだ。かれは自分がドレイでないと思

なろうとして苦しんだかは、その苦しみを体験せぬ日本文学には、ひとごとであって、自己の内部の問題にならない。だから、おなじ苦しみを苦しんだ魯迅を、そのものとしては理解しようとしない。両者に共通な抵抗の契機を見る統一的な目が欠けているのだ。

うときに真のドレイである」（一三〇・14）との間の違いを考えてみよう。

竹内 好（一九一〇―七七）中国文学者。日中戦争の時代と、戦後の中国を敵視するわが国の政治状況のもとにあって、魯迅に傾倒、魯迅をわが国へ紹介しつづけた先駆者の一人。彼の所属していた、「中国文学研究会」が一九四二年「大東亜文学者大会」への非協力を声明し、やがて解散へ追い込まれたり、一九六〇年、日米安保条約の国会強行採決に抗議して東京都立大学教授を辞任したりしたことは、誠実・気骨の行動として歴史に残っている。著書に『魯迅』『竹内好全集』（全十七巻）、訳書に『魯迅文集』（全五巻）などがある。

▼竹内好『魯迅』が刊行されたのは一九四四年であった。それについて竹内は書いている。「追い立てられるような気持ちで、明日の生命が保しがたい環境で、これだけは書き残しておきたいと思うことを、精いっぱい書いた本である。遺書、というほど大げさなものではないが、それに近い気持ちであった。そして実際、これが完成した直後に召集令状が来たのを、天佑《てんゆう》のように思ったことを覚えている。」（『魯迅』創元文庫版「あとがき」）

出典　『現代日本文学大系』第七十八巻「中村光夫《なかむらみつお》・臼井吉見《うすいよしみ》・唐木順三《からきじゅんぞう》・竹内好集」（筑摩《ちくま》書房）

〔手帖4〕　矛盾を引き受ける

世の中にはどうしても相容《あいい》れない矛盾した現象や考え方がある。たとえば、人類とは果たして理想の達成に向かって進歩する文明なのか、それとも破壊と蛮行を引き寄せる愚かな生き物なのか、といった正反対の見方の対立をとってみてもそうだ。双方での有力な証拠を提出し合えばそれぞれにいくらでも見つかることだろう。そのどちらによっても、一方の見方で断定しきることは不可能である。

あらゆる宗教は平和の大切さを説き、殺すなかれと教えているはずなのに、歴史上の戦争の大半は宗教の対立が原因ではないか。これもおかしなことである。また、技術文明が発達すればするほど人間の生活は便利になっていくが、それ以上に、せわしく騒がしく苛立《いらだ》たしいばかりの暮らしになっていくようだ。だからといって今さら電気も乗り物もない生活に戻ることなどできはしない。どうしたものか……。

このような大問題でなくとも、たとえば私という人間は好ましい人間なのか、それとも嫌な人間なのか、と自問してみるだけでも、私たちのだれもがたちまち言葉に窮して立ちすくんでしまうにちがいない。

私たちの知性が陥りやすいひとつの落とし穴は、「問題」には必ず「答え」があると思い込みがちなことである。たえまなく問題を与えては「答え」を要求し続けた教育の影響かもしれない。答えが見つからなければ、問題そのものを放棄するか、さもなければ無理に答えをつくってしゃにむに信じ込んでしまうという場合すら少なくない。答えを出すことが〝生産的〟であって、従って答えの出せない割りきれない問題は〝非生産的〟で無益な問いだという感覚が、私たちに知らず知らず染みついてはいないだろうか。

だが本当は人間の精神が疑問を産み出すことじたいが、かけがえのない豊かさなのである。疑いを抱き、検討し、模索するその過程こそが、人間の精神の歩みなのだ。

もともと人間はみな違った個性と環境を生きている。融合しえない他者との境界は厳然として私たちの周囲にある。矛盾を拒むということは他者を拒むことであり、対話を拒むことだ。

古代ギリシアの哲学者プラトンは、理性的な思案を導く方法として常に対話（ダイアローグ）による検討を心がけた。さらに、ドラマ作りの基本は矛盾した対立する人物を配置することにある。人は、性的他者である男と女とから生まれる。……考えてみれば、他者との矛盾こそ創造の養分ではないか。

どんな筋の通った考えも独りよがりの一人言（モノローグ）にすぎない恐れがあるのだ。豊かな宝は、混沌《こんとん》や矛盾の迷路の奥に隠されている。

5

生と死のサイクル

19 一匹の犬の死について

J・グルニエ
成瀬《なるせ》駒男《こまお》訳

臓器移植が関心を集めている。「脳死」の出現がそれを可能にしたのだ。死に抗してどこまで生を延ばせば、人間は満足するのだろうか。

近親が病人に、子供が老人に、ある看病人が患者に、というふうにつくされるあの親切が私は好きだ。枕《まくら》の位置を変えることは大したことではない。しかし、ほかにしてあげられることが何もない時には？　人は自然に（神に、とは私は言わない）少しずつ寿命を縮めるという労をとってもらい、その上で可能な程度、すなわちほとんど無にも等しい程度で、自然に逆らうわけである。この《ほとんど無にも等しいこと》が私を感動させる。それが人間性の周辺である。

「可能な程度」が「ほとんど無にも等しい程度」（一三八・5）と言い換えられることによって、どんな変化が生じるだろうか。

J・グルニエ　Jean Grenier（一八九八―一九七一）　フランスの哲学者。古代地中海文明、インド思想にひかれ、放浪の哲学教授生活を送った。アルジェでカミュを教え、大きな影響を与えた。晩年はパリ大学教授。『孤島』などの著作がある。

出典　『地中海の瞑想《めいそう》』（竹内書店新社）

▼ここに掲げたのは「一匹の犬の死について」の「74」の全文である。

20

断層

中上健次《なかがみけんじ》

世の中で最も身近な存在と思っていた親や兄弟との間にいつしか溝が生まれ、亀裂が深まってゆく時期がある。家族という共同体の中で、〝個〟を自覚するからである。いつの時代であっても、青年はそれを避けて通ることはできない。

山崎《やまざき》 透《とおる》君

このまえ私のクラスの石井《いしい》さんからあなたの手紙をうけとり、私は思わず顔をあからめてしまいました。お手紙ありがとうございました。石井さんに、こんな良いことがあるんでしたら、おごってもらわなくてはと、とうとうラ・メールでフルーツパフェを二個もせしめられました。

こんどの日曜日にあなたからの手紙では「ゆかしがた」へ行

山崎透　この小説の主人公「俺」のこと。高校生である。

石井さん　「俺」と百合の共通の友人。二人を結ぶキューピッドの役割をしている。

フルーツパフェ　アイスクリーム、生クリーム、チョコレートなどに種々こうとのことですが、何時ごろたつのですか？　それから汽車でゆくのですか。バスでゆくのですか？　わたしとしてはバスの方が好きなのですが。でも、あなたの意見にまかせます。では、学校でまた。

Yより

かすかに香水のかおる百合《ゆり》の手紙を、読みかけの小説にはさんだ。美しい文字だ。ルーファスが白人女と交渉を持つページに、百合の白い封筒に入った手紙をはさんだ。このまま百合と逢《あ》って《君の手紙、ほら、ここに持っている。》と言い、本をさし出して百合がこのページを読んで、びっくりするのを想像すると笑いがこみあがってくる。あいつは顔をまっ赤にして《あんたは不潔だわ、絶交する。》と言うかもしれない。それとも読んでいる百合の顔を見て、くすくす笑っている俺《おれ》の顔をいきなりひっぱたくかもしれない。なんせ百合は、可愛《かわい》くて、清純で、気が強いときている。

「何を笑っているの？　変な子ね。」

　姉が俺の部屋に入って来て、俺の肩を押さえながら訊《たず》ねた。結婚して三年あまりに、子供を二人も次々と作った姉は、夫の留守によ

の果物を添えた食べ物。

ゆかしがた　和歌山県東牟婁《ひがしむろ》郡那智《なち》勝浦《かつうら》町の湯《ゆ》川《かわ》温泉近辺の観光地。

百合　「俺」と同じ高校に通うガールフレンド。

ルーファス　アメリカの黒人作家ジェイムズ・ボールドウィン James Baldwin（一九二四―八七）の長編小説『もう一つの国』に登場する黒人青年。『もう一つの国』は、一九六四年、日本で翻訳出版された。

白人女と交渉を持つページ　ニューヨークはマンハッタン育ちのルーファスが、南部から流れてきた白人女レオナと性交渉を持つ場面。

くやって来て、暇をつぶしてゆく。

姉の好奇心の強いのには負けてしまう。

天皇さんがどうしたとか隣の猫は淫《みだ》らでいつも発情しているとか政治家の二号がテレビによく出る女優だとか。はては美智子《みちこ》妃殿下が妊娠したのを自分ごとのように喜び、心配する。俺にとってみたら、どの女が腹を西瓜《すいか》のようにふくらませたって《よくやってるよ。》と思うぐらいなのに。

「この部屋は、男くさいね。男の臭《にお》いがするようになったのか。」

いらんおせっかいだった。姉は部屋の壁にべたべたとはってあるベトナム戦争の写真の切り抜きを、鼻歌をうたいながら眺めている。

「戦争が好きなんて残酷だな、まだ子供ね。ガールフレンドいないの。大学受験がひかえているんから無理と思ってるの？」

姉に手紙を見せてやろうか、と思った。

「父さん、仕事に行ったの？」そう言い姉は、俺の顔を見る。「あのね、これ、まだ母さんには話をしてないんだけれどね。父さん、よく会合だ、麻雀《マージャン》だと言って出かける日があるでしょう。父さん、ほかに、母さんのほかに、女の人を囲っているよ。」言葉の震えを

美智子妃殿下（一九三四昭和九―）一九五九年、皇太子妃となる。現、皇后。

ベトナム戦争　一一四ページ脚注参照。

気にしながら、姉は平べったい胸に大きく息をすいこんだ。「まだ、母さん知らないんだ。善人面してさ。親子だからちょっとは許してやろうと思うけど、あの小島《こじま》なんかという女もいい玉よ。図々《ずうずう》しい。」

俺は知っているさ、と思った。父が、女を富士荘《ふじそう》という旅館に手伝いとして働かせ、よろしくやっているのを知っている。父も俺が知っているというのを気づいている。

西川《にしかわ》の家から遅くなって、中古の自転車で回り路《みち》をして帰ってきた。アパートから背をかがめて出てくる父を見た。

「あした役場でな。」

後から出て来た女に声をかけ、父は歩き始めた。最初、俺は分からなかった。あの派出裏の家で父の気の良い仲間たちが、笑ったりいらいらしたりしながら麻雀でもやっているんだと思っていた。

俺は馬鹿《ばか》だから、象の肌のように鈍いから、「父さん。」と声をかけてしまった。

父はぎくりとして立ちどまり急いで振り返った。父の顔に、ある恐ろしいひきつったような、張りつめたようなものを見いだした。

西川 「俺」の友人。

俺の体中から微笑が音もなく逃げ去った。俺はその一瞬にすべてのものを感じ取ったんだ。口で立派なことを言っても、だれもきくものか。自転車を降りて立ちすくんでしまった俺の細い首を、父が力いっぱいしめつけにくるんではないかと思った。

父は次の瞬間、狼狽《ろうばい》をかくしながらも、

「なんだ、とおるか。」とびっくりするほどの大きな声で言った。

「どうした、こんなに夜おそく。」

俺は近づいてくる父の顔をみながら、まだ茫然《ぼうぜん》とつっ立っていた。見てはいけないものを見てしまったように感じ、歩みよってくる父が気色悪かった。

父は俺の肩をつかんだ。あの汚らしい毛だらけの手で、吐き気がむくむくと育ってきた。逃げだしたかった。「だめだぞ、こんなに夜おそくまで遊んでいちゃあ。」力をこめて荒々しく俺の骨ばった肩をゆすった。

「父さんとひさしぶりに歩こう。」

キタナラシイ　トウサント　ヒサシブリニアルコウ……ごめんだ。二十分前、きっとあの女と一緒に、寝ていたにちがいない。

肩にかかっている父の大きな手から、汚らしい毒が体中にまわり込んでくるように思えた。俺は手をはらいのけ、自転車に乗った。「ね、とおる……。」急いで何かを弁解しようとする父をあとにして俺は必死になってペダルをこぎだした。角を曲がろうとすると闇《やみ》の後から、「おそく帰ってもお母さんを起こすんじゃないぞ、病気なんだから。」と言う父の声が聞こえてきた。病気にしたのはオマエじゃないか、と俺は思った。

盲滅法《めくらめっぽう》に自転車を走らせ、駅のそばの大きなどぶへ自転車ごとはまりこんだ。

姉は言葉を続ける。

「まあ、父さんも母さんが体悪いからって口実つけるかもしれないけど、ちょっと目立ちすぎよ。イヤな女よ。自分をなんかだと思っているのか、男を四、五人もひきつれて酒場に行って、あら、山崎さんって言われて、ハイハイと答えてるんだって。おぼえていろってんだよ。わたしがいるかぎり、あんな者、たたき落としてやる。」

姉は蓮《はす》っ葉《ぱ》になる。

俺は腹が立って来た。俺はだれにも父のことを話しはしなかった。

大人の汚らしさをつついてみたって、叫んでみたって大人は言いのがれをするだけにきまっている。

「俺は知らんよ。」

読みかけの小説をもち、姉だけを部屋に残して飛び出した。

「とおる。きょうだいじゃない。まじめなことよ。」姉が険しく言った。俺は母屋に入り、寝ている母にも、市役所の中でこせこせと働いている父にも聞こえるような大きな声で叫んだ。

「大人はエライよ。何でもできるよ。自分たちの不始末ぐらい自分でつけるだろ。」


「俺は知っているさ、と思った。」（一四三・5）のに、「俺は知らんよ。」（一四六・3）と言ったのはなぜだろうか。

中上健次（一九四六—九二） 小説家。自分の生まれた土地（和歌山県新宮《しんぐう》市）や血縁を題材にした作品を多数発表するかたわら、韓国《かんこく》・アメリカ合衆国などを精力的に訪問し、各国の作家との交流を深めた。作品に、芥川《あくたがわ》賞受賞の『岬』や、『十九歳の地図』『枯木灘《かれきなだ》』『千年の愉楽』などがある。
出典 『十八歳、海へ』（集英社文庫）

▼ここに掲げたのは「断層」の全文である。

21

妖怪《ようかい》たちとくらした幼年時代

水木《みずき》しげる

この科学万能、ハイ・テクノロジーの時代に妖怪だの幽霊だの、何の寝言をと思う人もいようが、ひとまず耳を傾けてみよう。目に見えるものや触れられるもの以外、世の中にあってはおかしいと決めつけるのも、あるいは楽天的に過ぎるのかもしれない。

むかしのフロおけは木でできていた。

長いあいだ使っていると、木が腐ってくる。そこへあかがたまって、ぬるぬるしてくさくなる。

そうすると、のんのんばあは、たのまれもしないのに、フロ場の掃除をする。これが半日もかかる大がかりなものなのだ。

どうしてそんなに掃除をするのかとオレが聞くと、この腐った木にたまるあかを食べに「あかなめ」という妖怪が来るといけないか

妖怪　人知で不思議と考えられるような現象、または異様な物体。ばけもの。

のんのんばあ　「いまから五十年ほどむかし、オレが子どもだったころは、境港《さかいみなと》のあたりでは、神仏に仕えたりする人のこ

らだと、のんのんばあは真剣に答えた。「あかなめ」は小童《こわらわ》（小さい子ども）のかたちをした赤い色の化け物で、夜なか、だれもいないときにぺろぺろとあかをなめるのだ。そうなると、「あかなめ」だけではない、妖怪は妖怪を招くから、さまざまな妖怪が家に住みつくことになる。

こんな話をしながらのんのんばあはフロ場掃除をするから、オレもつられて真剣になって、フロおけの掃除を手つだった。

その夜、オレがひとりでフロにはいっていると、なんとなく変なけはいがする。

だれもいないのに、なにかいるけはいが感じられるのだ。

昼間の掃除がじゅうぶんでなかったために、「あかなめ」の出現をゆるしてしまったのかとおもって、オレはじーっと息を殺してフロにはいっていた。

いなかのフロ場はもともと静かな上に、チャポンとも音をたてないから、遠くのはなれ座敷で家族たちが談笑する声がかすかに聞こえてくる。家族に助けを求めようかともおもったが、オレの理想は、豪傑のような強い人だし、ガキ大将になって、いずれは東郷元帥《とうごうげんすい》の

とをのんのんさんといっていた。その人がおばあさんなら、のんのんばあさんとよばれることになるわけだ」（『のんのんばあとオレ』）。この「のんのんばあ」は「むかしオレの家の女中をしていたらしい」とある。

ような人になろうとおもっていたから、キンタマをもった男の子が、妖怪のすがたも見ないで、さけび声を出すような臆病《おくびょう》でめめしいことをするわけには、だんじていかない。

せまりくる恐怖とたたかいながら、フロおけのなかでじっとがまんしていた。と、フロ場の入り口の戸が心なしかミシミシと鳴ったような気がする。

さては現れたか、もはやこれまでと、フロおけから立ちあがろうとしたとたん、フロ場の戸がものすごい音をたてて頭の上にたおれてきた。その戸は引き戸で、さんがすりへって浅くなっていたから、たおれやすかったのかもしれないが、オレはもうたまらない。てっきり妖怪が現れたとおもったから、

「うわーっ。」

あかなめ

東郷元帥　東郷平八郎（一八四七—一九三四）。軍人。海軍大将、元帥。日露戦争に連合艦隊司令長官として出陣、日本海海戦でバルチック艦隊を破り名声を博した。

という、さけびとも助けを求める声ともつかぬ大声をあげたが、戸がたおれかかったときびっくりして、しりもちをついたままだったから、鼻から下はフロの湯のなか。これではいくら大声を出しても、家族には聞こえるはずがない。

オレは必死のおもいでフロおけからはい出し、家族のもとへかけつけた。

たったいま、フロ場でお化けらしいものに会ったと、まっさおになって説明すると、家族はキョトンとして聞いていたが、まもなくみなころげまわって笑いだした。

便所やフロ場は、母屋からはなれているから、家族には戸がたおれたのもなにもわからなかったらしい。

弟だけは、オレの青ざめた顔に恐怖を見てとったのか、だまって聞いていた。

弟は人一倍、幽霊とか妖怪とかがこわいタチなのだ。

あくる日、夏のことだからはだかで、弟とペッタイ（めんこ）をしていたら、雷である。

弟は、いきなりヘソをおさえて泣き出した。雷はオニのすがたを

幽霊　死者が成仏し得ないで、この世に姿を現したもの。

していてヘソを取るといわれていたから、オレも協力してヘソをおさえ、押し入れにはいって難をのがれた。
「あかなめ」だ、「雷」だと、まいにち妖怪のなかでくらしているような日々だった。

そのころ、長いあいだ寝こんでいたオレの祖母が死んだ。
オレは、生まれつきともいえるほど、葬式とか死とかに興味をもっていた。ふだんから、茶わんとなべのふたで、チンチンジャンジャンと、葬式坊主のありさまを再現することが得意で、母によくしかられたものだった。

だから、死とはわれわれの知らない別の世界へ行くことだとのんのんばあに聞かされていたこともあって、すこし気持ちは悪いが、どのようにして霊界に行くのか見たくてしかたがない。

葬式は、まず死人を北向きに寝かせるところから始まり、棺桶《かんおけ》に入れ、墓場に行くという手順である。当時のいなかは土葬だった。

埋葬は夜だったので、子どもはついて行けないというのだが、オレはどうしても行きたいといいはって、ひとりついて行った。

ただでさえ街灯などのすくないいなか道で、その上、墓場あたりの道ときているから、チョウチンの光だけがたよりである。そのころは懐中電灯もほとんどなかったのだ。

四、五人の若者が棺桶をかついでいたが、ひとりがつまずき、もうすこしで棺桶が落ちそうになったとき、桶のなかで「コツ」という音がした。気味の悪い音を聞いたためか、みんなが、子どもは帰ったほうがいいという。

　オレはまたも、桶を墓のなかに埋めるところまで見せてくれとねだったが、こんどはだめだった。むりにつれ帰された。

（「妖怪大裁判」より）

　人の話によると、その夜はふたりの男が一晩じゅう、番

一堂に集まった妖怪たち

をするということだった。

のんのんばあは、祖母の霊は四十九日のあいだは家のまわりにいるという。そんなことを聞いたせいか、便所のあたりで、白いものがスーッと動くのをオレは見てしまった。幽霊というやつかもしれない。

その話をすると、みな、もう夜は便所へ行けない。

兄貴もこわいものだから、自分のときは弟のキゲンをとり、便所のなかに新聞紙をしき、その上にざぶとんまでしき、弟をすわらせて話しながら大便をするというしまつ。

ところが、弟のときは、兄貴は弟がいくらたのんでも、

「ひとりで行け。」

ぶるぶる

と、どなる。すなわち暴君だったわけだ。

弟はこらえるだけこらえて、どうにもならなくなってからやむなくひとりでそっと行く。そっと行くのでかえって音に敏感になり、すこしの物音にも恐怖は倍加し、とびあがって大声をあげて出てくる。逆にこちらがびっくりしてしまうのだ。

のんのんばあにいわせると、そりゃあ「ぶるぶる」だということになる。「ぶるぶる」というのは、何か出るんじゃないかとこわがっているときに、背すじにつめたい手をつけて、ぶるぶるとふるわせる妖怪だという。なるほどと、うなずかざるをえない解説だった。

「まいにち妖怪のなかでくらしているような日々だった。」(一五一・3)と筆者はいう。人間にとって妖怪とはいったい何なのだろう。

水木しげる（一九二二―）漫画家。少年時代に培われた、この世の怪奇への関心と、戦地ラバウルで左腕を失うという深刻な戦争体験が、創作の原動力となっている。作品に『墓場鬼太郎《きたろう》』（テレビ化された時には『ゲゲゲの鬼太郎』）、『河童《かっぱ》の三平』などがある。

出典『のんのんばあとオレ』（筑摩《ちくま》書房）

図版 ©水木プロ

22

娘時代

S・ボーヴォワール
朝吹登水子《あさぶきとみこ》訳

自分のことがよくわからないと思うことがある。心とか精神とかについてだけでなく、身体や生理についてもそう思うことがある。めまいにも似たこの疑問がピークに達するのが青春時代である。人は、ここを通ることによって、自分を他人のように眺めることを覚える。

私たちがレンヌ街に移ってから、私の安眠はおびやかされるようになった。マドレーヌによって明かされた秘密がうまく消化されなかったのだろうか？　今度の家では、私のベッドと両親のベッドの間には仕切り壁がひとつあるだけだった。父のいびきが聞こえて来ることがあった。両親の傍らに寝ていることに対して敏感だったのだろうか？　私は悪夢にうなされた。ひとりの男が私のベッドの上に飛び上がり、膝《ひざ》で私の胃袋を圧《お》しつけた。私は窒息しそうだった。

レンヌ街　Rue de Rennes　パリ中心部、六区にある。作品中の「私」たち一家（両親と妹と私、叔父、叔母、従姉《いとこ》、その他の人々）は一九一九年秋、モンパルナス街からレンヌ街のアパルトマンに引越した。

私は夢の中で目を覚まそうと必死にもがいた。が、またもや襲いかかる男の重みが私を圧しつぶすのだった。ちょうどそのころ、朝の目覚めは私にとってひどい苦痛となり、夜、就寝前に翌朝の目覚めを想像するだけで私の喉《のど》は締めつけられ、両手は脂汗でべっとりとするのだった。

朝、母の声を聞くと、私は闇夜《やみよ》のしびれからむりやりにわが身をひき離すのが嫌で、病気になってしまえばいいと思うのだった。日中、私はめまいがした。私は貧血を起こした。ママンと医者は、

《体が変わる時だから》

と言った。私はこの言葉と、私の体の中に起こっている目に見えない作用を憎悪した。私は「大きい娘たち」とその自由を羨《うらや》んだ。しかし、自分の胸がふくらんで来るという考えがたまらなく嫌だった。おとなの女たちは滝のような音をたてて放尿するものだと昔聞いたことがある。彼女たちのお腹《なか》の中に水がいっぱい入った革袋があると思っただけで、ガリバーが巨大国の女たちに乳房を見せられた時と同じような恐怖を感じた。

私が神秘を嗅《か》ぎつけるようになってから、案じられた書籍はさほ

マドレーヌ　作品中で「私」（十一歳）より少し年長（十二歳）の従姉の名。ある時「私」は彼女から動物や人間の性についてほのめかされ、一年か二年経《た》ったら「私」の身体にも変化が起こると告げられる。

ママン　maman（フランス語）「母」の幼児語。ママ。

ガリバー　Lemuel Gulliver　スウィフト『ガリバー旅行記』（一七二六年）の主人公。その第二部で、彼は巨大国ブロブディンナグを訪れている。

ど私をこわがらせなくなった。よく私は便所の中にぶら下げてある新聞紙の四つ切りに視線を落として文字をたどった。こんなふうにして私は、小説中の主人公が、女主人公の真っ白な乳房の上に燃えるような唇を圧しつける連載小説の断片を拾い読みしたのである。この口づけの描写は私を焼きこがした。私は、時には男の身となり、時には女の身となり、時には他人の交わりをのぞき見する変質者となって、口づけを与え、口づけを受け、両眼いっぱいを口づけで埋めてしまうのだった。もちろん、これほど烈《はげ》しい感動を受けたということは、私の肉体がもうすでに目覚めているからだった。けれども、さまざまな幻想がこのイメージに凝結したのである。眠る前に、私は何度このイメージを彷彿《ほうふつ》させたことだろう。私は他のイメージも自分で作り出してみた。私が何処《どこ》からヒントを得てそういうことを作り出して来たか知らない。なぜなら、それまでは、夫婦がほとんど着物らしいものもつけずにひとつのベッドの中で寝るということも、私に抱擁や愛撫《あいぶ》を暗示させなかったからだ。だから、私は自分の要求に応じてこれらを作り出したのだと思う。というのは、私はしばらくの間、身をさいなまれるような欲望のとりこになっていた。
私はベッドの中で身もだえしながら、ひりつくような喉で、自分の体の上に男の体を、そして自分の肌の上に男の手を呼びつづけた。私は絶望しながら指折り数えた。
《十五にならなくちゃ結婚できないんだわ！》
それも最低の結婚年齢である。この責め苦が終わるまでまだあと何年も待たなくてはならない。それは最初、烈しさもなく徐々にやって来た。シーツの生暖かさの中で、うずうずする私の血管の中で、さまざまな幻覚が快く私の心臓を鼓動させるのだった。あたかも、それらの幻覚が形をとるのではないかと思われるほどだった。が、そうではなく、それらは消え失《う》せていった。私のいらだった肉体を鎮めてくれる手も唇もなかった。私のキャラコの寝衣《ねまき》は毒を盛った衣《ころも》と変じた。睡眠のみが私を解放してくれた。私はこれらの混乱を罪の観念と結びつけたことは一度もなかった。その混乱はあまりにも乱暴で腕力ずくなので、私は自分に罪があるというよりはむしろ自分を被害者のように感じていた。私はまた、他の幼い女の子たちがこのような苦悩を知っているかどうか自問してみたことがなかっ

キャラコ calico　薄地の平織り綿布をさらしてのりづけして仕上げた白い布地。シャツやシーツに用いる。

た。私は自分を他の人たちと比べてみるという習慣をもっていなかった。

息づまるようなじめじめした六月、私たちは知人の家に逗留《とうりゅう》していた。ある朝、私はびっくりして目を覚ました。寝衣がよごれていた。私は寝衣を洗った。私は着物を着た。するとまた下着がよごれた。マドレーヌの判然としない予言をもう忘れてしまっていたので、私は何か恥ずかしい病気にでもとり憑《つ》かれたのではないかと思った。心配しながら、私は漠然と悪いことでもしたような気持ちで母のところに駆けつけた。母は私が「大きな娘」になったのだと説明してくれ、そして、居心地の悪いものを当ててくれた。私は自分に何も罪がないのだとわかってすっかりほっとした。そして、いつも重大事件が起こるたびに感じるような一種得意な気分にすらなった。私は母が友人たちとひそひそ話しているのもさほど苦にならなかった。それにひきかえ、夜、レンヌ街に戻って来た時、父が私の身体《からだ》のことをほのめかしながら冗談を言ったので、私は身も消え入るような屈辱を感じた。私は女性全体が、用心深くその肉体的欠陥の秘密を男性に隠しているのだと思っていた。父に対して、私は自分を純粋

「私」にとって「父が突然自分を生物と見なしたことがたまらなく

な精神だと信じていた。私は父が突然自分を生物と見なしたことがたまらなく嫌だった。私は永遠に失墜したと感じた。

嫌だった。」（一六一・1）のはなぜだろうか。

S・ボーヴォワール Simone de Beauvoir（一九〇八―八六） フランスの小説家。パリのブルジョワ家庭の娘として生まれ、エコール・ノルマル（高等師範学校）からソルボンヌに学び、そこで後年の哲学者サルトルと知り合い生涯にわたる伴侶《はんりょ》となる。『娘時代』『女ざかり』『決算のとき』などの自伝的作品のほか、女性は「女」に生まれつくのではなく「女」に成る（作り上げられる）のであるというテーマを追求した大作『第二の性』など、社会的・哲学的著作も多い。

▼ボーヴォワールとサルトルはいわゆる夫婦ではない。二人は結婚という制度による束縛と、子供という絆《きずな》による結びつきを退け、互いの自由を尊重しつつ愛のつづくかぎり共に在ろうと決めた。この関係は一九八〇年のサルトルの死までつづいた。ボーヴォワールの言葉、「私の人生に確かな成功がひとつあった、サルトルと私の関係である。三十年以上のあいだに、私たちが離ればなれの心で眠りに入ったことは一晩しかない」。（主として朝吹三吉《あさぶきさんきち》氏の文章による）

出典『娘時代―ある女の回想』（紀伊國屋《きのくにや》書店）

Simone de Beauvoir: “MÉMOIRES D'UNE JEUNE FILLE RANGÉE”

23 闘士の休日

杉浦明平《すぎうらみんぺい》

愛知県は渥美《あつみ》半島のある町に悪名高い町会議員がいた。ひたすら私利私欲を追い求め、目的のためには人情も倫理もどこ吹く風の強引さで、数々の逸話を残し、町民から恐れられていた。だが、そんな豪傑も歳《とし》には勝てない。思いがけない素顔をさらす「休日」があったのだ。

今では農業、とくに施設園芸を営んでいる農家は、米も自家用野菜もつくらず、この山久《やまきゅう》その他スーパーにいって、一週間分の野菜を仕込んで冷蔵庫にしまっておくというふうだから、店屋や月給取りの奥さんたちだけでなく、農家の婦人たちも一回に何万円という買い物をしてマイカーに積みこむ。

もっともこの山久の主人は、物好きで、珍しい野菜や果物が市場に出ると、必ず仕入れて店に並べる。百グラム二千円のマツタケが並んでいたこともあるが、おかみさんたちは「まあ、これで二千円。」と感歎《かんたん》してつまみ上げ、においを嗅《か》ぐだけで、ついに買い手がなく、しなびさせてしまった。ときには菊の花や観葉植物も並ぶし、雑貨までが奥の方にごちゃごちゃに積み上げられていて、八百屋というよりスーパーマーケットといった方がよい。

午後、客足がすこし減ったころになると、八百屋の主人は、その日仕入れてきた果物などの皮を剝《む》いて、家族やパートの女たちに試食させる。その日は、どこか山国から送られてきた黒皮の西瓜《すいか》を切って味をみようとしていた。と、隣の杉本《すぎもと》家の玄関が開いて、野良着で胡麻《ごま》塩《しお》まじりの無精ひげをぼさぼさのばした次郎爺《じい》さがのっそりのっそり出て来て山久八百屋の庭先でとまる。

「今日のおやつは何だい。」と次郎さは店の奥をのぞきこむ。

「黒皮の西瓜だが、食べてみるかい。」と山久の主人がいう。「皮が黒いのが珍しいので仕入れてみたが、肉は赤くて味はふつうの西瓜と変わらんのう。」

次郎さは八分の一切れの西瓜にかぶりついた。無精ひげを汗で濡《ぬ》らしたまま、

次郎爺さ　杉本次郎。作中で「岬町」（架空の町名）の町会議員。本文は彼がまだ在職中の、「活躍」はなばなしいころのエピソードである。

「冷蔵庫で冷やしておいてくれたら、申し分ねえのに。」

と口の中でもぐもぐつぶやくと、口の端から紅《あか》いよだれが垂れる。

「贅沢《ぜいたく》いうだのん。」と八百屋は苦笑いする。

西瓜を食べおえた次郎さは、べとべとになった口のまわりを、泥で汚れたシャツの袖《そで》で拭《ぬぐ》いながら、

「なるほど黒西瓜といっても、中身に変わりはねえ、つまらんものを発明するもんだ。ところで今日はメロンはないのかい。」

「いや、二、三個ならあったはずだ。」と山久さんは店の入口のレジに立っているパートの女に「おい、たれかメロン売り場へいって、次郎さ行きメロンを持ってきてやれ。」

次郎さがメロンを入れたビニール袋を提げて立ち去るまでわたしは客にまじって隠れるように観察していたが、次郎さが自宅に入るのを見届けて

次郎さとおぼしき人物

のん　三河《みかわ》地方の方言で、ていねいな表現に使われる終助詞。

わたし　作品の語り手に当たる。元町会議員で現在は町政から引退し、「次郎さ」の行状を観察している。

から、山久八百屋の主人に声をかけた。

「次郎さは時々やってくるのかい。」と。

「時々というより、まあ毎日ですのん。」と八百屋は答えた。「新しい果物や変わったメロンなどを仕入れると、店のものと試食してみることにしとるですが、その時にはきまって町会さんは出てきてくれますよ。ときにゃ息子さんもご一しょにのん。あまり店が混《こ》んでいる日にゃ試食する暇もない。そういう日にゃ、どうしてお分かりになるやらけっして出て来られん。とてもカンのええ人ですのん。」

「次郎さ行きメロンって何ですか。」

「うちは、一日に何十箱というメロンを取り扱っとるずら。プリンスメロンから始まってマスクメロンまで半年ぐらいの間ですがのん。それだけ仕入れてくると、割れ玉やら熟しすぎやら売りものにならぬのが五玉六玉出るもんです。そういうのは家で食べることもあるが、はねておくと、次郎さがもらいにくる。というのは、次郎さも外では町会のおえらいさんだが、うちじゃ息子の方の力が強くなっとるようですのん。二町歩《にちょうぶ》余りも畑をもっていて、息子夫婦が切り回しとるだで、どうしても働く方がえらくなるずら。ところが息子

二町歩　町は面積の単位。一町は約一ヘクタール。

は、おやじやおふくろが、昼日中《ひなか》に家の中でごろごろ遊んでいるのが目障りらしい、『トラクターを動かすのはおしのような年寄りにゃえらいだらあが、温室やハウスの内の仕事なら、六十そこそこの人間にやれんことはねえずら、温室へいって働きな。』と家を追い出される。ハウスの中で、メロンの蔓《つる》がビニール紐《ひも》に巻きつくようにしたり、余分の芽や実を切ったり、消毒をしたりするのだげな。が、次郎さも二、三年前老人会に入ったほどの年輩で、仕事がきついらしい。そいで畑にゆくときにゃ、たいていうちのはね出しメロンをもらいにくる。今日もこれから畑にゆくずら。」

「自分のうちでメロンを作っとるのかね。」

「大地主だもの、相当盛大にやっておられるじゃないかね。が、メロン作りが自分のメロンを食べてたのじゃ儲《もう》けになりませんでのん。次郎さ夫婦は、メロンの面倒を見ながら、くたぶれると、温室の蔭《かげ》で、うちの割れメロンを切って食っとるずら。」

外で、たくさんの敵と渡り合っているだけではなく、家の中でもうっかり休んではいられないのか。温室の片隅で、ひっそりと老夫婦が寄りそって、屑《くず》メロンの汁をすすっている。それが次郎さにゆ

おし　「おぬし」から転じた方言。あんた。
えらいだらあが　つらいだろうが。

「次郎さ行きメロン」（一六五・10）という言い方には、八百屋の主人のどのような気持ちが表れているだろう

るされた憩いのひとときなのであろう。

か。

杉浦明平（一九一三―二〇〇一） 小説家。愛知県の渥美半島に生まれ育つ。イタリア・ルネサンス文学の研究を独自にすすめる一方で、郷里の町政に深くかかわり、一九五五年より二期八年間にわたり町会議員をつとめた。町政の不正を暴露したいきさつを描いた『ノリソダ騒動記』、郷里にゆかりの江戸《えど》時代の文人に取り組んだ『小説渡辺《わたなべ》崋山《かざん》』などの小説のほか、『ルネサンス文学の研究』などの研究書や、『レオナルド・ダ・ヴィンチの手記』をはじめとする翻訳も多数にのぼる。

出典 『泥芝居』（福武《ふくたけ》書店）

〈手帖5〉 命をいとおしむ

　自分の命がこの地上に生み出される確率はいったいどれくらいか、考えてみたことがあるだろうか。偶然出会った二人の男女を両親に自分が生まれたことを、私たちはあたりまえのことと思いがちだが、二人の男女の間にこの〈私〉が生まれる確率はきわめて低いのである。同様に私の両親が祖父母たちから生まれる確率もそれ以上に低いのである。このように二、三世代さかのぼってみるだけでも、自分の命が地上に生み出される確率はほとんどゼロに近く、生まれたことの方がむしろ不思議に思えるほどなのである。さらに起源をたどると、ゼロの行進が気の遠くなるほど続き、可能性は無の中に溶けこんでしまう。

　だが、ひとたび命が結ばれると、無の深淵から、突如生が浮かび上がる。無から有へのこの奇跡の出現が命なのである。私たちにとってその生が唯一の生なのである。どんな両親の下に、どんな時代に、どんな場所に生まれてきたかったと、どれほど強く願ってみたところで、それを選択することはできない。それが、この世に生を受けることの意味である。

　私たち人間は遠い昔から、いろいろなところで、一日一日と生きてきた。実にたくさんの人間が生きてきた。一人ひとりが別個の身体を持ち、みな違った生き方をしてきた。この私も、また例外ではない。私は、両親や祖父母に似ているけれども、彼らと同じではない。彼らには彼らの生があったのだ。ひとりの人間が生きてゆく道には多くの山があり、またたくさんの谷がある。昨日と今日とは似ているが、同じではない。そして、明日はいつも新しい。生きてゆく一日一日の手ざわりをひとつひとつ確かめるとき、個々の生は陰影の鮮やかな相貌《そうぼう》を見せるのである。与えられた命をただ一度きりのもののとしていとおしみ、自分自身の生として引き受ける姿勢から、人間だけが持つ主体性が生まれてくる。

「生」とは決定的に矛盾する「死」を正面にすえた文例19「一匹の犬の死について」を、本章の最初に配置した。それは、命あるものは必ず死ぬとのあきらめからではない。生がただ一度で、有限であるからこそ、「命をいとおしむ」のであり、その姿勢が鮮明に表現された文例だと考えたからである。後に続く文例は、生のそれぞれの時期に身近な動物、モノ、人間と自分とのかかわりを通して、生の確かな手ざわりを個性ある文章にしたものである。断章、漫画、小説、回想録と表現の形態はさまざまであるけれど、筆者たちもまた一度きりの生をいとおしんでいるのである。そして、私たちも一度きりの生を、今生きているのである。命を受け継ぎ、自分の生としていとおしむ姿勢の中にあって、「生と死のサイクル」は連綿と続いてゆく。

6

作るよろこび

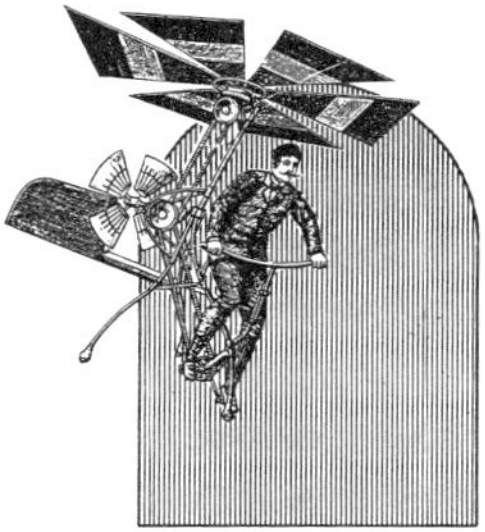

24 ジャズは行為である

山下洋輔《やましたようすけ》

拳骨《げんこつ》であろうと肘《ひじ》であろうとたかだか八十八鍵《けん》、どうひっぱたこうがかまわない。ジャズ界の鬼才、山下洋輔の爆弾宣言に、ピアノを愛する世の心優しい人たちはびっくり仰天。

問題は何が面白いか、ということだ。僕はジャズ・ピアノ弾きだから——のくせにというべきか——ジャズを演奏するのが面白い。演奏してどう面白いかといえば、スウィングするからだ。では、スウィングするとはどういうことか、これが難しい。

思いっきり駆け出してみるといい。別に運動選手でなくても、ひとそれぞれに一番スピードに乗る時間がある。（もっともその三秒後にはくたびれて、呼吸ぜいぜい舌びらびらになるのだが。）その一番スピードに乗った一瞬の身の軽さがスウィングだ。憎い奴《やつ》を思

スウィング swing　ジャズ用語。ジャズ演奏特有のリズムを形容する言葉から、ジャズそのものを意味する言葉になった。

いっきりぶん殴ってみるといい。すごいアッパーカットを相手のアゴに決める。その瞬間の爆発力がスウィングだ。お次はサッカー。今度は少し長いよ。

ウィングが相手のバックス二人のタックルをフェイントでかわしてセンタリングしたボールをストライカーが蹴《け》るとみせかけて横にパスすると後ろから走り込んで来たハーフバックがすかさずシュートこれがクロスバーに当たって撥《は》ね返るところをやはりものすごい速さで飛び込んで来たフルバックがイルカのようなダイビングヘッドでゴールキーパーの逆をついて決める。わずか数秒間の出来事だ。この連携と即応性もまたスウィングである。

こういう僕の「スウィング観」は別に目新しいものではない。昔から「ジャズは行為である」といわれてきた。僕はただ文字通り本気でそれを信じているだけだ。このことと、僕たちのトリオの演奏の方法論とはやはり密接な関係がある。

森山威男《もりやまたけお》と中村誠一《なかむらせいいち》という新しい二人の共演者と共に、あらためて中断していた演奏を始めようとした時、僕たちが確認し合ったのは、ただ、「思いっきり勝手にドシャメシャにやろう。」ということ

森山威男（一九四五―）山下洋輔トリオの一員としてドラムスを担当。

中村誠一（一九四七―）山下洋輔トリオの一員としてテナーサックスなどを担当。

右から山下洋輔，森山威男，中村誠一

だけだった。僕はその時、何よりも「力」が欲しかったし、一人一人が最高の「力」を出せる方法はやはり、「ドシャメシャ」にやる以外になかったのである。当然、ある決まった音組織法やリズム組織法（簡単に言えば和音とテンポ）を三人共通に持つことが無意味になってくる。それらは「ドシャメシャ」と相反する制約なのだ。ところで、皆が勝手なことをやれば、それはデタラメになるのではないか、という人がいるかもしれない。ここで少し、デタラメつまり無秩序について考えてみてもよい。

例えば、猫がピアノの鍵盤《けんばん》の上を歩いて出した音はデタラメだろうか。それらの音は、猫の身長、歩幅、足のてのひら（?）の大きさ、音感などに制限を受ける。普通猫はどちらか一方向にしか歩かないし、端にたどりつくか飛び降りれば、もう音は出ない。また、踏み出す足が沈むので用心深く歩く。従ってフォルテシモやマルカートの音はほとんどない。最高音と最低音を交互に出すというようなことも不可能だろう、etc。結局、それらの音はだいたい決まりきっていて予想しやすい。これはデタラメ――無秩序とは逆の現象なのである。猫の出す音は決してデタラメではなく猫の秩序にのっとったものだ。ただそれを「人間の音楽」としてどう評価するかはわれわれの勝手であり、それはデタラメ議論とは関係ない美的価値判断の問題になる。僕の価値判断からすれば、当分猫とは共演したくない。なぜなら既に書いたように、猫はあまりに限られた音しか出せないし（つまりテクニック不足）、こちらのやることを聴いて良い反応を示してはくれない（つまり即応性の欠如）だろうからだ。決して「デタラメだから」共演しないのではない、むしろ逆である。

さて、猫でさえこうなのだから、ドシャメシャなりの秩序が僕たちの演奏に生じてきて当然だ。それは、先に書いたボクシングやサッカーに共通するいわば、運動あるいは行為の秩序、とでもいうべきものだろう。ジャズ演奏の秩序を従来成り立たせてきた一定の和音やテンポをとっぱらったからといって、後に残るのは例えば「虚

フォルテシモ fortissimo（イタリア語） 音楽用語。最強音で演奏する、の意。
マルカート marcato（イタリア語） 音楽用語。ひとつひとつの音をくっきりと演奏する、の意。

無の空間」と不確定な時間などでは決してない。共演者の一打に、身構える隙《すき》もなく跳躍することのできる演奏者が存在する限り、そこはいつでも「スウィングの場」に変貌《へんぼう》するはずだ。僕たちはその作業を当分続けるだろう。音楽だ芸術だ作品だ情念だ怨念《おんねん》だ狂気だという話はまだ先だ。手足ばたばた舌びらびらでドギツクやるしかないもんねー。

「ドシャメシャ」と「デタラメ」の違いは何だろうか。

山下洋輔（一九四二―）ジャズ・ピアニスト。フリー・ジャズを標榜《ひょうぼう》して日本のジャズ界の最先端に立ち続けている。そのかたわら『ピアノ弾きよじれ旅』など、ジャズをメインにした痛快なエッセイ集を数多く発表している。

出典『風雲ジャズ帖《ちょう》』（徳間《とくま》文庫）

▼ここに掲げたのは「ジャズは行為である」の全文である。

25

マンガは反逆のメッセージ

手《て》塚《づか》治虫《おさむ》
ジュディ・オング

ヒーローは一度世に出ると、正義の使者に祭り上げられる。彼は私たちの期待を裏切ることができないからだ。科学の進歩が絶対の正義と信じられていた時代のスーパースター、鉄腕アトム誕生の内幕を、いま作者が明かす。

手塚　アトムは女性なんです。

ジュディ　エエッ？　ウランちゃんは？

手塚　あれはまあ、後からできたわけですから。

ジュディ　はァー。

手塚　つまりアトムは、もともと女性のロボットとして考え出したのです。初めは、お色気たっぷりな美人のアンドロイド（人間型のロボット）として誕生したはずだったのです。ところが誕生した場

アトム　手塚治虫作の漫画『鉄腕アトム』の主人公ロボット。一九五一年『少年』誌上で『アトム大使』として誕生した。『鉄腕アトム』はその続編。戦後漫画史上最大のヒーローである。

ウラン　アトムの妹ロボットの名前。

所が、たまたま少年雑誌だったもので「鉄腕」が付いちゃったのです。

ジュディ ああ、それで。からだの線が柔らかいですよネ。

手塚 おかげで七つの威力とか十万馬力をつけなきゃならないし、ああいう〝暴れん坊〟になったわけなのですけど、初めは非常におとなしい、女性型なのです。

ジュディ でも、なぜ、女性なのですか？

手塚 ふしぎなんですね、それが。SF作家が書くアンドロイドはたいてい女性なんですから。それも第一作目のロボット物というと、ほとんどが女性のロボット物語。

ジュディ アンドロイドの場合、力仕事をするロボットとは異なるのでいろいろと考案しているうちに、心理的な要素とかあれこれ構成したりしていると、なんとなく女性型になってしまうんでしょうかしら。

手塚 ということよりも、男の心の中に自分が征服したい女性像があるわけ。それはロボットだとしやすいでしょう、言うことを聞くんだから。

ジュディ　そうですね。

手塚　そういうところからデビュー作品のロボットには、もう女性の一番いいところが、やさしさ、しとやかさ、美しさ、それからたいへん虫のいい話だけど、男に対する純情さだとか、すなおさ、従順さみたいなものすべて併せ持った女性として出てくるのです。まあ、一人だけすごく不美人なロボットを出しましたけどね。（笑）

ジュディ　先生のは、それがアトム？

手塚　いや、ぼくの一番最初のそれは、ふだんは少年の格好をしているのですけど、口の中にボタンがありまして、そのボタンを押すと女性に変貌《へんぼう》するというロボットでした。アトムは、それの生まれ変わりですねえ。

ジュディ　いまのマンガって、どぎついギャグだったり、すごくエロチックというか破廉恥なものが多いですよネ。

手塚　多いですねえ。

ジュディ　それは〝反手塚マンガ〟の爆発した形だなんて言っている人もいますけれども、いわゆるアンチ・ヒューマニズムのマンガを書いている人って、いっぱいいますでしょう。そういうの、いか

アンチ・ヒューマニズム
antihumanism　反人道主義、反人間主義。

が思われますか。

手塚　ぼくはマンガは、それが正道だと思うんです。

ジュディ　あ、そうですか。

手塚　もともとマンガというものは反逆的なものなんですよ。どういうものを書いてもいいし、なるべくムチャクチャに反逆して暴れたほうがおもしろいのです。たとえば美男美女を書くならば、小説でも映画でもいいわけ。マンガにそれを書いちゃったら、つまりそういうお膳立《ぜんだ》ての後塵《こうじん》を拝することになるでしょう。マンガにはマンガの役割があるのですよね。それは、世の中の道徳とか観念をひっくり返すことなのです。

ジュディ　それは、先生のメッセージなのですか。

手塚　ぼくのメッセージ。

ジュディ　一般の、世間に対しておっしゃっておられるわけなんですね。

手塚　そう、マンガというのはそうであるべきだと思うのです。マンガの目的というのは風刺でしょう。風刺というのは批判しなきゃいけないのです。批判して、それで笑いとばすというのが風刺なわけ。それは反逆精神ですよ。だからマンガ家とはつねに憎まれっ子なの。その憎まれっ子が書くものが、ヒューマニズムじゃしょうがないじゃない。

ジュディ うーん。

手塚 いやいや。あなたがおっしゃった〝反手塚〟すなわちアンチ・ヒューマニズムというような論法ね、これはほんとにだれでも言うんです。

ジュディ 教わるところが大いにあるマンガ、みたいにね。

手塚 しかしそれは、だれかが勝手にくっつけた言葉であってね、ぼく自身が考えているアトムならアトム像というのはそういうものじゃないのです。たとえば『アトム』というのは、たいへん残酷なマンガだと思うんだ。

ジュディ 残酷……?

手塚 すぐ、ぶっ壊されるでしょう、あれ。

ジュディ そうですね。

手塚 これはアメリカで指摘されたんです。アトムはもともと、ある科学者の死んだ子どもにそっくりにつくられたロボットで、わが

ヒューマニズム human-ism 人間の価値を第一と考え、人間が最高で人間性こそ尊重すべきものだとする世界観。

鉄腕アトムの誕生

子の身代わりに育てられるのだけど、それがちっとも成長しないもんで怒った科学者にサーカスに売りとばされてしまう。そこから始まったのですがね、それはつまり人身売買だというわけ。「なんて破廉恥なマンガだ!」って、ね。

ジュディ　でも、ロボットは一応機械なのだし、そういう意味では売られても……。

手塚　そうネ、だからロボットの悲しさというのは、メカでしかないことによるたいへんな差別を受けるということね。木偶《でく》人形だから、がらくただから。しかし、しゃべり、ものを見、泣き、笑い——アトムは常に人間の味方だと自分では言っているけど、にもかかわらず、かたくななまでのロボット差別の中で、四六時中敵と戦

木偶人形　木彫りの人形。あやつり人形。

わなきゃならないという、ね。

ジュディ　日夜戦い続けている、という感じがします。

手塚　そういうぼくのテーマをちっとも汲《く》んでくれないで、アトムは正義の味方だとか、二十一世紀の寵児《ちょうじ》だとか、いろいろなふうに誤解して宣伝されてしまったために……。

ジュディ　読みが浅かったのですね。

手塚　「よい子のために」のマンガに鞍替《くらが》えされてしまったのです。でも、実際は『アトム』は、自分で言うのはおかしいけれど、さみしいマンガだと思う。

ジュディ　たとえば彼が、ロボットではないと考えたら、たいへんにひどいお話ですものネ。

手塚　人間であそこまで疎外されれば、彼はおそらく自殺してしまうと思うのですよ。

ジュディ　だから、ひじょうに孤独な感じがありますわネ。そういえばどこかビルの屋上か何かに、ポツンと座ったりしているのが印象的でした。

手塚　ひとりぼっちで、ひとり言なんかをつぶやいている絵を書きましたけど、そこら辺をわかってもらわなきゃ困るんだなあ。やたらに悪い奴《やつ》をやっつけて「万歳！」と言って降りてくるところに、アトムのテーマがあるというふうに受け取ってもらっては……。

ジュディ　〜タァーンタァーンタラッタターン……。ほんと、私たちも正義感に満ちあふれたことをしたあとのような場合には、あのテーマソングをつい口ずさんだりしてしまうんですよネ、よく。（笑）

手塚　『ジャングル大帝』のレオにしてもね、白いライオンであるがゆえに疎外されているんです。とくにレオは小さいころ人間の社会に迷い込んで育てられたため、ジャングルへ戻ったときに肉が食えない。これはもう猛獣失格なんですね。そういう中で、人類文明とバーバリズムとの板ばさみになったレオのジレンマみたいなものを書きたかった。けれどまた、これも妙にレオは正義の味方、ヒューマニズムにのっとったものであるというふうになってしまったのです。

ジュディ　じゃ、そういうふうに変えてってほしいと、要求があるわけなんですか。

『ジャングル大帝』のレオ　一九五〇年に『漫画少年』に発表された漫画の主人公の白ライオン。

バーバリズム　barbarism　野蛮状態。

ジレンマ　dilemma　板ばさみの窮地。

手塚　まあ、視聴者からの要求でしょうね。それとスタッフが、どんどんそういうふうに変えていってしまった。あるいは、そういうふうに思い込んでしまったということでしょうね。ぼくとしてはテーマをすり替えられて、イライラしているわけ。

ジュディ　しかしそれは、口をはさんではいけないことなのですか。

手塚　会社はあくまでも、大衆の声、優先ですよ、あまりにも視聴者の……。

ジュディ　要求が大きく、力が強すぎる。

手塚　はい。つまり、その要求にはある程度応じなきゃならないというつらい点があるんで、実際にはもっと『アトム』にしても悲劇的な話に持っていきたかったのですよ。実際にそういうことを一回やったことがあったんだけど、俄然《がぜん》人気が落ちましてネ、また元の、正義の味方にしちゃったのです。

ジュディ　ああ、そうなんですか。

手塚　ぼくのマンガは、自分では決してヒューマニズムの物語とも、よい子のためのものとも思っていないのです。だから、噂《うわさ》に上らない、ヒットしなかった作品の中にはかなりいいかげんなものもあるのですよ。

ジュディ どういうことですか、いいかげんって。

手塚 あなたのおっしゃっていた、反手塚的なマンガも多いんです。

ジュディ なのに、やっぱりアトムとかレオのようなものじゃないと——と、みんな思い込んでしまっているということなんですね。

手塚 ということより、ぼくのマンガには二通りありまして、実は、ぼく自身が子どもに見せられないようなものも、ぼく自身は楽しんで書いているんです。

ジュディ そういうの、私は読ませていただきたいです、とっても。

手塚 ぜひごらんください。本屋にも奥のほうにありますよ。大手の、正面で売っているような本じゃないですから。

ジュディ はい。ところで、いまは若い人の大多数がマンガを読んでいると思いますが、それは昔とは大きく違ってきた変化ですね。そういう若者たちを、先生はどういうふうにお考えになっておられますか。

手塚 ウン、まだぼくも若者のつもりですから。

ジュディ あ、ゴメンナサイ、ゴメンナサイ。(笑)

『子どもに見せられないようなもの　『罪と罰』『やけっぱちのマリア』など性を扱った漫画を指すらしい。

手塚　ぼくの仕事はつねに若者相手ですから、若者でなきゃ困るわけですよ。

ジュディ　ええ。彼らの要求しているものって、いま何だと思われますか?

手塚　そうだなあ、要求しているものは何だろうなあ。

ジュディ　たとえば、つかこうへいさんの芝居がいま、すごく入りますよネ。ともかく若い人たちが見にきてますね。

手塚　絶対的な人気がありますねえ。ぼくはつかさんに会ってそれを聞こうと思って、とうとう聞きそびれたのですけど、つかさんのものを読むと、それはやはりあなたがおっしゃった常識からの反逆みたいな、つまり価値転換へのアピールですね。演劇それ自体として見た場合でも従来の「演劇」で占めていた価値観の、その全体の裏返しでしょう。既成のドラマトゥルギーの破壊ですよね。

ジュディ　ええ。プロットのこわしから入っていって、急に飛んで、飛んで、飛んで、そしてまたフッと戻ってという……。ちょっと錯乱しているようにも思えますけどネ。

手塚　いや、錯乱じゃないと思うの。旧態依然とした価値観に対す

つかこうへい（一九四八―二〇一〇）劇作家。『熱海《あたみ》殺人事件』『蒲田行進曲』などの作品がある。

ドラマトゥルギー　Drama-turgie（ドイツ語）戯曲創作の方法論、作劇法。または演劇論、演出法。

プロット　plot　物語の筋。しくみ。

る抵抗が、若い人たちには強いでしょう。自分たちに受け入れられないものが、依然としてクラシック・スタイルで残っていることに対する苛立《いらだ》ちがね。それがつかさんのものを見たときに発散するわけ。マンガだって同じ、そういう、つまり価値観の転換についていけないようなマンガは、この二、三年間で全部ダウンしましたね。いまの若い人たちが求めている諧謔《かいぎゃく》、ユーモア、皮肉、そういったものは、ぼくたちのような古手の書いているものからは受け取れない。欲求不満になっちゃう。ティーンエージャーの書くマンガに、一番人気があるのもそういうことでしょうね。

「さみしいマンガ」（一八三・8）の主人公がヒーローになってしまうのはなぜだろうか。

手塚治虫（一九二八―八九）漫画家。大学医学部在学中より漫画を描き始め、テレビ・映画のアニメーションブームを作り出した。音楽、科学、文学、歴史などに対する広い知識をもとに、子供から大人まで楽しめるぼう大な数の作品を発表した。『リボンの騎士《きし》』『火の鳥』などの作品がある。

ジュディ・オング（一九五〇―）歌手、女優。一九六六年に「恋ってどんなもの」で歌手としてデビューする。その後、「魅せられて」で一九七九年度の日本レコード大賞を受賞。映画・テレビドラマのほか画家としても活躍している。

出典『虫られっ話』（潮《うしお》文庫）

26

連歌《れんが》と民衆の言葉

山本吉左右《やまもときちぞう》

戦国時代の武将も駄洒落《だじゃれ》がすきだった。しかし、その効用は今とはずいぶん違っている。

『朝倉始末記《あさくらしまつき》』に、つぎのような話が載っている。

寛正《かんしょう》六年（一四六五）一月、朝倉敏景《あさくらとしかげ》は黒丸《くろまる》から杣山《そまやま》城を攻撃するため、部下を率いて進軍した。当時、杣山城は斯波義廉《しばよしかど》の重臣、増沢《ますざわか》甲斐守祐徳《いのかみゆうとく》が守備していた。敏景が脇本《わきもと》の臼清水《うすしみず》を通りかかったとき、一人の僧がこれを見て道をあけ、傍らによって礼をした。敏景が尋ねると、その僧は、萱谷《かやだに》の積善寺《しゃくぜんじ》という時宗の寺の僧とのことであった。

然《しか》らば連歌達者たるべし、出陣の祝《ことほ》ぎ一句これあるまじきか

連歌　五・七・五の句と七・七の句を交互に複数の作者が詠み進めて一定の句数（普通は百句）で完結させる詩形式の一つ。鎌倉《かまくら》時代から戦国時代に発展した。

『朝倉始末記』　越前《えちぜん》（現在の福井県の一部）の戦国大名、朝倉氏の興亡を記した軍記物語。

朝倉敏景　（一四二八―一四八一）　越前の戦国大名。越前守護、斯波氏の家老だったが、主家の内紛に乗じ、越前を統一、戦国大名に成長した。

黒丸　朝倉氏の居城。現、福井県福井市黒丸城町。

杣山城　現、福井県南《なん》条《じょう》郡南越前町の杣山の

と宣《のたま》へば、御言葉の下よりとりあへず、

朝風にもまれて落つる甲斐手《かひて》かな

と仕《つかまつ》りければ、敏景一段御感にて、やがてめでたく帰陣あるべしとて馬を早めて搭《の》られけり。

出陣に際して発句《ほつく》を読み、連歌を興行するのは、のちの戦国期にもしばしば見かけ、いっこうに珍しくはない。句意も朝風に楓《かえで》が散るというのに、朝倉氏の勢力に甲斐手、つまり甲斐守の軍勢が破れるというのをきかせているだけで、なんともたわいない発句である。しかし、この句は、私たちが忘れがちな言葉の力を感じさせる。『朝倉始末記』には「敏景一段御感にて」と書くのみだが、私には敏景とその麾下《きか》の軍勢のアッと感じ入るどよめきが聞こえるように思われる。この発句の掛け詞《ことば》は単純で、何が掛けられているかはすぐさま理解されるが、しかし一応はなぞや判じ物のような仕掛けになっている。僧はこの句を懐紙に書きつけるのではなく、口頭でいいかけるのだから、このなぞのような掛け詞は、敏景ばかりではなく、行軍中の侍たちにも同時に解かれることになる。この掛け詞を

山頂にあった。

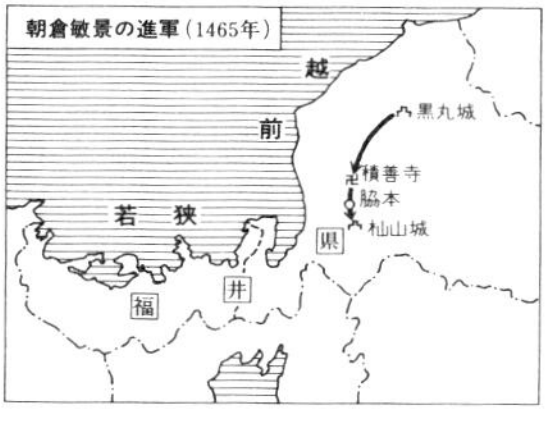

朝倉敏景の進軍（1465年）

斯波義廉　生没年未詳。室《むろ》町《まち》中期の武将。越前・尾《お》張《わり》・遠江《とおとうみ》三カ国の守護。斯波義敏（一四三五？—一五〇八）との家督争いが後の応仁《おうにん》の乱をひきおこし、戦国時代への幕あけとなった。

増沢甲斐守祐徳　生没年未詳。越前の守護代甲斐

解いて理解するという行為は、その場に居合わせた人々の個別な行為だから、ひとつの句をめぐってそれらの人びとが主体的に解読に参加していることになる。合戦もまた、それに参加する侍たちの主体的な奮闘や創意を媒介にして行われるはずで、指揮者の命令に機械的に従うわけではあるまい。もし、その命令に機械的に従うだけであればそれは合戦ではなく、ロボット同士の戦争であろう。戦国期には侍たちは自分の意志で従うべき武将を選ぶこともできたと思われるから、戦国武将にとっては侍たちの主体的な参加をいかに引き出すかが問題で、さらに侍たちが主体的に参加した結果が武将の期待するものと一致していなければならない。さきの掛け詞の解読は、合戦の場合と同様な仕組みになっていて、侍たちに主体的な参加を誘い、その解読の結果が、敏景の期待する勝利であるが、これは時宗の僧によって決定されている。とすれば、この発句は単に祝言の句として軽くみるわけにはゆかない。敏景とその軍勢がアッと感じ入るのももっともといわねばならない。この模擬的な勝利は軍勢にとってはひとつの共同の経験となり、ひとつの経験を共有することによって互いに強く結ばれる。発句は人びとの参加をとおして

氏の配下。
脇本　現、南条郡南越前町脇本。
臼清水　風光明媚《めいび》で有名な池。
萱谷　現、福井県越前市萱谷町。
積善寺　一二九〇年開基の寺。
発句　連歌の最初の五・七・五の句をいう。季を詠みこみ、その場に即して作るのが原則。
懐紙　即興の詩や歌、あるいは消息を書くために用いる紙。

その場の状況を一変させたのである。

戦国武将たちは連歌を好み、専門の連歌師も諸国を巡って彼らを指導したことはよく知られている。それは、戦国武将たちが中央の文化にあこがれただけではなかろう。覇者として権力を握ろうとする志向は、同時に中央の文化への志向とも関連していたろうが、おそらくそれだけではあるまい。なによりも右のような言葉の力を知っていたためであろう。しかし、このような力は文芸ではない。美的な規範を持ち、それだけに詩としての完結性を持ちはじめると、連歌は言葉それ自体のなかで充足する。詩としての完結性の獲得は、言葉の現実の状況に直接に影響を及ぼす力

15世紀の戦闘（『真如堂縁起絵巻』）

下剋上　下位のものが上位のものにうちかち、本来の順序を逆転させる行為をいう。鎌倉時代最末期から戦国時代にかけて

活躍する足軽たち（同前）

を喪失する。

下剋上《げこくじょう》の時代の戦国武将はいうまでもなく成り上がり者が多かった。書記能力にも乏しい者がいくらもいた。しかし、彼らはそれだけに侍や足軽《あしがる》などの配下の者と同じ言語文化を共有していた。そして、それは基本的には口頭的な言語文化であったと思われる。口頭的な言語はつねに眼前に相手を持っている。相手を持っているという点では、口頭言語は本質的にいって呼びかけである。呼びかけは潜在的に相手の反応を期待しているから、その相手を自分とは異なった主体と認めていることになる。自然や物質、あるいは動物に対して、このような質のことばが発せられたときにも、同様の現象が起こるはずで、従って基本的に口頭的な文化のなかでは、自然・物質・動物な

高潮した。

足軽　正規の家臣団としては数えられていない、下級の雑卒・傭兵《ようへい》。ゲリラや攪乱《かくらん》戦法の役割をになった。

御伽衆　室町《むろまち》末期から江《え》戸《ど》初期に特有な役職。昼夜主君のもとで武道に関する体験談などを披露し、領国支配のための知恵を授けた。安西衆・談伴ともいう。

家康　徳川家康（一五四二―一六一六）。江戸幕府初代将軍。

林道春　（一五八三―一六五七）　江戸時代の儒学《じゅがく》者《しゃ》。別名羅山《らざん》。家康より家綱《いえつな》に至る四代に仕え、創始期の幕府の法度《はっと》・外

どもこんにちとは異なって、主体を備えた他者であったはずである。戦国武将は合戦に打ち勝つために配下の者の主体的な参加を最も必要としていただけに、このような性格を持つ口頭言語を十分に利用したものと思われる。彼らの作戦や政治などの相談にあずかったのは、御伽衆《おとぎしゅう》と呼ばれる口舌の徒であった。御伽衆の御咄《おはなし》をとおして武将たちは知恵をつけたのであるが、江戸《えど》時代になるとこの御伽衆は安西衆《あんざいしゅう》・談伴《だんぱん》と呼ばれて幕府の職制となり、やがては若殿の単なる御咄相手とされるようになり、戦国期のような機能を持たなくなる。家康《いえやす》の御伽衆であった林道春《はやしどうしゅん》は江戸時代になると学者として重用され、いわゆる学問が政治の指針となる。政治における口頭言語が文字言語にとってかわり、配下の者の主体的な参加を求めるのではなくて、文字どおりの支配者が出現する。

　ところで、戦国武将たちが口頭言語の感覚を身につけていったのは、フォークロアの世界に見られる諺《ことわざ》・なぞなぞの言語遊戯においてであったろう。武田《たけだ》信玄《しんげん》はなぞなぞ遊びを好み、それに興じたことは、『甲陽軍鑑《こうようぐんかん》』に見える。ここでもまた、戦国武将たちが口頭言語という当時の民衆の言語を共有していたらしいことがわかる。

交等に関与した。

フォークロア　folklore　民間伝承、民俗。

武田信玄（一五二一―一五七三）　戦国期の武将。初め甲斐《かい》国の大名で、のちに信濃《しなの》・駿河《するが》と上野《こうずけ》・飛驒《ひだ》・美濃《みの》・三河《みかわ》・遠江《とおとうみ》の一部を領有する戦国大名となる。

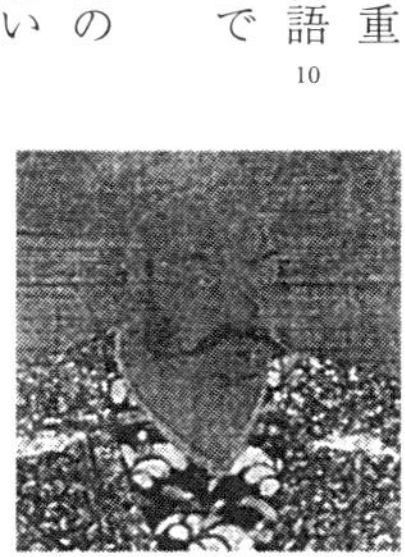

『甲陽軍鑑』　武田信玄・勝頼《かつより》父子の事蹟《じせき》・合戦等を記した軍書。江戸時代初期に集成された。

さきの連歌の発句の場合も、このような口頭言語のエートスを呼吸していたからこそ一定の現実的な意義を持ちえたのであろう。文字言語は人間に抽象する力を与え、精神を鍛え上げはしたが、文字言語がすべての言葉の規範となったとき、直接に人びとの参加する場に働きかけ眼前の状況を一変させる生きた力を失っていったように思われる。テレビやラジオの言葉も、口頭で発せられるという点では口頭言語だが、その言葉の受け手と場を共有していないという点では、かつての口頭言語とは異なっており、受け手との関係が間接的となる点では文字言語に近いと思われる。

エートス ethos（ギリシア語）ある民族や社会集団にゆきわたっている慣習、習俗。

筆者のいう「言葉の力」（一九一・9）というのは、私たちがたとえば書物を読むときに感じるそれと、どのように異なるのだろうか。

山本吉左右（一九三五—二〇〇七）国文学者。和光《わこう》大学教授。日本中世文学を専攻。中世文学のなかでも、口から口へと伝えられる「口頭伝承」の文学、説経節《せっきょうぶし》や『平家物語』の研究に携わった。編著書に『説経節』などがある。

出典『くつわの音がざざめいて』（平凡社）

27 長い話

黒澤《くろさわ》 明《あきら》

世界で最も尊敬されている日本人の一人「クロサワ」監督にも、新米の修業時代があった。彼を教え鍛えた有名無名の技術者や職人たちの仕事ぶりが脈々と受け継がれて、日本映画の黄金時代は花開いたのだ。

さて、私がどうやらシナリオを書けるようになると、山さんは、私に編集をやれ、と言った。監督になるためには、編集ができなければならないことは、私にも解《わか》っていた。

編集は、映画における画竜点睛《がりょうてんせい》の作業だ。撮影したフィルムに命を吹き込む仕事だ。私は、それを知っていたから、山さんに言われる一足先に、編集室へ通っていた。

いや、編集室を荒らしていた。

山さん　山本《やまもと》嘉《か》次《じ》郎《ろう》（一九〇二—七三）。映画監督。この時筆者は、山本監督のもとで助監督をつとめていた。

画竜点睛　仕事の完成の際の大切な仕上げのこと。「睛」は瞳《ひとみ》のこと。

山さんの撮影したラッシュ（まだ編集をしていないフィルム）を引っ張り出して、切ったり継いだりしていたのである。

エディター（編集の専門家）は、それを見て、カンカンに怒った。

山さんは、編集の腕も一流で、自分の作品の編集は、自分でさっさとやってのけて、そのエディターは、それを見ていて、ただ、フィルムを継ぐだけだったが、助監督が自分の仕事に手を出すのは、勘弁ならなかったのだろう。それに、そのエディターは、大変几帳面《きちょうめん》な性質で、フィルムのカット屑《くず》の一コマ、半コマもきちんと整理して、引き出しにしまっておくような男だったから、私にフィルムを勝手気儘《きまま》にされては、黙っていられなかったのも無理はない。とにかく、私は、この男に何度噛《か》みつかれたか解らない。これは、あまり恰好《かっこう》のいいザマではなかったが、私はいくら怒鳴られても、フィルムを切ったり継いだりするのをやめなかった。

そのうちに、そのエディターは、根負けをしたのか、私が切ったラッシュを元通りに継ぎ直しておくので安心したのか、私のフィルムいじりを黙認するようになった。

後に、このエディターは、亡くなるまで、私の作品の編集責任者を務める。

編集について、私が山さんから学んだことは山ほどあるが、その中で最も大切だと思ったことは、編集の時、自分の仕事を客観的に眺められる能力が必要だ、ということだ。

山さんは、苦労して撮影した自分のフィルムを、まるでマゾヒストのように切った。

「黒澤君、昨夜、考えたんだが、あの○○のシーンは切れるよ。」

「黒澤君、昨夜、考えたんだが、あの××のシーンの前半を切ろう。」

山さんは、いつも、こんなことを言いながら、嬉《うれ》しそうな顔をして、編集室へ入って来る。

切れる！　切ろう！　切る！

編集室の山さんは、まるで殺人狂だった。

切るくらいなら、撮らなければよいのに、と思ったこともある。

私も苦労したフィルムだから、切られるのは辛《つら》い。

しかし、監督が苦労しようが、助監督が苦労しようが、キャメラマンやライトマンが苦労しようが、そんなことは、映画の観客の知

マゾヒスト　虐待されることに性的な快感を覚える異常性格者。

ライトマン　照明係。

ったことではない。

要は、余計なところのない、充実したものを見せることだ。撮影する時は、もちろん、必要だと思うから撮影する。しかし、撮影してみると、撮影する必要がなかったと気がつくことも多い。いらないものは、いらないのである。

ところが、人間、苦労に正比例して、価値判断をしたがる。映画の編集には、これが一番禁物である。

映画は時間の芸術、と言われているが、無用な時間は無用である。編集について、山さんに学んだことの中で、これが最も大きい教訓であった。

今、私が書いているものは、映画技術の本ではないから、編集の専門的な問題をこれ以上書くのはやめる。

ただ、もう一つ、山さんの、編集に関する、エピソードを書いておきたい。

『馬』の編集の時である。（山さんは、この作品の編集を私に任せた。）

この『馬』のストーリイの中に、売られた仔馬《こうま》を捜し求めて、母

『馬』 一九四一年、山本嘉次郎監督作品。高峰秀《たかみねひで》子《こ》主演。東北の貧しい娘が仔馬を、あらゆる犠牲を払って育て、たくましい軍馬とするまでの愛と苦闘の物語。

馬が走り回るところがある。そういう時、母馬は、まるで狂ったようになって、厩《うまや》を蹴《け》破《やぶ》って飛び出すし、放牧場まで行って、その柵《さく》から中へもぐり込もうとさえする。私は、その母馬の気持ちが哀れで、その表情や行動を克明に継ぎ、ドラマティックに編集した。

ところが、映写して見ると、少しも感じが出ていない。いくら編集し直しても、母馬の気持ちがその画面からにじみ出て来ないのである。山さんは、その私の編集したフィルムを、私と一緒に何回も見たが、黙っているだけだった。これでいい、と言わないのは、これではわるい、ということだ。私は、ほとほと困って、どうしましょう、と山さんに相談した。その時、山さんは、こう言った。

山本嘉次郎監督『馬』（1941年）　中央は高峰秀子

「黒澤君、ここは、ドラマではない。もののあわれ、じゃないのかね。」

もののあわれ、この古い昔の日本の言葉で、私は、目が覚めたように悟った。

「わかりました！」

私は、編集を、まるっきり変えた。

ロング・ショットの情景だけを継いだ。

月の夜に、鬣《たてがみ》や尾をなびかせて、走り回る母馬の小さいシルエットだけを重ねるように継いだ。

そして、それだけで、充分だった。

それは、音を入れなくても、哀《かな》しい母馬の嘶《いなな》きが聞こえ、沈痛な木管の調べが聞こえて来た。

ロング・ショット 映画におけるカメラの撮り方の名称。遠方からの撮影をいう。

筆者が「山さん」に教わった「ドラマ」と「もののあわれ」（二〇一・17）の違いはどういうことだろうか。

黒澤 明（一九一〇―九八） 映画監督。東宝《とうほう》映画で助監督をつとめたのち、一九四三年『姿三四郎』で初監督。以後『酔いどれ天使』『野良犬《のらいぬ》』など、社会正義と人間の悪の葛藤《かっとう》をテーマとした重厚な作風を確立した。一九五一年『羅生門』がベネチア映画祭グランプリに輝き、国際的な注目を浴びる。その後の代表作に『生きる』『七人の侍』『影武者』『乱』など。
▼「黒澤天皇」の異名を持つほどの厳しい完全主義者で知られ、画面の一つ一つが入念なデッサンに

よってスキのない構図となっている。海外にも信奉者が多く、『七人の侍』が『荒野の七人』、『用心棒』が『荒野の用心棒』といった工合に、まったくの模倣作すら作られている。アメリカのフランシス・コッポラやジョージ・ルーカス、スティーブン・スピルバークら売れっ子若手監督も、熱狂的な黒澤ファンとして知られている。

出典　『蝦蟇《がま》の油』（岩波書店）

写真　財団法人川喜多記念映画文化財団提供。

〈手帖6〉 もっと楽しく

美しいことばから始めよう。

《私はまるで小鳥が飛ぶように軽々とチェロを弾くと言われたことがある。小鳥が飛ぶことを覚えるためにどれほど努力をするか私は知らないが、自分がどんな努力をチェロに注ぎ込んだか、これだけはよく知っている。》

これはスペインが生んだ今世紀最高のチェリスト、パブロ・カザルスの晩年の述懐だ。彼は九十六歳で亡くなるまで旺盛《おうせい》に演奏活動を続けた。イスラエルで行った彼の最後の演奏会では、高齢とは思えない力強い身振りもさることながら、なんと指揮しながら歌う彼独特のうなり声さえはっきり聞こえた。聴衆は巨匠の最後のメッセージにこめられた、生きるものへの大きな激励を感じたという。

巨匠のこの率直なことばに共感する人は少なくないだろう。

たとえば、まるで手のように自在に足を使いこなす名手のプレーに心を躍らせたサッカー少年なら、「自分がどんな努力をサッカーに注ぎ込んだか、これだけはよく知っている」と、そう言い換えてみることもできるはずだ。一見なんでもなく見えるプレーも、実際にやってみると思いのほか難しい。手を器用に使いこなすようになるまでに、私たちがどんなにたくさんの時間をかけてきたかを忘れてしまっているので、足の不器用さははがゆくてならない。「小鳥が飛ぶように」ボールを扱える技術を修得するまでに、つづめていえば楽しくプレーできるようになるまでには、次々と、このはがゆさがプレイヤーを悩ませる。それを私たちは壁にたとえたり、階段にたとえたりする。だが、私たちには初めから自在にやれたことなどひとつもないのだ。どんなささいなしぐさでも与えられているものではない。すべて獲得してきたものなのである。その経緯をよく知っている者には、無駄のない美しい動きの背後に、厳しい自己鍛錬と絶え間ない学習が見えている。

充実した美しい映画を作るために、「山さん」は自分の撮ったフィルムを惜し気もなく切ったと黒澤明は伝える（27「長い話」）。また、意のままに楽器が弾きこなせなければ、生命を最高度に燃焼させるスウィングの場を生み出せっこないと山下洋輔はいう（24「ジャズは行為である」）。子どもたちの遊びを見ていても同様のことがいえる。わきめもふらず興じているのは必ず難しい遊びだ。簡単な遊びはつまらない。難しいものほど楽しい。子どもたちが肌で感じている哲学だ。

もっと楽しく、それはもっともっと生きている喜びを味わいたいという根源的な欲望に違いない。おそらく人間を人間として成り立たせる条件のひとつだろう。それを感じなくなった時点で、すみやかな精神の死にみまわれるような。

7

思考するまなざし

28

手が考えて作る

秋岡芳夫《あきおかよしお》

現代は、文字、図、映像などほとんどの情報を目から得ている、視覚文化の時代といえるだろう。だが、実際にモノを作ろうとすると、手の果たす役割が予想以上に大きいことに気づくのだ。

ぼくは右利き、字を左で書くことはできません。コップは左右どちらでも扱えます。スプーンとフォークは左でも扱えますが、左手のナイフではハムエッグを切るのに苦労します。箸《はし》は右でないと使えません。

鉛筆は右手で削るものと思いこんでいましたが、観察したら左手もけっこう使っています。

鉛筆を削るとき、ナイフを持つ手は右ですが、その右手はほとんど動かしません。

背に親指の腹をあてがってナイフを前の方に押し出しているのは左手の親指です。

親指を除いた残りの四本の左手の指は協同して鉛筆をくるくる回しています。しかも回しながら鉛筆を少しずつ前に押し出しています。

驚いたことに、ぼくの鉛筆削りではナイフの保持以外の仕事はほとんど左手がやっていたのです。

釘《くぎ》打ちの場合、右手が活躍します。釘の頭めがけて正確に、力一杯金槌《かなづち》をふり下ろしているのは右手です。左手は打ち始めるときに釘を正しい位置に保持するときだけ使います。でも、「この位置に釘を打て」と指示しているのは左手なのかもしれません。

木の板に金槌と鑿《のみ》で穴を開ける作業の場合はどうなのでしょうか。

鑿の刃先を掘りたい穴の位置に正確に保持しているのは左手です。鑿の柄を板に対して直角に保持しているのも左手です。「軽く叩《たた》け。強く叩け。」と右手に指示しているのも左のようです。右手は左の指示通りに強くあるいは軽く、左手の保持している鑿の冠を叩き続

鑿　刃と柄《え》からなり、柄の頭をたたいて木や石に穴を掘ったり、溝をつけたりする工具。
鑿の冠　槌《つち》で叩《たた》くために柄の頭にはめた鉄輪。

けます。

鑿の作業の場合、右手と左手が連動しているのです。訓練した右手は、目をつぶっても横を見ながらでも左手の鑿の冠を正確に叩きます。打ち損じて左手を叩いてしまったりすることはありません。

人間の右手と左手の連動ぶりは見事です。

鋸挽《のこぎりび》きではどうでしょうか。

小さな鋸を使う時と軟らかな材を挽く時は右手だけを使いますが、大きな鋸で硬い材を挽く時には左手が右手を応援します。右手は柄の後端をしっかりと摑《つか》み、左手は柄の前方を上から押さえます。大きな鋸は左手で押さえて右手で挽きます。鋸挽きの主役は右手です。

では鉋《かんな》がけの主役は、右なのでしょうか左手なのでしょうか。鉋をしっかり摑んで手前に引いているのは右手です。左手は使ったり使わなかったりの脇役《わきやく》に見えます。南京《なんきん》鉋は両手で使いますが、ふつうの小鉋や豆鉋は右手だけで使います。その時左手は板を動かないように押さえています。

けれど、難しい鉋がけや慎重な鉋がけでは右と左の両方を使いま

鉋　材木の面を削って平らに、また、なめらかにするための工具。

南京鉋　円溝を削るのに用いる小型のもの。

す。右手をパワーに、左手をセンサーに使うのです。鉋台の中央部をしっかり摑んだ右手は力一杯、正確にかつ水平に鉋を手前に引きます。左手は穂（鉋の刃）の上から鉋を板に押しつけながら手の耳で鉋の声と木の声を聞きわけます。左手は「いま削ってるとこが高いよ。も一度そこを削っておくれ。」と声なき声でいう木の要求を聞きのがさないように、鉋に軽く添えて置きます。強く握りしめた手には木の声が聞こえませんから。

鉋が「いけねえ、そこは逆目《さかめ》だ。」と叫ぶことがありますが、むきになって力一杯鉋を引っぱっている右手にはその叫びが聞こえませんからいち早く左手が聞きとがめて、右手に「ストップ」と指令したり、台を斜めにして削ることを指示したりします。

板を荒削りしている時にもっぱら活躍しているのは鉋を摑んで引いている右手ですが、仕上げの削りで働くのはむしろ左手です。「ここはまだ仕上がっていない。」とか「まっ平らに削れたよ。」という鉋の声を聞きながら右手を助けているのは左手なのです。

鉋がけは右手のパワーと左手のセンサーの協同作業なのです。

右利きの場合、鉛筆削りでは左手のほうがこまやかな仕事をしま

センサー sensor 感知器。人間の五感（見る、聞く、かぐ、味わう、触れる）に代わり、その役目を果たす機器。人間の五感では感じとることのできない現象をも検出する。

逆目 木材繊維の並び方が通直でなく異常に交錯した木理《もくめ》。鉋削りが困難で、平滑に削れない。

荒削り 大ざっぱに削り、細かい仕上げをしていないこと。

す。

　釘はもっぱら右手で打ちますが、鑿の穴掘りでは右と左の連動が重要です。

　鋸挽きの主役は右ですが、鉋がけの主役は左なのかもしれません。左のセンサーと右のパワーの協同作業ですが、削り上がりの善し悪《あ》しは左手のセンサーの善し悪しで決まります。

　左もうまく使えないと、こまやかに働く左手を持ち合わせていないと、右利きは右利きではありません。

　そうでした。弦楽器の演奏でもまた左手が重要です。和洋を問わず弦楽器は、三味線も胡弓《こきゅう》もギターもチェロも、弦を押さえて音を創《つく》るのは左。弓やバチや爪《つめ》で奏でているのが右。右と左の合奏なのです。

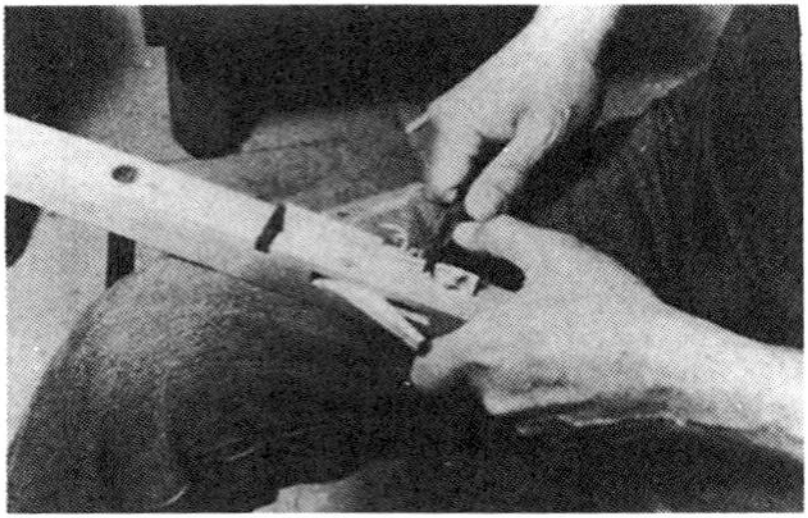
小刀で竹とんぼを削る

胡弓　東洋の弦楽器。形は三味線に似て小形、弦は三、四本で、馬の尾の毛を張った弓でこすって演奏する。

日常生活の中で左手が重要な役割を果たしている場合をあげてみよう。

秋岡芳夫（一九二〇―九七）　工業デザイナー。元・共立女子大学教授。自宅でも木と遊ぶ術《すべ》を教える塾を開いて、工芸による村おこし運動に加わった。著書に『暮《くら》しのためのデザイン』『日本の手道具』などがある。特許の所有は多数。

▼筆者は五年間に約八百の竹とんぼを作ったという。それが全部違う形、異なる性能の機種だった。「もう一機、いま作ったのと同じのを」と筆者が命じると、「同じのなら、機械にやらせなよ」と手がそれを拒んだのだった。（『竹とんぼからの発想』「まえがき」より）

出典　『竹とんぼからの発想』（講談社）

29

自動車と彫刻

A・ジャコメッティ
矢《や》内原《ないはら》伊《い》作《さく》訳

自動車も美しい。彫刻も美しい。では、その違いは？

自動車と彫刻との間にはどういう関係があり得るか、あるいは、「美しい」車体はどの程度まで彫刻と言えないだろうか、というのが私に対するお訊《たず》ねである。

私は自動車展示会に行った。たちまち私は、競争、商品陳列、金銭、階級、闘争、倨傲《きょごう》、流行、贅沢《ぜいたく》といった社会的なものによって捉《とら》えられた。その上、自分の見ているものが何であるのか、よくはわからないのである。私は展示会を見に来ている一人の男の顔や一人の女の歩きぶりに驚かされた。赤や緑や黄の、どちらかといえばむしろ醜い色どりが眼《め》につく。私は自動車の足もとの花々を見つめる。私の前にあるのは艶々《つやつや》と光っている黒い巨大な怪物、それは金

一九〇〇年　この年、パリ万国博覧会がひらかれた。

ゾラ　Émile Zola（一八四〇―一九〇二）　フランスの小説家。晩年は熱烈な写真愛好家として一

庫に似ており、銀行や海岸の別荘や金持ちの紳士達を思わせ、これらすべての背後にある莫大《ばくだい》な財貨を思わせる。

ある自動車は、過去のあるはっきりしている時に、しかじかの人と一緒に同じような車でパリを横断した時のことを思い出させ、この思い出がそれに伴うすべての思い出を呼び起こす。また他のある自動車は、何年も何年も前に田舎に行った時の一瞬を思い起こさせる。私は巨大な展示会場の暗い天井を眺め、東停車場《ガール・ド・レスト》や、エッフェル塔や、一九〇〇年や、ゾラなどを思う。

私は作働する機械にはいつも心を引きつけられるが、同様に引きつけられて私は回転するモーターを見つめる。私は計算器に引きつけられて、戦前、マルゼルブ大通りの陳列窓の前に長い間足をとめたものだった。ラ・ボエシー通りの画廊を歩いたあとでそこを通る度ごとに、その機械はこのモーターよりももっと強く私を引きつけたものだった。

自動車展示会場にいた間、私は一瞬といえども彫刻のことは考えなかった。たとい、一度、自動車の前に小さな「サモトラケの勝利の女神」のようなものがついていたにしてもである。会場を出た時、

九〇〇年のパリ万国博をあらゆる角度から克明に記録した。

マルゼルブ大通り Boulevard de Malesherbes パリ八区にある通りの名。

ラ・ボエシー通り Rue la Boétie パリ八区にある通りの名。

サモトラケの勝利の女神 ギリシアのサモトラケ島で発見された大理石像。紀元前二世紀のもの。現在はフランスのルーブル美術館にある。

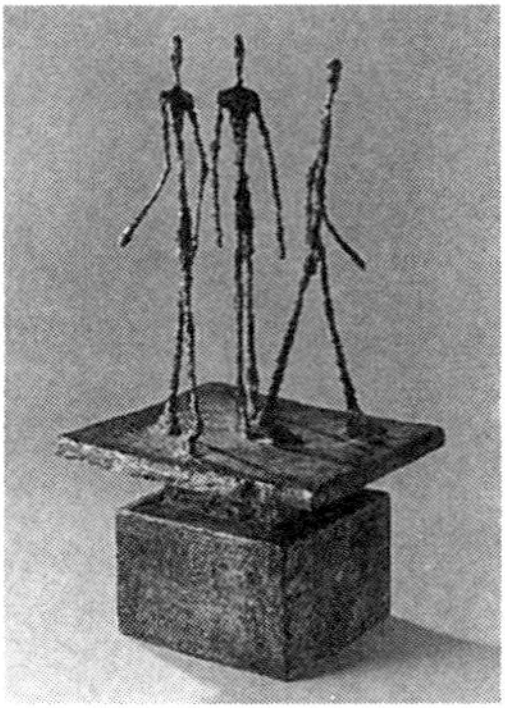

ジャコメッティ「歩く三人の男」

どういう不思議な偶然からか（それは夕方の八時半だったが）、私たちに役立つ交通機関としては辻馬車《つじばしや》しかなかった。タクシーが一台もなかったのだ。で、私たちは辻馬車に乗った。降りる時、私は馬車を眺め、馬や御者を眺めた。これらの全体の働きは眼に見え、明晰《めいせき》で美しく、それを描きたいという気持ちを起こさせた。

時々私は通りで歩みをとめて自動車を眺めた。それはヒキガエルに似、雄牛に似、イナゴに似ていた。恐らくそれは、人の顔に似ている雲を見て歩みをとめ、虎《とら》を思わせる樹《き》の幹の前で立ちどまるようなものだった。

あらゆる機械と同じく新しい事象である自動車は、辻馬車の子孫にほかならない。ただし馬車と馬の両方の子孫である。その眼や口や心臓や臓腑《ぞうふ》によって働き、食べかつ飲み、毀《こわ》れる時まで働き続け

オブジェ objet（フランス語）「目的」「客

るそれ自身の機械的組織をもつ不思議なオブジェ、生きものの奇妙な引きうつしの模倣。

けれども自動車は、他の機械と同じく、また機械以前のすべてのオブジェと同じく、彫刻とは何の関係もない。作働したり役に立ったりするためにはどんなものでも完成していなければならない。完成していればいるほど、完全であればあるほど、それはいっそうよく作働するし、いっそう美しい。より完全に作られたものは、それほど完全でなかったものを廃棄してしまう。

いかなる彫刻も決して他の彫刻を廃棄しはしない。一つの彫刻は一つの物《オブジェ》ではない。それは一つの問いかけであり、質問であり、答えである。それは完成されることもあり得ず、完全でもあり得ない。そういったことは問題にすらならない。ミケランジェロにとっては、彼の最後の彫刻であるピエタ・ロンダニーニと共に一切が再び始まるのだ。そしてミケランジェロは千年の間でも、同じことを繰り返したり後退したり何かを完成してしまったりすることなく、絶えず前進しながら、ピエタを刻み続けることができたであろう。ロダンにしても同じである。

体」「物」の意。前衛芸術の立体作品をも指す。

ミケランジェロ　一一九ページ脚注「ミケランゼロ」の項参照。

ピエタ・ロンダニーニ　Pietà Rondanini（イタリア語）ミケランジェロの制作したピエタのうち最後のもので、未完成に終わった。もとローマのロンダニーニ宮にあったのでこう呼ぶ。なお、ピエタは処刑されたキリストの死体をマリアが抱く構図をいう。

ロダン　François A. R.

自動車のような機械は、一度毀れてしまえば廃品になる。カルデアの彫刻が四つに毀れたとすれば、それは四つの彫刻になる。そしてその一つ一つの部分が全体と同じ価値をもち、全体は各部分と同じく常に生きていて力を失わない。

毀れた一つのエジプト彫刻、汚れ、ひびが入り、色あせ、くろずんだ一枚のレンブラントは、それらが作られた時と同じく美しい彫刻、美しい絵画であることをやめない。それ自身だけで成りたっている物《オブジエ》とは反対に、彫刻や絵画は常にそれ自身以外のものによって成りたつ。しかし——これも機械と同じく新しい事象だが——い

ブランクージ「接吻《せつぷん》」(1915年ころ)

モンドリアン「赤・青・黄のコンポジション」(1930年)

Rodin（一八四〇―一九一七） フランスの彫刻家。代表作「考える人」「女の半身像」（写真）。

カルデア Chaldea 紀元前七〜前六世紀バビロンを中心に興った王国。

レンブラント Rembrandt（一六〇六―一六六九） オランダの画家。代表作「夜警」。三五四絵参照。

ブランクージ Constantin Brancusi（一八七六―一九五七） ルーマニアの彫刻家。極度に単純化

わゆる抽象彫刻というものがある。実際それは具体的であって非具象的である。それは、それ自身だけで成りたち、完全であろうとし、あるいは実際に完全な、機械のように完成した物《オブジエ》を創《つく》ることができ、また創り出している。こういったオブジェとは何なのか。それらはどこに位置するのか。

ブランクージの彫刻とかあるいは他のいわゆる抽象彫刻が、錆《さ》びたり、傷がついたり、毀れたりしたら、あるいはモンドリアンの絵画が汚れたりくろずんだり破れたりしたら、それらはどうなるだろうか。それらはカルデアの彫刻やロダンやレンブラントと同じ世界に属しているのだろうか。それとも機械や物《オブジエ》の世界のすぐ近くに位置するような別の世界に属しているのだろうか。そしてどの点でそれらはなお彫刻であり絵画であるのか、またどの点でそれらはもはや彫刻や絵画ではないのだろうか。

した非具象作品によって知られる。代表作に「飛翔《ひしよう》」「魚」「接吻《せつぷん》」など。

モンドリアン Pieter Mondriaan（一八七二―一九四四）オランダの画家。抽象絵画の創始者の一人。格子状の色面分割作品によって知られる。

自動車と彫刻との違いを本文に基づいて整理してみよう。また、なぜそのようなことが問われなければならないのか、考えてみよう。

A・ジャコメッティ　Alberto Giacometti（一九〇一―六六）　スイスの彫刻家。対象を究極まで追求した細いブロンズ像による空間構成によって知られる。代表作に「歩く男」「街かど」などがある。また彼の言語表現によるほぼすべての作品を収めたものに『ジャコメッティ 私の現実』がある。

▼第二次世界大戦の末期、一九四二年から四五年までジャコメッティはジュネーヴに滞在するが、彫刻作品は微細になり「四年間の成果がマッチ箱に入るほど」だったという。あの細長い作品が生み出されるのは戦後パリへ出て来てからである。

出典　『ジャコメッティ 私の現実』（みすず書房）

▼ここに掲げたのは「自動車と彫刻」の全文である。

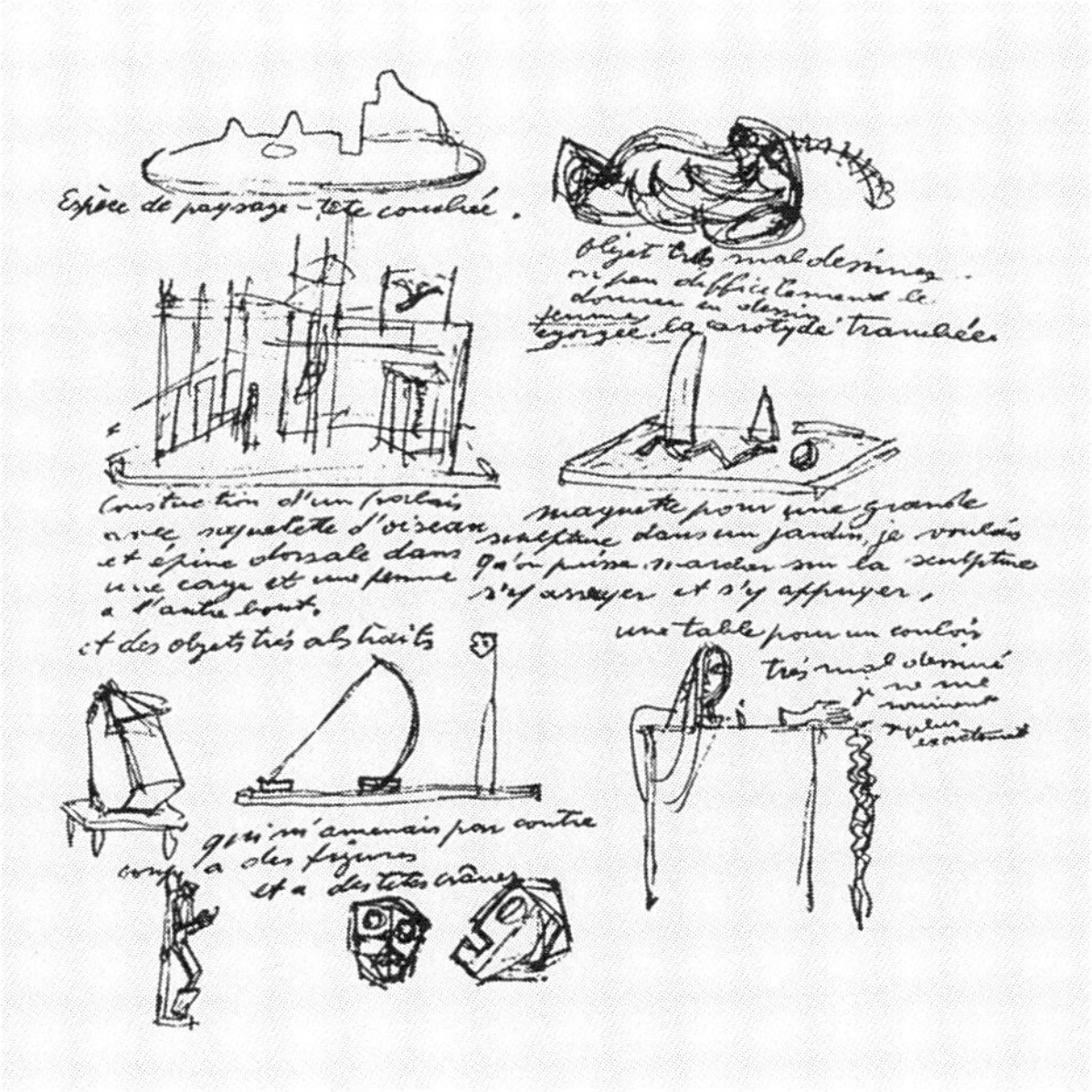

ジャコメッティ〈デッサン・叙述〉(叙述部分の訳は次頁参照)
Alberto Giacometti (1901—66) スイスに生まれ、パリに死んだ今世紀を代表する彫刻家の一人。同時代の思潮の影響をうけつつ、人間の意識を題材にして制作するという独自の道を模索しつづけた。

図

風景のようなもの—ねている頭部。

図

鳥の骨格、おりの中の背骨、他端にいる一人の女による宮殿のコンストラクション。そして非常に抽象的なオブジェが

図　図

反対に私を人物像に、また頭がい骨に導いた。

図　図　図

図

このオブジェの絵はたいへんまずい、これを描くのはむずかしい。のどをきられた女、けい動脈切断。

図

ある庭園の中の大きな彫刻のためのひな型。人が彫刻の上を歩き、それに腰かけ、それによりかかることができるようにしたいと私は思った。

ある廊下のためのテーブル。

図

この絵はたいへんまずい。私はもう正確には思い出せない。

(『ジャコメッティ 私の現実』所収)

*彼は1930年代のある時期、頭の中に浮かんでくる彫刻のイメージを、その意味を問わず、しかも一切変更せずに、そのまま制作するということを繰り返した。できあがってみると、それは自分にもよく見えなかった過去のある時点の「私」が明確な形となって目の前にあることの驚きであった。

30

男結びについて

藤原覚一《ふじわらかくいち》

衣・食・住を基本とする私たちの暮らしは大きく変化した。よりスピーディーに、より便利になったのである。しかし、機能的な暮らしと引き換えに、失ったものも数多い。「結び」もそのひとつの例ではないだろうか。

まだ実物を拝観していませんが、正倉院《しょうそういん》御物に**図一**のような紐《ひも》結びが随所にみられるとのことです。この結びは古来「露結び」とよばれていまして、**図二**のように結ばれます。「露結び」とは、水干《すいかん》、直垂《ひたたれ》などの袖《そで》くくりの紐の下に垂れている露に結ばれるからそうよばれます。形の上からまた「いいぼゆい」「はいがしら」などともよばれ、現今は作業用として一般に「男結び」、「垣根結び」のよび名が通っています。

正倉院御物　奈良《なら》市東大寺大仏殿の西北にある倉庫（正倉院）に収められた奈良時代の美術工芸品。中国唐代の文化を受け入れた西方諸地域の文化の姿を伝える。古代の東西文化交流について多くの資料を提供する。

水干　平安時代の男子の服装。襟を紐《ひも》で結び合わせるのを特色とし、胸・袖《そで》に菊綴《きくとじ》という飾りがある。

直垂　男子の服装。平安時代は庶民の平服だったが、鎌倉《かまくら》時代以降は武士の服装となった。上半身は筒袖の短衣で、胸紐を結んだ。下半身にもたけ

「男結び」とよばれるのは、べつに「女結び」があるからであって、儀式礼法ではこの「男結び」と「女結び」とを対の品物に結びわけるならわしになっております。結び方は**図三**のように手のあてがいが逆になっているだけで、過程に変わりはありません。「結び」のなかでは単純な方で、しかも結び締まりががっちりし、見た目にもすっきりしているので、わが国では、飾りつけに、また作業用に、広い範囲にわたって古くから使いならされています。

正倉院御物の装飾に用いられているところから、大陸伝来の手法に違いないと我々は想像するのですが、ここに一つ新しい資料が現れました。

十数年前、北海の僻地《へきち》を漫歴した友人から、アイヌの民家から拾い出したという一個の古い銛《もり》をお土産にいただいたことがあります。この銛はアイヌではキテといわれます。

キテは弾き弓の先とか投げ槍《やり》の先に付けられたものらしいのです。**図四**のように動物の骨角を削って尖端《せんたん》に石鏃《せきぞく》型の青銅製穂先がついています。そこに結びつけられた強い植物性繊維の小縄は長さ三十センチメートルほどあり、わさになった端は二度までも（イ、ロの

の短い括袴《くくりばかま》をはいた。

いいぼゆい　いぼゆいに同じ。端をいぼのようにつき出して結ぶところから、こう呼ばれる。

はいがしら　はえがしらともいう。

垣根結び　垣根の竹を結び合わせるところから、こう呼ばれる。

アイヌ　aynuは「人」の意。北海道、サハリンに住んでいる種族。コタンと呼ばれる集落を作り、狩猟や漁で生活していた。江戸《えど》時代に入ると松前藩

図一　正倉院御物にみられる露結び

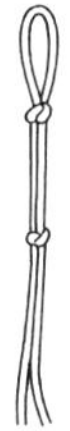

図二　露結びの男結び

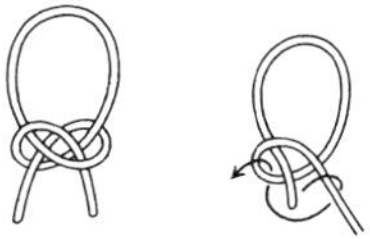

図三　露結びの女結び

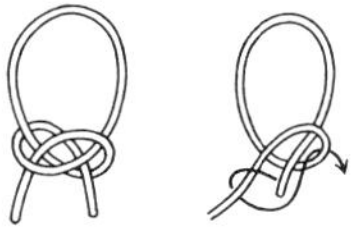

図四　アイヌのキテ

図五　キテの緒のワサの結び

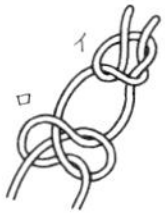

の強力なアイヌ支配で急速に和人（日本人）との同化・混血が進み、今日では純粋なアイヌは少ない。

銛　先がとがり、斜め後ろに向かって左右にかぎが出ている漁具。投げ、または突いて鯨《くじら》・魚をとる。

石鏃　縄文《じょうもん》、弥生《やよい》式時代の石器。矢の先につけて武器とした。

強い植物性繊維　イラクサ科の多年草カラムシの繊維だという説がある。

わさ　輪差。紐を輪状に結んだもの。わな。

エリエル　Ariel　シェイクスピア作『テンペスト』に登場する空気の妖《よう》精《せい》。自由に姿を変え、空

二か所で）しっかり結びとめられています。もちろん獲物を引きたぐる綱がここにつくわけだから大切な要《かなめ》になる場所であります。この結びが、はからずも「男結び」になっていることを発見したのであります（結びをゆるめて**図五**イ、ロに構造を示しました）。

アイヌ族の古い猟具に、この結びを発見したとき、かならずしも伝来技法とも思われず、わが国在来民族間に、すでにこの結び方がひろく用いられていたのではないかと疑ってみたくなったのであります。ここで結び方の沿革を云々《うんぬん》するのではありませんが、この「男結び」だけについてみても、結び方が古くから、どんなに実用と装飾の二途に用いられていたかをまずあげておきたかったからであります。

技術の起源において、実用と装飾と、どちらが先行したものかということは、これまたここで論ずる場合ではないのですが、実生活の必要に迫られて発展してきた技術が実用のために生まれたに違いないことは頷《うなず》かされます。

しかし、人間は常に神秘に直面しているものであります。ちょっとした糸の縺《もつ》れが、彼らにはエリエルのいたずらと思えたかもしれ

を飛んで主人を助ける。
ゴーディアムの結び　八三ページ脚注参照。
事大主義　定見がなく、ただ勢力の強いものに従うやり方。
功利主義　功名と利益を価値の基準とし、人生の主たる目的とする考え方。
タウト氏　ブルーノ・タウト Bruno Taut（一八八〇―一九三八）。ドイツの近代建築家。一九三三年ナチスに追われ日本に移住。桂離宮をはじめ日本の古典建築の美を再発見した。『日本美の再発見』などの著書がある。
桂離宮　京都市右京区桂《かつら》町《まち》にある離宮。日本建築と庭園が独自の美しさを示

ない。ゴーディアムの結びは神の恵みによって祝福された最も偉大なる王の手によって解かれるのであったのです。装飾の起源を原始宗教――偉大なるものへの崇敬――に求める論拠も考えてみなければなりません。わが結びの技が、諸侯貴族の儀式のなかで形成化され、多様化され過飾化されていったのも、後代のこととはいえ、人間の事大主義的（すでに信仰ではないが）傾向に由来する点、装飾技術の因縁を、こうした意味においてその始源にまで遡《さかのぼ》ってみてもよいのではないでしょうか。ただし、醇朴《じゅんぼく》な信仰が功利主義的流れに沈むのと軌を一つにして、装飾は無気力な形に堕《お》ちてゆくものです。かつてタウト氏が、桂離宮《かつらりきゅう》と東照宮《とうしょうぐう》とを検討して、天皇の芸術と将軍の芸術と喝破した親切な解説も思い合わすべきでしょう。私はあるとき、宮中の武道優勝者の恩賜の刀を拝観したことがありますが、その包みにかけられた玉虫色の水引は、清楚《せいそ》そのものの単純な「ほん結び」でとめられていたことを記憶しております。

結びの技が、実用以外の何物でもないことをあらためていっておかねばならないのですが、そこに作意装飾を絶した自然の美しさがともなっていることもここで述べておかねばなりません。

し、海外にも知られている。

東照宮　栃木《とちぎ》県日光市にある神社。徳川家康《とくがわいえやす》をまつる。

水引　進物の包み紙などにかけわたす紙糸。中央で結び目をつくり、凶事には黒白、藍白《らんぱく》、祝事には紅白、金銀に染め分ける。

ほん結び　紐の両端を二度からませて結び、結んだはしをただ引いただけではほどけないような結び方。こま結びに同じ。

現代の結びはどうなっているだろうか。

藤原覚一（一八九五―一九九〇）旧制中学校教員を務め、戦後は教員組合結成に専心した。その後図書館の普及に尽くし、広島県三原市文化財保護委員長を務めた。著書に『ある図書館の戦後史』『昭和結び方研究』などがある。

出典『結び方手帖《てちょう》』（築地《つきじ》書館）

31

石の思想

饗庭《あえば》孝男《たかお》

何が見えるか、何を見るか。——その違いによって一つの眺めが単なる行きずりの風景に終わるか、奥行きを伴った事件としての意味をもってくるかが決まる。

ヨーロッパで私がはじめて感じたことは、人間が石造りの建物に住んでいるという事実から受ける奇妙な嘔吐《おうと》感、または眩暈《めまい》感であった。

その時、私があらためて自覚した自分の存在とは、日本で木という有機物でつくられた建物と、目に見えない連関の仕方で調和をもって生きていた有機的存在であるということだった。木は自然の変化に微妙に感応し、即応しながらわれわれとかかわりあっている。そのあり方は、一つの共通の要素に働きかける親和力をとおしてとで

親和力　もとは化学用語。原子がそれぞれ独特の親和性をもって結合するときの力。

も言うべきものである。自然から切りとられた木でさえも、家という構造の中では、同じく自然的で有機的な存在であるわれわれと密接に結びついている。

だが、石は何という意味を持っているのであろうか。石が人間に及ぼす働きは二重であり、両極的であると私は考える。つまり石は自然の脅威に対しては堅固に人間を守るが、同時に石造りの建物の内部では明確に人間を拒否しているということである。その非情性は、有機的存在（人間）を、ただ在ること自体において即物的に否定しようとする沈黙の暴力を持っているといってよい。石によりかかった場合、その冷たさということは、われわれが熱を奪われているという感触においてである。もし、人が石を抒情的《じょじょう》に歌うこともなく、石を馴《な》れしたしんだ概念で呼ぶこともやめ、その「石」にかこまれて人間が生きているという事実を考えてみた時、石ははじめてその非情な本質をおのずから示すだろう。こう考える時、私はいつも、カミュが言った「一つの石がどんな点で異質であり、われわれにとって還元不可能なものか、自然が、一つの風景が、どれだけの強さでわれわれを否定しうるか」「あらゆる美の内奥には何かし

カミュ　一一五ページ脚注参照。

「一つの石がどんな点で……」　カミュの評論『シジフォスの神話』所収「不条理な壁」の章にある言葉である。

「あらゆる美の内奥には……」　同前。

ピレネー山脈　Pyrénées　フランスとスペインの国境をなす山岳地帯。

ポー　Pau　バス＝ピレネー県の県庁所在地。中世以来、城を中心にできた町。

ロマン主義　十八、九世紀にヨーロッパを中心に隆盛した思潮。情緒・自然、超理性的なものを重視し、普遍的、理性的な

らある非人間的なものが隠されている」という言葉を思い出すのである。私は石が人間を守るという働きよりも、それを拒否するという働きに注目せざるをえなくなった。この点に関して、私が持った一つの印象を忘れることができない。

一九六七年の夏、私は南仏のピレネー山脈の麓《ふもと》の高地にあるポーという町で、夏の一カ月半をすごした。この町の歴史は古い。だが、とりわけ十九世紀のロマン主義の時期にイギリス人たちがこの風土の快適さに注目して開発して以来、特に名前が知られるようになった。アルフレッド・ヴィニイがここで若く美しい英国の少女と知り合って結ばれたこと、ラマルチーヌが、この世における海辺の最も美しいナポリと比較して、地上の最も美しい土地として讃《たた》えたことも、また、フランシス・ジャムが、冬さえも風土は清澄性を持っていると歌ったことも、また周知の事実である。

透明な夏の光の下で、それは生活の匂《にお》いのほとんど感じられない抽象的にまで美しい町であった。私はこの町でひらかれていた夏のボルドー大学とトゥルーズ大学の講義に出ていた。大学に通う私の道筋には、私の心をいつも奇妙に惹《ひ》きつける一軒の建物があった。

ものを尊重した古典主義と対立する。

アルフレッド・ヴィニイ Alfred Victor de Vigny（一七九七―一八六三）フランスの詩人、小説家。

ラマルチーヌ Alphonse de Lamartine（一七九〇―一八六九）フランスの詩人。

フランシス・ジャム Francis Jammes（一八六八―一九三八）フランスの詩人。

ボルドー大学とトゥルーズ大学 ともにピレネー山脈の麓《ふもと》に近くガロンヌ河沿いにある町ボルドー（Bordeaux）とトゥルーズ（Toulouse）にある大学。

その屋根裏部屋の窓から、ほとんどいつも黒衣の老婆が、じっとすわったまま通ってゆく私を凝視しているのである。目も眩《くら》むような南欧の光の中で、その窓は、逆にその暗さにおいて際立っていた。そしてまた、おそろしいまでに空虚に、しかも黒ずんでみえる老婆の眼窩《がんか》は、さながら大きな窓に対応した小さな窓のように私に映じた。つまり二つの黒い窓が私を見下ろしているのであった。そして不思議なことに、ヨーロッパのほとんどの建物の屋根裏部屋の窓わくの恰好《かっこう》が、墓地にみられる納骨堂の形式といちじるしく似ていたのである。したがって私のヴィジョンにおいて老婆の姿は、生きている死者のように映じていた。外には白くやけたぎり、垂直におちる夏の光と緑の葉のそよぎが目に痛いまでにさわぎたち、通ってゆく私のまわりには肌の匂うようなフランスの美しい少女や、英国、あるいは遠い北欧から来た少女たちが行ききしていた。だが、私の心はその老婆にうばわれていた。

ある日、私はその老婆が窓辺にいなくて、家の前の小さな公園のベンチに座っているのを発見した。おそらく家族のものが下に降ろしてやったのであろう。よく見ると、彼女はほとんど手足が不自由であり、銀色の杖《つえ》に凭《もた》れてわずかに呼吸していた。燃えるような異教的な生命の歌の夏の光の中で、その姿は静かにも残酷な光景であった。彼女は単に老衰によっておのずから、自然に死に向かっているという印象を与えるのではなく、その石造りの建物の中で、石によってうけた、緩慢にして非情な歩みに内部から無残に犯されているように感じられるのであった。それは生きている「死」であった。

私はあらためて、初めてのように、ピレネーの山々が白いマニョリアの花咲く木立の間から見ることのできる、英国風の、静かな美しいボーモン公園のベンチにも、駅を見下ろす高台の菩《ぼ》提樹《だいじゅ》の蔭《かげ》のベンチにも、手足の不自由な多くの老人が、何時間も、時には午後中ずっと、座ったままでいることに気がついた。そしてそのベンチの傍らでは、傍若無人な白人の若い女性と黒人が、いつ果てるともない愛撫《あいぶ》をくり

南フランス,
トロネの修道院（12世紀）

マニョリア magnolia（フランス語）もくれん。

かえしているのであった。「死」と「青春」のこのコントラストは、影と光のように私をとらえて離さなかった。

　手足の不自由な老人は、日本よりもはるかに目につく。彼らは一様に、おのおのの痛みを和らげる形に応じた銀色の杖や手押し車に身をささえ、凭れかかっていた。そしてそのかたわらを、小鳥のように駆け抜ける少女たちにくらべて、むしろ後退しているほどに見える足どりで歩いている。医学の見地からは、このようなリューマチとも骨の病気ともみえるものを光の不足や風土のせいにするのであろうか、私にはわからない。しかし、私の印象では、この病気は、石造りの建物の中の、生の緩慢な壊死《えし》の現象のように思われてならなかった。石の非情性と沈黙の暴力が、徐々に有機体の生の機能を犯してゆくのであろうか。私はパリのサン・ジェルマン通りにある、この種の不自由な人々のためのあらゆる器具を売っている店を思い出した。こうした店はパリにはよく目につく。それは目をそむけねばならぬほどの不吉な銀色の輝きをもってショーウインドウにならんでいるのであった。

壊死　体の組織・細胞が部分的に死ぬこと。

サン・ジェルマン通り　Boulevard St. Germain　パリ五〜七区にわたる大通りの名。

石が人間を「拒否するという働き」（二三一・2）とはどんなことをいうのだろうか。

饗庭孝男（一九三〇―）　文芸評論家、フランス文学者。豊かな感性と哲学的思索によってヨーロッパ文明をとらえ、そこに人間の運命を読みとろうとする作品群によって知られる。宗教芸術や建築に関する紀行的な著作も多い。『近代の孤独』『批評と表現―近代日本文学の「私」』『聖なる夏―ロマネスク教会紀行』などの作品がある。

出典　『石と光の思想』（勁草《けいそう》書房）

32 二つの瞳《ひとみ》

蓮實《はすみ》シャンタル

相手の目をじっと見つめることを俗に「眼《がん》を付ける」と言う。猿を放し飼いにしてある公園では「サルの目をじっと見ないでください。」という立て札を見かける。私たちはごく自然に、「相手をじっと見つめる」ことをあまりよくないことと思っているのだが……。

少女だったころ、私はしばしば絵筆を握る父の前に立たされました。娘時代の私を描いた父の肖像画の一つは、いまも夫の仕事机のかたわらに置かれていて、幼かったころのことを思い出させてくれるのですが、イーゼル越しに注がれる画家だった父親の視線を、私はいつも不思議なものに思っていました。

父の視線は、決して私の顔にじっと注がれることはありません。その瞳は、ときおりちらちらとこちらに送られてくるだけで、それ

イーゼル easel 絵を描くときカンバスや画板を立てかける台。

を私は、キャンバスの上に置かれる絵筆のタッチのようなものと感じていました。それは動く視線であり、そのいくつものタッチが絵画を完成へと導くのです。

幼いころから、私は、あるものをじっと見つめればそれを深さにおいて捉《とら》えることができると思っていました。町で出会ったりする人々の中で特に私の興味を惹《ひ》く顔を、私はいつでもじっと見つめ続けたものです。そうすることで、世の中のことが理解できると錯覚していたのです。この癖はいまも変わっておりません。電車の中などで乗客の一人に強く惹きつけられたりすると（それは幼児であったり、老人であったりしますが）、思わずその真正面に座ってしげしげと見つめてしまう。父親と市電に乗っていたとき、そんなに他人を見つめるものではないと、何度も忠告されたことを思いだします。

私にとって、何かをじっと見つめることは、愛することとの同義語のように思われていました。少女時代に得たそうした習慣へのノスタルジーが残っているのでしょう。ほんの一瞬、ちらりと視線を送ることは、愛情を欠いたよそよそしさにつながるようにいまでも思ってしまいます。

日本人である私の夫は、そうしたノスタルジーを共有しているとは思えませんでした。いったん私に注がれたその瞳は、こんどは私ではないさまざまなものの上を揺れ動き、時折また私の上に戻ってくる。それは、私を世界の中に位置づけようとする視線の動きだと私には思われました。ところが、一緒に外出して戻ってきてから、私がじっと見つめたものの話をすると、夫は、「ああ、ぼくも全部見ていたよ。」といいます。事実、夫は私の見たものと同じものをしっかりと記憶にとどめていました。集中的な視線に対して、一瞬の包括的な視線というものがあるのでしょうか。

これが、日本人である夫の特質なのか、それとも彼独特のものかはにわかには断じられません。でも、少年時代に撮られた夫の写真を初めて見たときに感じた奇妙な印象はいまも忘れずに残っています。

それは、幼い彼が、腹ばいになって、頬《ほお》づえをつき、何やら書物に読みふけっている横顔の写真でした。日本語の本が上から下へという視線にふさわしく印刷されていると理論的には知っていましたが、この写真を見るまで、それを実感することはなかったのです。私の記憶に残っている母のイメージは、ベッドの背に身をもたせかけて目の前に視線を落とし、メトロノームのように左右に視線を走らせている光景です。少年時代の夫のような姿勢は、私にとっておよそ読書とは異質のものだったのですが、私の日本での生活は、こうした異なる視線に馴《な》れていくことにほかなりませんでした。

先日電車の中で、とても私の目を惹く光景に出くわしました。それはごく普通の母親と男の子に見えたのですが、その少年は、いささか自閉症気味のところがあったのでしょうか、ことあるごとに母親の手を引き、「顔見て、顔見て。」と母親の視線が自分に注がれることを求めています。愛する肉親から注がれる視線を独占せずにはいられない何かが少年にあったのでしょうか。この光景を眺めながら、私は、少女時代の私自身の視線の特徴を思い出してしまいました。

私たちは、あまりカメラを肩に下げて旅行する習慣を持っていませんが、時折、夫と私とが撮った写真を見くらべて見ますと、二人の視線の違いがよくわかります。夫の写真では被写体は、あたりの

小津安二郎『東京物語』（1953年）
笠智衆《りゅうちしゅう》と東山千《ひがしやまち》栄《え》子《こ》

光景に調和したかたちで位置づけられている。私の撮った写真では、被写体が周囲から切り離されている。ここにも、包括的な視線と集中的な視線とがはっきり出ているように思います。それは、ときどき夫の見せる、あの聞く視線ともいうべきものかもしれません。私の話に相槌《あいづち》をうつとき、彼は、私を見つめるのではなく、話している私を受け入れようとするかのようにやや瞳を伏せ、身を傾けているのです。私は、小津《おづ》安二《やすじ》郎《ろう》の映画で真正面から相手を見つめる人物たちが、どれほど現実とは遠いかを日本に来て学びました。私は、二人の関係が維持されていることを示す小さな視線のタッチでとりかこまれることの意味を知ったのです。それはことによると、幼い私が、画家である父親の前にモデル

小津安二郎（一九〇三—六三）　映画監督。移動撮影を排し、低い固定画面から、日常生活の細部を表現した。死後、とくに国際的評価が高まった。『麦秋』『東京物語』などの作品がある。彼の映画を見ていると、人物たちの視線が微妙なところで交わっていないことに気づくことが多い。

『反＝日本語論』　蓮實重彦著。雑誌『現代思想』に「ことばとこと

として立っていたときに感じた視線なのかもしれません。

私は、日本に来て、凝視とは異なる視線の使い方を学びました。それは、送られてくる雑誌類の中から、夫の書いている部分を即座に見わける視線です。目次に目を通す前に、パラパラとページをめくってみる。すると、活字の配置や漢字と仮名の割合、といったものから、すぐに夫の文章が載っている雑誌かどうかわかるのです。それは、『反＝日本語論』のもとになる文章がある雑誌に連載されていたころにできあがった習慣です。私も包括的な視線をとうとう手に入れたのでしょうか。

ば」というタイトルで連載されていた。

「集中的な視線」（二三八・9）と「包括的な視線」（同・10）という分け方をした場合、あなた自身の視線の使い方はどうなっているか、筆者の場合と比較して考えてみよう。

蓮實シャンタル　Marie-Chantal Hasumi　パリに生まれる。一九六六年に蓮實重彦《しげひこ》（フランス文学者）と結婚、以来日本に住む。学習院大学、お茶の水女子大学、上智《じょうち》大学で非常勤講師をつとめ、フランス語を教えた経験がある。

出典　蓮實重彦著『反＝日本語論』（ちくま学芸文庫）

▼ここに掲げたのは同書の巻末に解説として付された「二つの瞳」の全文である。

〈手帖7〉 モノをみつめる

モノには生命がない。モノを見つめ、モノに接し、モノを加工するのは人間である。人間がモノに接し、モノを加工し、意味を与えることによって、モノははじめて生命を持つのである。人間のもつ感性や技術や知識がその営みを可能にするのだ。

その結果、私たちの周りにあるモノは他人によって既に意味を与えられ、価値を付与され、秩序づけられている。どんな小さなモノにも他人の痕跡《こんせき》が残っているのである。モノを見つめるとき、私たちは形、色、大きさをもつ物体としてのモノを見るとともに、そのモノに対して他人が与えた意味を無意識のうちに思い出しながら、自分だけの意味を見いだそうとしているのである。先入見なしにモノを見るということは、もはやありえないということもできる。

したがって、モノを見つめるとき、私たちの感性、技術、知識が総合的に働いているといわねばならない。それらが互いに連携し合い、補い合いながら思考という精神活動を担っている。眼《め》は単なる眼球ではない。手は単なる骨と肉ではない。眼が思考し、手が思考し始めているのである。眼や手が思考し始めると、それまで平面的にしか見えなかったモノが、奥深い意味を開示するようになる。モノにつながる人間の世界の事象がそれまで想像しなかったような相貌《そうぼう》を見せて、全く新しい意味あいを帯びるようになるのである。このように独創的でスリリングな思考は、知識の寄せ集めや、形骸《けいがい》化した学問に依拠するところからは決して生まれてはこない。

モノと私たちのつき合いは、好奇心やちょっとした偶然からはじまることが多い。やがてそのうちに関心が深まり、次第に探求心・向上心が芽ばえてくる。今までの水準では飽き足らなくなってきたからだ。個人的な好き嫌い、共感や違和感をてこにしているだけでは、乗り越えることのできない障壁が立ちはだかってくる。もっと面白く、さらに楽しもうとすれば、おのずと技術を習得し、知識をふやし、感性を磨かなくてはならなくなる。飛躍のための努力とつみ重ねがどうしても必要になってくるのだ。モノが人間に与える喜びや楽しみは、その人間が持つ技術や知識や感性の総合的な量と質とに釣り合うからである。楽しもうとする意欲によって、乗り越えるべき水準や修正されるべき誤りも、私たちの視野に入ってくる。体系化された知識や伝えられて来た技術が、乗り越えるべき水準としていつのまにか身近な存在になってくる。つまり、自分の技術や知識や感性がどの程度の水準に到達しているのか、その相対的な位置が明らかになってくるのである。

8

異郷の発見

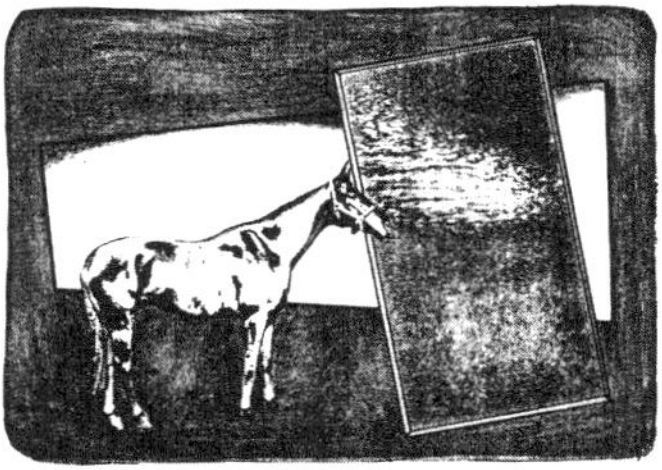

33

インドへの旅

吉田《よしだ》ルイ子《こ》

見聞を文章にするとき、私たちはつい当たり障りのないことを書こうとしがちだ。しかし、目をそらしたいこと、言葉を濁したくなることの中に、本物の見聞はひそんでいるのかもしれない。

ホテルのロビーにいると、東京よりよほど国際都市だと思うボンベイだが、ロビーから一歩外へ出ると、もうそこには、重い歴史を背負ったインドという風土がある。まず第一に、一歩外へ出るが早いか、一斉に群がってくる乞食《こじき》の集団である。第二に、泥水と人糞《じんぷん》の混じった、凄絶《せいぜつ》な街の臭《にお》いである。第三に、処《ところ》かまわず鳴らしまくる車のサイレンと、さまざまな物売りのよび声と、乞食たちの声にならない叫びのいりまじった音である。

ボンベイ　インド共和国西海岸、アラビア海に面した大都市。現、ムンバイ。

ボンベイへ着いて二日間、ロビーを出た途端に、この三つのことが襲ってきて、私は十メートルも歩けないのだった。

私は、世界一こわいといわれるニューヨークのハーレム、戦火のベトナム、エチオピア、キューバ、イラン等、人がこわいとか危険だとかいう場所で、こわいと感じたことはない。しかし、今回でインドを訪れるのは三回目だが、毎回インドへ来る度に、最初の二、三日は、全く手も足も出ないほど、体のリズムが狂ってしまうのだ。このショックを味わうためにインドに憧《あこが》れ、やって来るのかもしれない。

やっぱり今度も二日目の夜から、凄絶な下痢がはじまった。一晩、四十数回、上下から噴き出す黄色い液体。手洗いにじっと座り込んだ私は、〝ああ、またやったか〟とため息をついたのだった。

三日目は、排泄《はいせつ》作用のはげしさに疲れて、ぐっすり一日眠った。

四日目、朝、インド門の向こうの海の上に陽《ひ》がのぼりはじめるころ、私は、お茶売りのよび声で眼《め》がさめた。窓の外で、鳩《はと》がククッククッと挨拶《あいさつ》してくれた。ベッドから出て立ちあがって窓の方へいこうとして、私は、自分の身体《からだ》の重さを全く感じないほど、身体が

ハーレム　もとの意味はイスラム社会における婦人専用の隔離居住地。転じてニューヨークの下層貧民街のあだ名。

インド門　ボンベイ（ムンバイ）港南方にある建物。市内の名所の一つ。

軽くなったのを感じた。もともと四十キロ前後で決して重いとはいえない身体だが、それでも時々、頭が重い、足が重い、胃が重い、肩が重いなどと感じる時があるのだが、この時の身の軽いことといったら、宙に浮いているようだった。窓を開けて息を吸うと、空気が、のどから、胃、腹、そして足の先まで、上は脳みそのしわにまでしみわたっていくように感じた。快適だった。私は床に座って、ヨガをはじめた。東京でも毎朝ヨガをやっているが、この時ほど、血のめぐりを身体の中でじーんと感じたことはない。さか立ちしていると、一日寝ていたので、足の血が、スーッと頭にまわっていくのがはっきりとわかる。また立ってなわとびをすると頭がすっきりしてきた。身体の中のものが全部出て、一日何も口にしなかったのに、元気いっぱい、やるぞ！　という意気に燃えてくるのだった。

もっとおどろいたのは、ロビーを出て外を歩くのが、あんなに嫌だったのに、今は、全く違和感がなくなったことだった。裸の赤ん坊をかかえて、やせ細った手をさしのべてくる女の乞食、らい病か何かで指がくっついて形もなくなった手を一生懸命つき出して、声にならない叫びをふりしぼってついてくる乞食、泥だらけの顔をく

ヨガ　古代インドのバラモン教より伝えられる心身修行法。姿勢、呼吸、五感を整え、心身統一をはかる。

しゃくしゃにして笑って愛敬《あいきょう》をふりまいてまつわりついてくる子供の乞食、さまざまな乞食たち一人一人に私は笑顔でこたえてバクシーシをあげた。この時以来、私は何人かの乞食と友達になり、毎朝デイトするようになった。どんなに朝早くとも、彼らは忠実に私を待っていてくれた。

仕事で一緒にいった連中の一人が、乞食が私にせびっているところを写真に撮ろうとした。カメラを向けるが早いか、彼はさし出した手をさっと引っこめて、私と並んで肩を組んで、笑ってカメラに収まろうとするのだった。乞食も、彼らには立派な職業で、プロとしてのプライドがあるのだ、と思った。

インドにひかれ、五年ボンベイに住んでいる友人の話を想《おも》い出した。彼はインドの少年を養子にしている未婚の父である。インドではカーストの低い人々は子供が生まれると、手や足を切断して乞食にする。乞食になった方が、ろくな仕事にもつけない彼らにとっては、一生楽なおもらいで生活ができるからなのだそうだ。しかし、日本からいってまもなかった友人は、指を切断されようとしている子供をみるにみかねて、「ぼくが一生面倒みます。」といってひきと

バクシーシ　喜捨。お布《ふ》施《せ》。

カースト　インドの封建時代よりヒンズー教社会でつくられてきた身分制度。

ったのだった。そして、いまその少年は学校にいく年齢になって、彼は少年の教育問題に頭をかかえている。「ぼくは、本当にいいことしたのだろうか。あの子は乞食になった方がよかったのではなかったか。こんないろいろな欠陥の多い学校なんかにやって何の意味があるんだろうかってね、ぼく考えちゃうんだ……。」

カルカッタの朝のラッシュ時間
中央は横たわる乞食

いまここで、教育問題やインドのカースト制をとやかく批判するつもりはない。とにかく、私が言いたいのは、はじめて、下痢をして、日本から持ち込んだ毒素が全部吐き出されて、私は、素直に、インドの人々や風土に入っていけるようになったということなのだ。私にとって、下痢は、インドでの洗礼だったといいえよう。

よくインドへいくと人間が変わる、といわれるわけが、この下痢をする度にわかる気がするのだ。

成田《なりた》へ着いて、まるで、コンピューターの工場みたいな、機械の冷たい匂《にお》いしかしない日本、スーパーマーケットへいっても薬局みたいな匂いしかしない日本に接すると、こんどは逆に、泥水と人糞のボンベイの悪臭がなつかしい。東京だって一世紀前は、外人が、〝ハニーバケツ〟とよんでいた肥溜《こえだ》めの人糞の匂いが充満していた人間くさい街だったはずだ。その匂いがたまらなくて逃げ出した外人が多かったという。

「日本から持ち込んだ毒素」（二五〇・14）とはどのようなものだろうか。

写真　著者撮影。

吉田ルイ子（一九三八―）　フォト・ジャーナリスト。一九六一年より七一年までアメリカに滞在。帰国後、写真集や紀行文などを次々と発表。著書に『ハーレムの熱い日々』『吉田ルイ子のアメリカ』などがある。一九八二年、東宝映画『ロングラン』を監督した。

出典　『女たちのアジア』（旺文社《おうぶんしゃ》文庫）

34 大仏開眼《かいげん》 七五二年の世界音楽祭

林《はやし》 光《ひかる》

いつも見知っているものとは違う何かを見たい。ましてそれが遠い異国のものならなおさらだ。私たちはそういう欲望につき動かされてさまざまなフェスティヴァルに足を運ぶ。今を去ること千二百余年、奈良《なら》の都で空前のイヴェントが挙行された。都は人であふれた。

国ごとに国分寺を建てる。国分尼寺も建てる。それぞれの地方における、信仰の中心になる。全国組織だからセンターが必要だ。それが東大寺《とうだいじ》であり、その象徴が大仏である。そのさいだいじなことは、その大仏は国民の奉仕によって、共につくられるということだ。

力あるものは力を、技術あるものは技術を、でなければ金品を出しあって、この国家的偉業を達成しようではないか、と聖武《しょうむ》帝は呼びかけた。実際はどうだったかは知らない。呼びかけたほうだって

国分寺　聖武天皇の勅願によって七四一年、国分尼寺とともに国ごとに建立された。金光明《こんこうみょう》四天王護国之《の》寺。国分尼寺は法《ほっ》華《け》滅罪之寺。

東大寺　奈良《なら》市雑司《ぞうし》町にある総国分寺。華厳《けごん》宗。

百パーセント信じていたかどうかわからない。だが、結果だけを見るなら、大仏は完成し、それをおおう大仏殿は、古代帝都の超高層ビルとして、威容を誇ることになった。そのいみで「大仏計画」は成功したのだ。

この計画のクライマックスは、七五二年の開眼会《かいげんえ》、俗にいう大仏開眼である。仏像は銅でつくり金を塗るという手順だが、金を塗りはじめたのはその年の三月十四日、開眼会は四月九日だから、もちろんまだ、全部塗りおわってはいない。塗られたのはせいぜい顔、もしかすると眼《め》のまわりだけだったかもしれないという。それでも大変いそいだのは、すでに、さいしょの計画発表から十年ちかくになろうとしていること――その間には、都がうつったり、材料の金が足りなかったり、さまざまな理由からなんどか挫折《ざせつ》の危機にみまわれていた――それに、かんじんの発案者である聖武太上《だいじょう》天皇がすでに年をとり、病気がちであること、つまり二重に「時間切れ」がせまっていたからだろう。

いまでも、二階三階は工事中だが一階の売り場だけとりあえず開店するとか、まだ塗りのこしの壁があるのを紅白の幕でかくして新

本尊は盧舎那仏《るしゃなぶつ》。

聖武帝（七〇一―七五六） 第四十五代の天皇。

開眼会 新たにできた仏像・仏画などを堂宇などに安置する時の儀式。

都がうつったり 七四一年に平城から恭仁《くに》に遷都したのを始めとして、信楽《しがらき》、難波《なにわ》そして再び平城にと、遷都が相ついだ。

太上天皇 天皇譲位後の称号。聖武天皇は孝謙《こうけん》天皇に譲位した。

社屋落成式をするとかいうことは、珍しいことではないのである。
開眼の導師は、太上天皇の代理として、南インドから唐《とう》を経て七三六年いらい日本に住んでいる僧正菩提仙那《ぼだいせんな》がつとめることになった。

いよいよ開眼会の当日、平城京は三日もまえから四百人の兵によって警備されていたというから「首相訪米」級の、でなければ「大統領訪日」級の警戒ぶりといってよい。

大仏の前におかれた席にすわるのは、もちろん主客の三人、太上天皇聖武、皇太后光明《こうみょう》、天皇孝謙《こうけん》であり、礼装した百官がそのうしろに並ぶ。仏像の周囲には、色とりどりののぼりや造花がはなやかにかざられる。

僧たちの入場がおわると、導師菩提、講師隆尊《りゅうそん》が輿《こし》に乗って入場、導師は大仏正面につくられた高座につく。

一瞬あたりがシーンとする。いよいよ開眼のはじまりだ。

高い台の上で僧正が手にした筆からは長い長いひもが垂れていて、聖武・光明・孝謙の三人をはじめ百官一同がみなそのひもを手で持つ。つまり、全員が導師と一緒に大仏に眼を入れている、という約

導師　法会の時、中心となる僧。

菩提仙那　Budhisena（七〇四—七六〇）婆羅《バラ》門《モン》（インド）の出とされ、常に華厳経を読んだ。

皇太后光明（七〇一—七六〇）　聖武天皇の皇后。孝謙天皇の母。仏教を篤信し、悲田院《ひでんいん》、施薬院《せやくいん》を設けて窮民を救った。

天皇孝謙（七一八—七七〇）　第四十六代天皇。

百官　数多くの官吏。

講師　法会の時、経文の講釈をする僧。

隆尊（七〇六—七六〇）華厳宗律師。元興寺《がんこうじ》に住す。

輿　屋形の内に人を乗せて運ぶ乗り物。

東ごとなのだ。

　儀式が終わるころ、南門からは、さまざまの楽人、舞踊手たちが入場してくる。フェスティヴァルがはじまろうとしているのだ。

　一九六三年の東京・日生《にっせい》劇場のこけらおとし、一九六一年の東京文化会館のこけらおとし、一九五八年の大阪フェスティヴァルホールのこけらおとし、と際限なく思い出せるように、日本国では、巨大な建物ができるたびに、そのこけらおとしに「外国の立派な芸能」を競って呼ぶのが習慣のようだ。その呼びかたの立派さがつまり、できあがった巨大なものの立派さ、それをつくらせた「背後関係」の立派さのモノサシになる。日生劇場のときは「ベルリン・ドイツ・オペラ」という大物の一発勝負、東京文化会館のときは「東京世界音楽祭」といういわば名乗りの格好よさ……、さらに思い出されるのは、一九四一年のいわゆる「皇紀二千六百年」祭典で、このときは、リヒアルト・シュトラウス（ドイツ）、ジャック・イベール（フランス）、ヴェレシュ・シャンドール（ハンガリー）、イルデブラント・ピツェッティ（イタリー）という「先進音楽国」の四人の作曲家が書きおろしの祝典音楽を捧《ささ》げてきた（じつはこちらか

こけらおとし　新築劇場の初興行。

ベルリン・ドイツ・オペラ　Deutsche Oper Berlin（West）　一九一二年十一月十二日開場の歌劇場、及び歌劇団。

皇紀　神武《じんむ》天皇の即位の年を元年とする紀元。皇紀元年は西暦紀元前六六〇年。

リヒアルト・シュトラウス　Richard Strauss（一八六四―一九四九）　歌劇「ばらの騎士《きし》」交響詩「ティル・オイレンシュピーゲルの愉快ないたずら」など。

ジャック・イベール　Jacques Ibert（一八九〇―一九六二）「寄港地」など。

ヴェレシュ・シャンドー

ら頼んだ)。
七五二年の「大仏開眼」は、いわば日本国におけるこけらおとしフェスティヴァルのハシリであった。
雅楽寮《ががくりょう》の大歌《おおうた》、大伴《おおとも》・佐伯《さえき》の両氏一族による久米歌舞《くめうたまい》、漢《あや》・土師《はじ》の両氏一族による楯伏舞《たてぶせまい》といった、「邦人音楽家」による日本の歌《うた》舞《まい》のほか、唐楽《とうがく》、高麗楽《こまがく》、渤海楽《ぼっかいがく》、林邑《りんゆう》(いまのベトナム、カンボジアあたり)楽《がく》など、さまざまの外国音楽、舞踊が、上演されている。
もちろん唐の都などのそれとは比較にならないささやかなものであったにせよ、「仏教が東方へ移ってから、このように盛大な儀式はいまだかつてみない」と『続日本紀《しょくにほんぎ》』が記しているように、日本国がはじめて企画実現した国際音楽祭(!)にほかならなかったのである。そこにはともかく、その時点での、日本国のありったけの芸能と、そして日本国がプロデュースできる限りの外国芸能があつめられ、紹介された。まったく歴史的ともいえる国家行事であった。
ひとつケッサクなことがある。導師をつとめた菩提僧正その他への招待状では、この開眼会は四月八日に行われることになっている

ル Veress Sándor(一九〇七—九二) バレー曲「魔法の笛」「交響曲第一番」など。

イルデブラント・ピツェッティ Ildebrando Pizzetti(一八八〇—一九六八) 「イ長調交響曲」など。

雅楽寮 七〇一年に設置された、歌舞を教習した役所。治部省《じぶしょう》に属した。

大歌 宮廷の祭祀《さいし》音楽として用いた歌。神楽歌《かぐらうた》など。

大伴 大和朝廷に仕えた古代の氏族の一。以下、佐伯、漢、土師も同じ。

久米歌舞 歴代天皇の遊宴にも用いられた歌や舞いの一種で、古来、久米部(大和朝廷の親衛隊の

のだ。仏教では四月八日は灌仏会《かんぶつえ》、すなわち花祭りだから、開眼会をそれにあわせるという計画はむしろ自然だ。ところが現実には一日のびて四月九日。いったいなにが起こったのだろうか、などと深刻に考えることはない。たぶんなにかが八日では間にあわなかったのだ。

いまだって、舞台機構に大きな直しが出たとか、出演者の到着が事故でおくれたとか、いろいろな理由で、初日がのびるなんていうことはよくある。七五二年にそんなことがあったって不思議はない。ただ、ほかのことならいざしらず、日本国はじまっていらい最初の国家的フェスティヴァルが一日日延べになり、それが記録に明記されてしまったというのは、なんともおかしい、といって悪ければほほえましいことではないか。

やがて、開眼会から四年後、七五六年に、聖武太上天皇は死んだ。光明皇太后は、夫の供養のためにと遺品を東大寺に施入《せにゅう》する。これがこんにち正倉院《しょうそういん》の御物といわれている収蔵品の基礎となった。のち更に、開眼会に用いられた品物や東大寺の仏具等が次第に追加されていく。このなかに、唐から、また唐を経由して諸外国から流入

一）が行った歌舞なのでこういう。また次の楯伏舞は舞い手がみな甲を着、刀と楯を手にして舞う雄壮なもの。

唐楽 アジア大陸から日本に伝来した中国系の音楽。

高麗楽 朝鮮系の音楽。

渤海楽 渤海から伝来した音楽。一般には高麗楽に編入されている。

『続日本紀』 『日本書紀』の後をうけ、文武《もんむ》天皇（六九七年）から桓武《かんむ》天皇（七九一年）までの編年体の史書。四十巻。七九七年成立。

灌仏会 四月八日に釈尊の降誕を祝して行う法会。仏生会。花祭り。

正倉院 東大寺大仏殿の北

東大寺の盧舎那仏《るしやなぶつ》（大仏）

してきた楽器や楽器の断片があることはよく知られている。とくに、げんざい正倉院に保存されているのが世界で唯一の実物であるという唐の五弦琵琶《ごげんびわ》、また、これも唯一の物で、箜篌《くご》と呼ばれるアッシリア起源のハープ等、学問上からも貴重な資料といえるわけだ。そればかりでなく、この時代が、日本国の芸能界がはじめて体験した輸入文化の花盛りであったことをそれらの品々はおしえてくれる。古代日本国の支配者、政治家、文化人たちの意気はさぞさかんなものであったろう。

だがまた、この花盛りは、はかないものでもあった。同じ輸入文化であっても百年かけてなんとかそれをぼくたちの道具として使うようになった明治期のそれとはちがう。

多くの「洋楽」が忘れられ、楽器は亡《ほろ》び、ごく一部が「雅楽」に吸収され、細ぼそと生き残っていく。日本に、独自の芸能が生まれ

西にある校倉《あぜくら》造りの倉庫。

五弦琵琶　左図。

アッシリア　Assyria　西アジアのチグリス川上流地域。前十八世紀から前七世紀にわたってアッシリア王国が栄えた。

声明　日本仏教の儀式や法要で僧の唱える声楽の総称。

「だがまた、この花盛りは、はかないもので

るのはもう少しあとだ。そしてその芸能の基礎になったのは、七五二年のフェスティヴァルで演じられたどの芸能でもなく、開眼会の儀式そのものであった。こんにち声明《しょうみょう》と呼ばれている、ふしをつけたお経がそこでとなえられたと考えられるからである。

もあった。」（二五八・13）とあるが、輸入文化が根づかなかったのはなぜだろうか。

林　光（一九三一―二〇一二）　作曲家。間宮芳生《まみやみちお》らとともに「山羊《やぎ》の会」を結成、戦後いちはやく作曲活動を始め、芸術祭賞、尾高《おだか》賞など受賞。晩年までめざましい創作活動を続けた。オペラ『絵姿女房』などのほかに、劇音楽、映画音楽も多い。また『ひとりのゴーシュとして』などの著作もある。

出典　『わたしの日本音楽史』（晶文社）

35 内臓とこころ

三《み》木《き》成夫《しげお》

北海道でうまれたサケの稚魚は北太平洋で三、四年たっぷり食べて、大きくなって故郷の川へ帰ってくる。時期がくると、彼らは食べることを一切やめ、飲まず食わずで川を遡《さかのぼ》って卵をうむのだ。次の世代を残すための、民族大移動ともいえる壮大な旅である。

動物というものは、子どもを生む場所と、餌《えさ》をとる場所と、はっきり分かれているんです。生まれてからの前半生を、ずっと餌場で過ごして、ここで大きくなり、ある一定の時期がきたら、突如としてその生命形態を変える。それまでは、ただ〝食べる〟だけが楽しみだったのが、もうそれからあとは、飲まず食わずで、生まれ故郷へ子どもを作るために、死を賭《と》して還《かえ》ってゆくのです。そして、次代がふたたび餌場へ向かう……。まことに壮大な往復運動です。

鳥の渡りも、これですね。あの渡り鳥が、夏になると北上して子どもを生む。冬がくると餌を食べに南下する……。こうなりますと、一種の振り子運動ですね。それも、地球的な規模の振り子運動です。しかも、その振りのリズムは、地軸の振りと一致している。

これで皆さんお分かりでしょう。動物は「食」の生活と「性」の生活をはっきりと分けている。私ども人間は、とくに男性はもう〝食い気〟も〝色気〟も、ごっちゃ混ぜ（爆笑）ですから、こういった分け方は、まったく理解できない。しかし、生命の流れというものは、ちゃんと「食の相」「性の相」に分かれているんです。しかも、その位相は、自分勝手なものではない。ちゃんと季節の流れに乗って、交代してゆくのです。

ところで、この模様は、なにも鮭《さけ》の産卵や鳥の渡りをわざわざ見に行かなくてもいい。じつは、植物の世界で理想的なすがたが見られるのです。田んぼに出て、あのイネの育ちを見れば十分です。春がきたら苗床から、芽が吹き出してくる。それから、夏に向かって葉っぱを茂らせて大きくなってゆく。「成長繁茂」の相です。やがて夏至《げし》が過ぎて日が短くなってゆくと、そこでポイントが完全に切り換えられる。つまり個体の維持から種族の保存に向かって、いわば生きざまが変わってしまう。あの秋の黄金の波。それは「開花結実」の相です。

植物というのは、このようにして「食と性」の位相交代を居ながらにしてやってのける。動物がこの「二つの場」を往《い》ったり来たりするのと対照的ですね。まさに生まれ故郷に根を生やしたまま、そこで、二つの生活相を交互に演じてみせる。太陽の高さと歩調を合わせながら……。もちろん、これは一年生草本で理想的なかたちが見られますが、多年生草本でも原理はまったく同じです。

このことは、もう皆さん方もご存じでしょう。植物には「独立栄養」すなわち「光合成」の能力があるので、動物のように人さまのものを横どりする必要がない。いいかえれば動物がその日その日の糧を求めて、草食・肉食の別なく、あちこちさまようように、自分のからだを移動させる必要がまったくない。このため植物のからだには「感覚・運動」にたずさわる器官が、もう最初から完全に欠如しているのです。

植物の本来の姿は、このことを抜きに考えることができない。と

一年生草本　同一年内に種子から発芽・成長し、花を開き実を結んで枯れる草。

多年生草本　二年以上個体が生存する草。冬になり地上部が枯れても、春になると再び発芽する。

光合成　緑色植物が光のエネルギーを用いて炭酸ガスを糖類などの有機物に転化する過程。

申しますのは、私たち人間も動物と同じですが、この「感覚・運動」のしくみを持っているために、どれほど目先の変化に振り回されているか……、これまでいやというほどご経験されてきたと思います。このことを裏返しますと、植物の世界にはまったくこれがない。山火事がやって来ても平然と植わっているし、柿《かき》泥棒が登って来ても知らん顔している。ではいったいなにをやっているのか……、それはまことに明瞭《めいりょう》です。つまり、ここで問題にしている「宇宙リズム」とのハーモニーに、まさに全身全霊を捧《ささ》げつくしている、ということになるわけです。そのからだは、いってみれば天地を結ぶ巨大な循環路の毛細血管にたとえられる……。

　こうして「食と性」のリズムが、宇宙リズムと完全に一致するようにできているのが、植物の本来の姿であることがわかったのですが、私どもは、この宇宙的な生のリズムを「生の波動」と呼んでいるのです。

　ところで皆さん、いま、ちょうど南下を続けている〝モミジ前線〟ですね……。これと、あの春になって北上してくる〝サクラ前線〟――この二つの行き来の姿が、私は、この「生の波動」の、も

「感覚・運動」にたずさわる器官　本文末尾の著者紹介に引用した「手や足のような感覚・運動器官（動物的器官）」のこと。

モミジ前線　イロハカエデが紅葉する同期を結んで示す線。十月十日ごろから一カ月かかって日本列島を南下する。

サクラ前線　桜のソメイヨシノの開花日が等しい地点を結んだ線。三月末九州から北上、五月はじめ北海道に至る。

っとも純粋なものだと思っています。いま申しました、宇宙リズムと生の波が、ここでは完全に一致している。植物というものは、さきほどの魚や鳥のような振り子運動はいたしません。居ながらにして、あの電光掲示板のように、二つの前線を交互に移動させながら〝宇宙交響〟の調べに参加する。それは、なにか天体の音楽を連想させます。

このように植物の生命は、天体運行の、あの厳しい枠のなかに完全に組み込まれているといった感じですが、ここでもう一度、動物を調べてみましょう。その暦のような正確さは植物以上です。たとえば、釣りの餌のゴカイの類《たぐい》がそれです。東京湾のは、年に一ぺんの日どりがちゃんときまってます。満月の晩か、その次の晩か忘れましたが、海底の砂の中から出てきて、雄と雌が一世一代の大フェスティバルを繰り広げる。東京湾の海面に全ゴカイが上がってくるわけです。そこで彼らは、体の一部――卵巣と精巣を切り離し、それを接合させるわけですが、その晩、ハゼはゴカイをたらふく食べますので、翌日は餌を見るのもいやで、次の日のハゼ釣りは船を出さないことになっております。それから南洋のサモア群島のゴカイ

ゴカイ　体は細長く、ムカデ状で、全長約十センチ。七十～百二十個の環節の両側に脚状の突起を持ち、その端に多くの剛毛がある。血管が体壁を透かして紅色を呈する。浅海の泥中にすみ、ハゼなど魚釣りの餌に用いる。

の一種は、十月の満月の前日と、十一月の満月の前日と、年に二へんやるらしい。それで土人たちは暦をつくる。それぐらいはっきりしているんです。

これは、身近の動物を見ていてもわかる。うちに昔ペチャコというネコがいました（笑声）。彼女の場合、一月二十九日とだいたいきまっている。団地の三階ですから、砂場をつくって、そこで用を足すようにさせているので、ほとんど外へは出ません。冬がきますと、こたつの中のいちばん気持ちのいいところに、ひとの足を押しのけて、寝そべっています。それが、一月二十九日がきますと、朝から何か目つきが変わってくる。昼ごろになると、ウウウ……とうなり声を発する。もう、そうなりましたら、吹雪であろうが、ぬかるみであろうが……。まず一週間は音沙汰《おとさた》なしです（笑声）。階段の下で、ミャア……と鳴くころは、もう紙のように軽くなっている（笑声）。

このように、動物たちの「食と性」の周期も、これくらい〝暦〟がはっきりしています。あるものは太陽と地球との関係、あるものは地球と月の関係で、それぞれ厳密にきまっています。そこへもっ

ハゼ はぜ科の魚の総称。川の流れ込む内海の浅い所にすみ、秋、川口に集まってくる。体は淡黄色。美味。

サモア群島 Samoa 中部南太平洋の諸島。サモア独立国とアメリカ合衆国領東サモアに分かれる。

てきて最近、火星だとか土星だとか、あるいは土星の衛星だとか、かなりたくさんの順列組み合わせができてくる。そのいずれかの周期に沿って、それが行われるということです。

ここまできますと、もう動物の体内にこうした宇宙リズムが、はじめから宿されていると思うよりないでしょうね……。そして、その場が内臓であることはいうまでもない。もっと厳密にいえば、内臓の中の消化腺《しょうかせん》と生殖腺でしょう。この二つの腺組織の間を、そうした食と性の宇宙リズムに乗って「生の中心」が往ったり来たりしているのです。

本日のテーマからすれば、いわば二の次に置かれている「体壁系」にも、もちろんこの宇宙リズムは見られます。そのいちばんはっきりしているのが、さきほどの胃袋のところで出てきた睡眠と覚《かく》醒《せい》日リズムです。昼間動物では夜が来れば、まず目・耳・鼻といった順序で感覚器官が眠り、ついで五体の筋肉すなわち運動器官が眠りにつく。そして朝がくれば、ここでも再び同じ感覚・運動系の順序で目がさめてくる。

こうして体壁系もまた、天体の運行とともに、ひとつの波動を起

消化腺　消化管に付属し、消化液を分泌《ぶんぴつ》する腺。脊《せき》椎《つい》動物では腸に開口する肝臓、すい臓のほか、唾《だ》液《えき》腺、胃腺、腸腺などがある。

生殖腺　動物の生殖器官の一部。雄の場合は精巣、雌の場合は卵巣をいう。

腺組織　医学である種の物質を分泌排泄《はいせつ》する細胞組織をいう。

体壁系　脊椎動物の器官

こすのですが、しかしさきほども申しましたように、この、動物にしか見られない感覚・運動の器官は、身近のどんな些《さ》細《さい》な変化にも、いちいち反応するため、ともすればこの自然のリズムは乱されがちになる。あのゴキブリの実験がなによりの証拠ですね……。

このようなわけで、私どもは、宇宙リズムがもっとも純粋なかたちで宿るところが、まさにこの内臓系ではないか、と考えているのです。専門的に内臓器官を「植物器官」と呼びならわしてきたのは、この間の事情をもののみごとに把握していた、なによりの証拠ではないかと思うわけです。

なるほど、私たち人間の内臓系を見ますと、この食と性の宇宙リズムは、ほとんどなくなりかかっている。こうした中で、しかし皆さん方の卵巣だけはいぜんとして健在です。まっ暗やみの腹腔《ふっこう》の中に居ながら月齢だけはちゃんと知っている。べつに潜望鏡を出して天体観測をやっているわけじゃないでしょう……(笑声)。こうなれば、もう卵巣そのものが一個の〝天体〟というよりない。小宇宙が内蔵される、とはこのことをいったのでしょう。

これまでの実験調査から見ますと、三十億年の昔、原始の海面に

の中の、外皮系(感覚)、神経系(伝達)、筋肉系(運動)器官のこと。

あのゴキブリの実験　ゴキブリは夕方六時に出て来て夜中の十二時に帰る習性を持つ。が、人工的に夜を早くしたり遅くすると、行動開始が早くなったり遅くなったりするという実験。

内臓系　脊椎動物の器官の中の、腎管《じんかん》系(排出)、血管系(循環)、腸管系(吸収)器官、および生殖器官のこと。

月齢成熟期の女性に約一カ月の間隔で周期的に起こる子宮出血。月経に同じ。

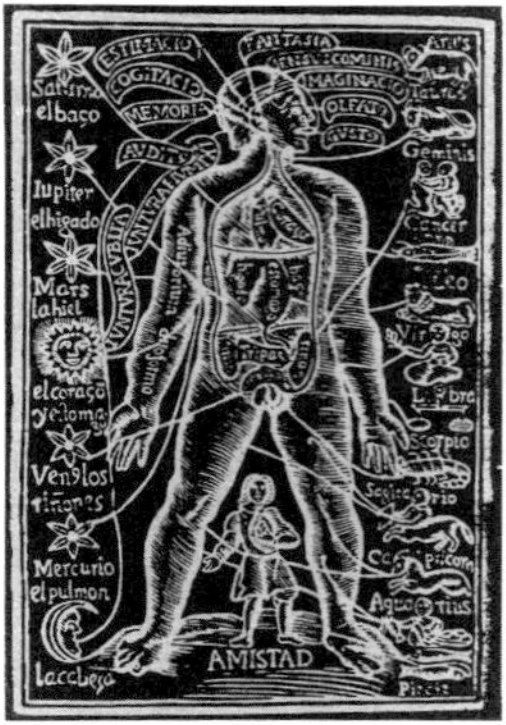

宇宙と内臓の照応を示した人体図（15, 16世紀）

小さな生命のタマができたときもうその中には、地球を構成するすべての元素が入っていたという……。げんにこのからだには、鉛も入っているし、砒《ひ》素《そ》も入っているし、六価クロムも入っております。猛毒の元素がきわめて微量に入っております。それはちょうど、地球というモチをちぎったようなものですから、ひとつの星――〝生きた地球の衛星〟ということになりますね……。ただ、それがあまりに小さい。しかも海水の表面張力が強すぎるので宇宙空間に出ることができない。ですから、星のまま漂っている。そういうものが一緒に集まってできた多細胞は、まさにあの「大宇宙」に対する「小宇宙」ということになるわけですね……。

砒素　窒素族元素の一つ。その化合物は毒性が強い。

六価クロム　クロム元素の一つ。その化合物は刺激性、腐食作用が強い。吸い込むと粘膜《ねんまく》をおかし、呼吸系統を損傷する。

「生の波動」（二六三・13）の発見によって、何が見えてくるだろうか。

三木成夫（一九二五―八七）医学博士。解剖学を専攻。生命の形態についてのユニークな論を展開した。著書に『胎児の世界』などがある。

▼本文は、日ごろ保育活動に携わっている人々を対象にして行われた講演の一部である。「手や足のような感覚・運動器官（動物的器官）もさることながら、人間にとっては、内臓こそが大切である。内臓は、人間のからだの中の〝植物〟であり、植物とは天地を結ぶ巨大な循環路の毛細血管のようなものである。この天地を結ぶ壮大なスケールのリズム、宇宙のリズムと共に生きる〝内臓の感受性〟が〝心〟のめばえの土台となる。」（『内臓のはたらきと子どものこころ』より）

出典　『内臓のはたらきと子どものこころ』（築地《つきじ》書館）

36

胡桃《くるみ》の中の世界

澁澤龍彦《しぶさわたつひこ》

目を閉じると瞼《まぶた》の裏に広い闇《やみ》が見える。人間の内部にも宇宙空間があるのだろうか。

「ぼくが無限の観念と初めてぴったり触れ合ったのは、オランダの商標のついた、ぼくの朝食の原料であるココアの箱のおかげだ。この箱の一面に、レースの帽子をかぶった田舎娘の絵が描いてあったのだが、その娘は、左手に同じ絵の描かれた同じ箱をもち、薔薇色《ばらいろ》の若々しい顔に微笑を浮かべて、その箱を指さしていたのである。同じオランダ娘を数限りなく再現する、この同じ絵の無限の連続を想像しては、ぼくはいつまでも一種の眩暈《めまい》に襲われていた。理論的に言えばだんだん小さくなるばかりで、決して消滅することのない彼女は、からかうような表情でぼくを眺め、彼女自身の描かれた箱

ミシェル・レリス Michel Leiris（一九〇一—九〇）フランスの詩人、

と同じココアの箱の上に描かれた、自分自身の肖像をぼくに見せるのだった。」

ミシェル・レリスの告白の書『成熟の年齢』に出てくる、「無限」と題された、この作者の幼児体験と同じような体験を味わったことのある者は、おそらく私ばかりではあるまい。私は幼年時代、メリー・ミルクというミルクの缶のレッテルに、女の子がメリー・ミルクの缶を抱いている姿の描かれているのを眺めて、そのたびに、レリスの味わったのとそっくり同じ、一種の眩暈に似た感じを味わったおぼえがある。キンダー・ブックという絵本の表紙には、子供が小さなキンダー・ブックを見ている絵が描いてあって、その小さなキンダー・ブックには、やはり同じ子供が同じキンダー・ブックを眺めている。これも私には、えも言われぬ不思議な感じをあたえる絵であった。

レリスはまた、同じ書物のな

メリーミルクのレッテル

民族学者。『成熟の年齢』は一九三九年に出版されている。

メリー・ミルク 「明治メリーミルク」のこと。一九二一年四月以来現在まで明治乳業株式会社から発売されている缶入り練乳の製品名。図版参照（現在のものも、これに社のマークが加わった以外は、ほぼ同じデザインをまもっている）。

キンダー・ブック 一九二七年発行の幼稚園・保育園向きの絵本雑誌。

かで、やはり子供のころ、サンタ・クロースによって煙突の中を通り抜けてくる大きな玩具《がんぐ》や、壜《びん》のなかに封じこめられたモデル・シップを見た時の驚きを語っているが、どうやら彼においては、大きなものと小さなものとの弁証法を楽しむ想像力が、幼児から人一倍、発達していたものと思われる。その点では私も同じことで、現にこのような文章を楽しみながら書いているところをみると、この傾向はいまだに私の内部に執念《しゅうね》く棲《す》みついているもののごとくである。大きさの相対性あるいは弁証法を楽しもうとする私たちの想像力の一つの傾向を、ピエール＝マクシム・シュールは「ガリヴァー・コンプレックス」と名づけたが、私もまた、案ずるに、このコンプレックスの持ち主だと言えば言えないこともないであろう。

ブロブディンナグ国に漂着して、初めて巨人の姿を目撃したレミユエル・ガリヴァー氏は、次のような感慨を洩《も》らす。「大小は要するに比較の問題だと哲学者は言うが、まことにもってその通り」と。

たしかに、比較しなければ大小はあり得ないので、小人も巨人も、他と比較した上で、初めて小人であり巨人であるにすぎない。絶対的な小人や巨人というものは存在せず、あらゆる小人や巨人は相対

弁証法　対立物をより高い次元で統一的にとらえようとする思考法。

ピエール＝マクシム・シュール　Pierre-Maxime Schuhl（一九〇二―八四）フランスの哲学者。『プラトン作品への案内』『想像力と驚異』などの著書がある。この文章は、後者に触発されて書かれたものである。

ブロブディンナグ国　スウィフト『ガリヴァー旅行記』の中に出てくる巨人国。

レミュエル・ガリヴァー

的な存在なのである。もしも私たちが夜、眠っているうちに、部屋やベッドとともに百倍の大きさに成長していたとしても、朝になって、その異変に気がつく者はいないにちがいない。というのは、ベッドと私たちとの大きさの関係は、この場合、少しも変化してはいないからである。ライプニッツが証明したように、世界全体が膨脹するならば、私たちの目には、何も変化したようには見えないのである。同様に、世界全体が縮小したとしても、やはり私たちはそのことに全く気がつかないだろう。私たちはハムレットのように、「たとえ胡桃の殻のなかに閉じこめられていようとも、無限の天地を領する王者のつもりになれる」のだ。こんなことは当たり前の話で、わざわざ強調するまでもないことのように思われるかもしれない。しかしながら、私たちを陶然たる幻想の気分に誘いこむガリヴァー・コンプレックスは、すべて、この単純な比較の問題、相対性の問題から出発しているのである。

ハムレットの胡桃の殻は、ただちに私たちに壺中天《こちゅうのてん》の故事を思い出させるだろう。後漢《ごかん》の時代に壺公《ここう》という仙人が、昼間は市中で薬を売り、つねに一個の空の壺《つぼ》を屋上に掛けておき、日が暮れると跳

氏　Lemuel Gulliver『ガリヴァー旅行記』の主人公。

ライプニッツ　Gottfried W. Leibniz（一六四六―一七一六）ドイツの数学者、哲学者。

ハムレット　Hamlet シェイクスピアの戯曲『ハムレット』（一六〇二年）の主人公。上の引用は、その第二場で狂気を装ったハムレットが語るせりふの一節。

壺中天の故事　『漢書』

びあがって壺中に入る。これを見て、その秘密を知りたいと思った町役人の費長房《ひちょうぼう》が、苦心の末に仙人に許されて、ともに壺中に跳びこむと、そこはすでに小さな壺の内部ではなく、楼閣や門や長廊下などの立ちならぶ仙宮の世界だった、というのである。小宇宙はすべて、大宇宙の忠実な似姿なのであり、私たちの相対論的な思考は、そこに必ずミニアチュールの戯《たわむ》れを発見するのである。ニコラウス・クサーヌスは、これを無限という観点から見て、最大のものは最小のものと一致する、つまり「反対の一致」ということを唱えた。
「巧みに世界を縮小することが可能であればあるほど、私たちは一層確実に世界を所有する。しかもそれと同時に、ミニアチュールにおいては価値が凝縮し、豊かになることを理解しなければならぬ。ミニアチュールのダイナミックな効果を知るためには、大きなものと小さなものとのプラトン的な弁証法だけでは十分ではない。小さなものの中に大きなものがあることを体験するためには、論理を超越しなければならない。」とガストン・バシュラールは『空間の詩学』のなかで述べているけれども、私たちはそれぞれ、想像力の働きによって、いとも容易に論理を超越し、ミニアチュールの世界に

にみられる。
後漢の時代　中国の王朝。二五—二二〇年。

ミニアチュール　miniature（フランス語）　細密模型。
ニコラウス・クサーヌス　Nicolaus Cusanus（一四〇一—六四）　ドイツの哲学者、神学者。
プラトン　Platon（前四二七?—前三四七）　ギリシアの哲学者。
ガストン・バシュラール　Gaston Bachelard（一八八四—一九六二）　フランスの哲学者。『空間の詩学』は一九五七年に出

跳びこむのである。

私は、オーソン・ウェルズの最初の映画作品である『市民ケーン』のラスト・シーンを思い出す。かつての新聞界の大立者ケーンが老いさらばえて死ぬ前に、その手にしっかり握りしめていたのは、揺すぶると雪の粉がちらちら田舎家の上に降ってくる一個の小さなガラス球、すなわち、ケーンの少年時代を思い出させるイメージのミニアチュールだった。このガラス球の小世界を掌中に握っているとき、裏切られたエゴイストの老人にも、まだ世界を所有しているという感覚は残っていたのであろう。夢想家はミニアチュールのおかげで、労せずして世界を支配する感覚を味わうのである。現実の世界はばらばらに分散し拡散しているので、これをミニアチュールとして凝縮して提示しない限り、ついに世界を支配することは私たちにとって不可能なのだ。それは、あたかも仙道の達人が壺中に世界を封じこめているのと一般であろう。

版されている。

オーソン・ウェルズ George Orson Welles（一九一五—八五） アメリカの俳優、映画監督。『市民ケーン』はその自作自演作品で、一九四一年に発表された。

仙道 仙人の方術。妖術《ようじゅつ》。

あなた自身の「ミニアチュール」を楽しむ経験をいくつかあげて、その場合の想像力の働きをふり返ってみよう。

澁澤龍彦（一九二八―八七）　フランス文学者、文芸評論家。人間の奇想、夢想、幻想の世界をヨーロッパを主とする文学・美術の中に求め、それらを紹介しながら、独自の美学を作りあげた。著書に『機械仕掛《じかけ》のエロス』『夢の宇宙誌』『サド侯爵の手紙』などがある。また、その他多数の翻訳がある。

出典　『胡桃の中の世界』（河出《かわで》文庫）

37 言葉ともの

高良《こうら》留《る》美子《みこ》

詩人は感覚にまかせて言葉を吐く幸福な人種と誤解している人があるかもしれない。だが現代のように物と物、人と物との関係が錯綜《さくそう》して見えにくい時代にあっては、真に感性的であろうとすることはなまやさしいことではない。まず言葉そのものを疑わねばならないのだ。

わたしは長いあいだ、言葉の外側にいた。言葉は事物と同じものだった。物の内側へはいって物をひらき、物に語らせることは、言葉の内側にはいって言葉をひらき、言葉に語らせることでもあった。わたしはたぶん物と言葉にむかって、わたしの存在回復の要求をしたのだ。言葉は死んでいたし、物もまた死んでいた。言葉のなかにはわたしの死があり、物のなかにもわたしの死があった。しかし、それらのうちには、わたしの未来、生きる可能性もまたひそんでいるようだった。いやわたしの生の可能性は、もしあるとしたら、それらのうちにしかなかった。物と言葉はわたしを閉じこめ、わたしを誘い、わたしに未知の片言を語った、かれらの言葉を。わたしはそれを解読しようとした。そこにあるわたしの死を、わたしの生を、つかもうとした。

わたしは自分を普遍的な言葉で語ることはできないと感じていた。わたしがつまずいたのは、もしかしたら権力者の言葉、存在から離れた言葉であり、普遍的な顔をして通用している言葉にたいしてだったかもしれない。わたしは言葉がきらいだった。自分の存在がそれで不当に名づけられているという理由で、自分をそれで語れないという理由で、わたしは言葉がきらいだった。それは他人たちの言葉だ。かれらの言葉だ。

物たちもまた、かれらのものではないのか？　わたしはそれを貸し与えられているにすぎない。それらを動かし使うことができるのは、他の人たちだ。それらの魂から汲《く》みつくせない豊かさや深さを受けとるのは、別の人たちだ。わたしは物を使うことができない。わたしにできるのは、それらを使うふりをすること、一種隔絶された無意味な魔術で、かれらを一定の秩序に置きかえること。

わたしの存在は、ひとつの物のようにそこに置かれていた。それは決して語られないひとつの言葉のようでもあった。しかしそれを語らせるためには、他人たちの言葉によらなければならなかった。わたしは自分の存在の鍵《かぎ》をひらくために、おそらく逆説的に言葉を選んだのだ。それは、かれらの言葉への裏切り行為でもあったはずだ。

わたしは物たちに、奇妙な近親感をもっていた。純粋な自然物にというよりは、むしろ加工され、名づけられ、使われている物たちに。かれらはわたしをとりまき、見つめ、しばしばわたし自身でもあった。おそらくわたしは、かれらの言葉を拒否して、物の側についたのだ。名づける者ではなく、名づけられる者の側に。

ひとびとが話している言葉もまた、不思議な存在だった。それはわたしにとって見知らぬものではあったが、わたしが嫌悪した言葉に比べていくらか親しみ深く、存在に近いように思われた。わたしは物のために、物について語るために、存在を映している言葉をひろい集め、発見し、それらのうちに逆に、わたしの知らなかった物たちの新しい表情を見つけだすことに、喜びを感じていった。言葉のなかには、物たちの置かれている現実ばかりでなく、なにかそれ以上のものがあった。わたしがそれを発音するとき、言葉が生きはじめ、言葉とともに、物たちが生きはじめるのを感じた。言葉は物の表情であり、身ぶりであり、その意思表示でさえあるように思われた。

わたしは物たちの現実を名づけようとしたというよりは、わたしとかれらとの関係を言葉にすることで、わたしたちが共に押しこめられていた奇妙な閉塞《へいそく》状態、否定的な類縁関係を、変えることができると信じていたのかもしれない。かれらのうちにあるわたし自身の生と死を言葉にすることが、かれらの現在とは別の可能性を開示することであり、かれらとの別の関係、現存しない関係を予見することでもあるという、言葉のもつ二重の可能性が、わたしをひきつけていた。詩のなかでは言葉は、物たちの現実を映すばかりでなく、かれらとわたしとの現在とは別の関係を、非現実として映すことが可能なように思われた。そしてこのことは、言葉によってだけはじめて可能なことのように思われた。

なぜならわたしがほんとうに開示したいと思うのは、かれらの現実ではなく、現存しない、しかしありうるかもしれないかれらとの関係なのだ。しかしそれはまだ顕在しないものであり、普通の意味で名づけられる対象ではない。ただ言葉は、詩人が言葉の肉体にかれの企てを流しこむことによって、そうした関係そのものを暗示することができるのではないだろうか。詩の言葉は、そのあらゆる意味と陰影を通じて、ひとびとに現実以上のものを伝えうるのではないだろうか。

この文章で「物」が擬人化されている箇所（語句）をあげてみよう。また、その擬人化によって見えてくることは何だろう。

高良留美子（一九三二―）詩人。フランスの詩人フランシス・ポンジュの実験的な試みやサルトルの論考などに示唆《しさ》を得て、人間と言葉と物との関係を根源的に問う位置で詩作をつづけている。第二詩集『場所』（一九六二年）によってH氏賞を受賞。詩集に『見えない地面の上で』『恋人たち』、評論集に『文学と無限なもの』などがある。

出典　『物の言葉―詩の行為と夢』（せりか書房）

〔手帖8〕　不思議の国へ

　こどものころ、かくれんぼをしていて、庭のすみの植え込みのかげなどに身をひそめていたことがあるだろう。うまく隠れおおせたことを知り、胸の動悸《どうき》がおさまってくると、あたりが異様に静かなことに気づく。草の葉の触れ合う音がはっきり聞こえる。いつもと同じ太陽の光もここだけ少し明るさを増したのではないかと思われてくる。石の影。落ち葉の重なり具合。物のかたちをこんなにありありと見たことは、今までになかった。ここはどこだろう。どこへ来てしまったのだろう。家の中で椅子《いす》を動かす音が聞こえる。聞きなれたあの音も、今では遠い世界の音だ……。

　こうして私たちは不思議の国への入口に立つ。人によってその場所は、物置きの薄暗がりであったり、廊下の突きあたりや階段の下の狭い空間であったりする。自分の最もよく知っている と思っている範囲に未知の領域があるという驚きと、少し怖さを伴った楽しみにみちびかれて、私たちはかくれんぼが終わったあとも、時々ひとりでそこへ出かけて行き身をひそめて、竹とんぼを作ったり、人形と話をしたりするのである。

　不思議の国は私たちのまわりのいたるところにある。時には歴史という時間の中に（34「大仏開眼七五二年の世界音楽祭」）、時には私という肉体の中に（33「インドへの旅」、35「内臓とこころ」）。発見の驚きがどうにもならない違和感・抵抗感に変わって自分の前にたちはだかってくることもある。文例22「娘時代」は、そういう「異郷」として〝私の知らない私〟を発見してしまった少女の違和感を描いている。37「言葉ともの」は、言葉という「異郷」の発見といってもいい。本来、「私」と不可分の「言葉」が〝私の知らない私〟としてたちあらわれるところからはじまって、その「言葉」との間にふたたびわずかな通路を回復するまでの内的経験が語られている。これらの文例は、自分の肉体や言葉が一度「異郷」として意識されることによって、はじめて本当に自分のものになるということを教えてくれる。私たちは生涯にわたりさまざまな〝私の知らない私〟に直面しつつ生きていくのだ。それは時に驚きであり、時に怖さを伴うものであるが、総じて楽しみと呼べるものであろう。

そういう楽しみとしての「異郷」を人為的に創《つく》り出したのが文例36「胡桃の中の世界」である。その冒頭に、ココアの箱の中の娘が持つココアの箱……のエピソードが出てくる。この眩暈《めまい》をさそう無限という空間は、視覚的には決して存在しないものである。箱と娘の反復はせいぜい三回もすれば消滅してしまう。だが、この「空間」は非常なリアリティをもって私たちをのみ込んでしまう。想像力の世界という厖大《ぼうだい》な不思議の国が私たちの前に扉をあけたのである。

9

制度の罠《わな》

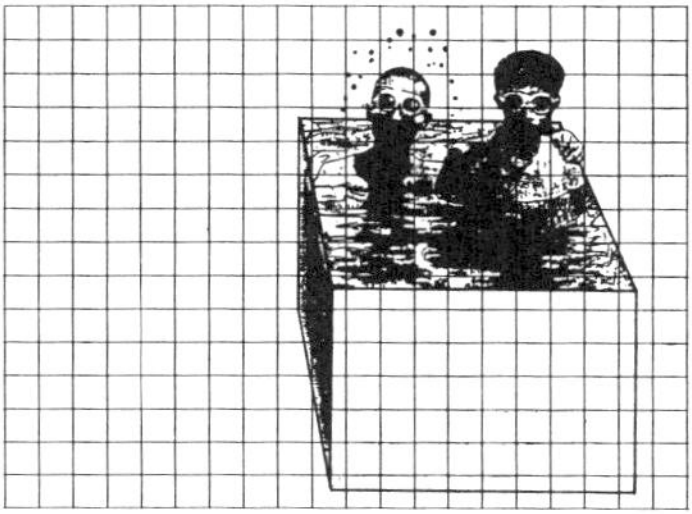

38

母語と母国語

田中克彦《たなかかつひこ》

私たちが最初にことばを習得するのは母親からである。強大な権力を持つ国家に、母親から習得したこのことばを奪い取る権利があるのだろうか。

「母語」ということばに私がとりわけこだわるのは、じつは、日本語にはいつのころからか「母国語」ということばが作られて、それが専門の言語学者によってさえ不用意にくり返し用い続けられているからである。

母国語とは、母国のことば、すなわち国語に母のイメージを乗せた煽情《せんじょう》的でいかがわしい造語である。母語は、いかなる政治的環境からも切りはなし、ただひたすらに、ことばの伝え手である母と受け手である子供との関係でとらえたところに、この語の存在意義が

アイヌ人　二二四ページ脚注「アイヌ」の項参照。

オロッコ人　Orokko　主にサハリン、沿海州方面に居住する少数民族。トナカイを飼養し、狩猟生活を営んでいた。オロッコはアイヌからの呼称で、彼ら自身はウイルタと称する。

教研全国集会　日本教職員組合が毎年開催している教育研究全国集会のこと。一九七八年の集会は、一月二十九日から沖縄で開かれた。

「平和と民族」分科会　この分科会では、「ウイルタ　ゲンダーヌ　ヌチーカ　トリチビ（ウイルタ・ゲンダーヌの小さな

ある。母語にとって、それがある国家に属しているか否かは関係がないのに、母国語すなわち母国のことばは、政治以前の関係である母にではなく国家にむすびついている。そのために、これを区別せずにいつでも「母国語」を用いていると、次のような奇妙なことが生ずる。

あるとき新聞が、「単一民族国家」と思い込まれている我が国において、その例外をなすアイヌ人やオロッコ人が存在することをあらためて思い起こさせてくれる、次のような記事をのせた。

（沖縄でおこなわれた教研全国集会でのこと）「平和と民族」分科会では、民族衣装に身を固めた北海道の少数民族ウイルタ（オロッコ）の北川源太《きたがわげんた》郎《ろう》ことダーヒンニェニ　ゲンダーヌさんの母国語による訴えが静かな波紋をひろげた。それは長年、民族差別の中で苦難の生活を過ごしてきたウイルタの人たちが自らの手で、民族の誇りと文化を守ろうとする自立の宣言であり、それは同時に日本を単一民族国家としてきた日本人の意識の変革を迫るものでもあった。（朝日新聞、一九七八年二月四日）

夢）」と題して発表がなされた。その「夢」の一つであった北方民族資料館「ジャッカ　ドフニ」は、この訴えが実り、多くの人々からの募金で一九七八年八月、網走《あばしり》市内に建設された。

ダーヒンニェニ　ゲンダーヌ（一九二六―一九八四）樺太《からふと》に生まれる。一九四三年召集を受け、対ソ戦線で諜報《ちょうほう》活動にあたる。シベリヤ抑留の後、日本に引きあげ、自分に日本国籍がないことを知る。一九七六年、オロッコ文化を守るため日本名、北川源太郎と訣別《けつべつ》。北方民族資料館「ジャッカ　ドフニ」館長をつとめた。

私はここに報じられたゲンダーヌさんの行動はもちろんのこと、また、それを支持して、ひろく世に知らせるために記事にした、この文章の書き手にも共感する。そもそもこういう記事は、言語的少数者が置かれている状況にたいする深い理解なくしては書けないものである。それだけに、「ゲンダーヌさんの母国語」にはめまいを感じるほどの当惑をおぼえたのである。

ゲンダーヌさんは北川源太郎という日本名の持ち主であるから、たぶん日本国籍の人であろう。だとすれば、ゲンダーヌさんの母国は日本で、その母国のことばは日本語であるから、オロッコ語のことを母国語と言ってしまってはまずいのである。ゲンダーヌさんのことばは、この「母国語」とはするどく対立するところの非母国語、非国語であるからこそ、ここにその訴えを報じる意義があったのではなかったか。ゲンダーヌさんが用いたことばは、国家とは対極にあって、その国家によって滅ぼされ、滅ぼされつづけてきた、かれ自身の生まれながらの固有のことばなのである。それを母国語と呼ぶ矛盾が、これほどゲンダーヌさんに共感を寄せる記者に気づかれず、またその記事を読んだはずの編集統括者にも気づかれず、さらに数百万の読者からもとりたてて疑問があらわれなかったことに、ことばとその話し手との関係に関する、日本人の平均的な理解度があらわれてはいないだろうか。すなわち、ことばはすべて国語であると考える日本人の考えかたに根深く宿っているこの盲点こそは、この記事がまさに指摘してきた、「日本を単一民族国家としてきた日本人の意識」をありのままに示しているのである。

ゲンダーヌさんは日本人の国家、すなわちその母国が使用を保障してくれないことばを生まれながらのことばとして持っている。学校、役所、裁判所のどこにも、そのことばのための場所はあてがわれていない。だから、そのことばはどんなことがあっても母国語とはいえないのである。もしかして太古にあったかもしれない、まぼろしの母国を思い描く以外には。

では、こういうことばをどう呼べばいいのか。日本人からみて、ゲンダーヌさんのことばは決して日本語の方言ではないし、ましてや外国語でもない。「民族語」と呼んでみるのもいいかもしれないが、その人の所属しているグループが民族と呼ぶにふさわしい規模

ソシュール Ferdinand de Saussure（一八五七—一九一三） スイスの言語学者。ジュネーブ大学教授時代の講義『一般言語学講義』は言語の体系的性質に関する画期的な研究であった。後に構造主義と呼ばれる近代言語学諸派の先駆者となった。

イディオム（＝固有語） ことばから国家や民族、中央や地方といった差別や格付けを取り除き、一つの社会集団に共有される一つのことば（＝固有語）という考えを、ソシュールは提唱した。

のものかどうかにも問題がある。このようなばあいにこそ、ソシュールの用いた、あのイディオム（＝固有語）ということばが生きてくる。また、その話す個人とことばとの関係を示すには、どうしても母語が最もふさわしいのである。母語は、国家という言語外の政治権力からも、文化という民族のプレスティージからも自由である。そして何よりも、国家、民族、言語、この三つの項目のつながりを断ち切って、言語を純粋に個人との関係でとらえる視点を提供してくれるのである。

プレスティージ prestige　業績や地位などに由来する名声、威信、威光。

「ことばとその話し手との関係に関する、日本人の平均的理解度」（二八九・３）とは何だろうか。

田中克彦（一九三四―）　言語学者。モンゴル語を専攻。一橋《ひとつばし》大学名誉教授。少数の人々が語り継ぐことばを視野に入れて、言語に投影された民族や国家の問題について鋭い論及を行っている。著書に『ことばの差別』『言語からみた民族と国家』『言語の思想』などがある。

出典　『ことばと国家』（岩波新書）

39

異時代人の眼《め》

若桑《わかくわ》みどり

「ほかの星で美術史なんて役に立たないじゃないか。」未来に創《つく》り出されていくものについて、歴史家は何もできはしない、という子どもの反論に答えて美術史家がささやかな文章をつむいだ。丸暗記の歴史教科書にうんざりしている君たちのための歴史入門。

ある人々にとっては、「過去」はスーパーマーケットの商品のように、より取り見取りの明るいショーケースの中に並んでいるようにみえ、歴史家はただ手を出しさえすればいいようにみえるかもしれない。しかし、たかだかこの五十年の「過去」をふりかえってみても、すでに余りにも多くのものが見えなくなり、すでに暗黒の中に沈んでしまった、ということがわかるであろう。個人の場合をとってもいい。だれかごく親しい人間が死んだとして、その死のあと

レオナルド Leonardo da Vinci（一四五二—一五一九）イタリアの画家、彫刻家、建築家。芸術だけでなく、天文学、物理学、地理学などにも精通し、盛期ルネサンスの「万能の人」と呼ばれた。「モナ・リザ像」「最後の晩餐《ばんさん》」は有名。

ミケランジェロ 一一九ページ脚注「ミケランゼロ」の項参照。

エポック epoch 時代。

カラヴァッジオ Michel-angelo Merisi Caravag-

ミケランジェロ「最後の審判」(1535-41年)
ラッパと書物をもつ天使たち（部分）
同右

ラッファエルロ
「カニーニの聖家族」(1507年)
盛期ルネサンス

に何が残るだろうか。その人間がいつ生まれたとか死んだとか、いくつで結婚して何人子供がいたとかいうような「記録」は厳然として残るが、その人間をふかく知っていればいるほど、それらの「記録」は、ほんとうのことは何ひとつ告げてはいない、かれが心の中で何を思い、何を愛したかという、ほんとうのかれにとっての「真実」は、もうだれの目にもとどかなくなってしまったということがわかる。その人間が日記をつけていたり、未亡人や〝親友〟が回想録を書いたりしても、

gio（一五七三―一六一〇） イタリアの画家。明暗のきわだった対照による写実主義的作品を多く残し、後のバロックの発展に寄与した。

バリオーネ Giovanni Baglione（一五七三?―一六四四） イタリアの画家、伝記作家。

マニエリスト マニエリスムの芸術家。一五二〇年ごろから一六〇〇年ごろまで、つまり盛期ルネサンス最頂期からバロック初期までのイタリアの画家・彫刻家の作風をマニエリスムとよぶ。マニエリストたちは、目に見えない「神性」を表現するために、盛期ルネサン

カラヴァッジオ
「聖ペテロの磔刑（たっけい）」
初期バロック

ティントレット
「水浴のスザンナ」（1560年ころ）
マニエリスム

それらの「文献」は、ただ一面の真実をのこすにすぎず、書かれなかった、さらに多義的な真実をかえっていっそうインペイし抹殺してしまうという作用をする。私がコトバを第一次資料にしない芸術史を選んだのは幸いだった。コトバのない画面こそ、多義的であるが故に、いっそうつつみかくされた内面の真実が埋蔵されている場所だからだ。

　私がこれらのことを鋭く感じるのは、私がレオナルドやミケランジェロのように、同時代人によって生前にすでに崇拝されていた芸術家ではな

スのような美しい肉体によることなく、激しい光と闇《やみ》、歪型《わいけい》などによる象徴的・寓意《ぐうい》的表現を用いた。カラヴァッジオの絵は、こうした表現方法を拒否し、人間の喜怒哀楽を写実的に描いている。

ベローリ Giovanni Pietro Bellori（一六一五？—一九六）イタリアの考古学者、美術理論家。

ラッファエㇽロ Raffaello（一四八三—一五二〇）イタリアの画家。レオナルド、ミケランジェロと並ぶ巨匠。

プサン Nicolas Poussin（一五九三／九四—一六六五）フランスの画家。ラッファエㇽロの影響を

プサン「聖家族」（1648年）
古典主義

く、同時代人とそれにつづく数世代の人間によって低く評価された芸術家や、エポックを研究しているせいであろう。同時代人によって叩《たた》かれた芸術家が、時の流れを生きのびてわれわれのところに漂着するのは、とてもむずかしく、おそらく多くの人々が、死んで沈んでしまった。

一九五〇年代に私が、カラヴァッジオの研究を始めたとき、彼の同時代人たちの評価と、二十世紀の五〇年代の批評家のそれとがまったく対立していることにおどろいた。カラヴァッジオを無教養で粗暴な二流の画家《マイナー・ペインター》であるということを最初に書きのこしたのは、彼と同時代人のバリオーネである。彼は画家としてはマニエリストだったから、この革新者が許せなかったし、その才能を憎悪してもいた。その上を行ったのが、すこし

うけ、「フランスのラッファエㇽロ」と呼ばれる古典主義の巨匠。

アカデミズム 十五、六世紀にイタリアで創設された美術アカデミーの教授法。親方から徒弟へと伝授される工房での技術伝達法にかわる新しい教授法となったが、技術的には巧みでも生気に欠ける芸術作品を多く生みだすことになる。

ヴィンケルマン Johann Joachim Winckelmann（一七一七―六八）ドイツの美術史家。新古典主義の先駆者。

ベレンソン Bernard Berenson（一八六五―一九五九）リトアニア

あとの、しかしやはり同じ世紀のベローリだが、彼はラッファエルロとプサンとアカデミズムが信条だから、それこそ信念をもって、マニエリスムとカラヴァッジオを撃破した。それからヴィンケルマンやベレンソンまでは一筋道だった。カラヴァッジオをマイナー・ペインターの列にほうむったのは、はじめはマニエリストと反宗教改革の権威筋だったが、あとでは絶対王制と、これと結んだ古典主義的理念である。バリオーネの個人的憎悪からはじまって、イデオロギーや政治や一つの美学や体制がいっしょくたになって歴史をつくってきた。このような巨大な水圧の下で生きのびられる芸術家はきわめて少ない。カラヴァッジオが「正当な」扱いを受けるのに、彼の死後およそ三百年の時間のズレが必要だった。それでも彼は息があったからまだいい。いわれない差別に苦しんだ無数の人々、すべてのふさわしい報いをうけなかった有徳の人や天才や不幸な恋人たちの「魂」はどこで救われるのか！　歴史は大いなる暗闇《くらやみ》である。不具にされ、変形され、ときには惨殺された「真実」がルイルイとよこたわっている。そこを行くには、コクトーの『オルフェ』のように、ひじょうな苦しみをもって時間をさかのぼら

の美術評論家。

反宗教改革　十六世紀以降の宗教改革に対するカトリック側の対抗政策。直接民衆の宗教感情に訴える宗教芸術を求めていたカトリック教会は、一時カラヴァッジオを好遇した。しかし、聖なる人物を市井の人間と同列なものとして描く彼の写実主義は、後には不適当なものとみなされるようになる。

絶対王制　十七、八世紀のヨーロッパの政治体制。君主に政治権力を集中するもの。

古典主義的理念　規範として、ギリシア・ローマの古典をおく考え方。ルネサンス以降十九世紀ま

なければならない。それが深海や宇宙の暗黒とことなることがあろうか？

古代ローマ人は、「真理は時の娘」といった。奸計《かんけい》や悪意におそわれた純潔な「真理」を、「時」の老人が救い出すといった寓意《ぐうい》画《が》は、十六世紀から十七世紀にかけてたくさん描かれた。そのときいつも「希望」という名の娘がそばに立っている。キリスト教関係では、「最後の審判」がすべてのことの決着をつけることになっている。ミケランジェロのシスティーナの絵では、ラッパを吹いて「時の終わり」を告げる天使のそばには、大きな書物をかかえた別の天使たちが描かれている。その書物には、人の眼にはかくされていて、神の目にのみ見えた真実が書きしるされている。同時代人が、さまざまな先入主や偏見によってヴェールをかけた真実を、だれかがとり除かなければならないし、すべてのことはおそかれ早かれ正当な決着をつけられなければならない、ということはみんなが感じていることである。だが実際には「時」の老人は翔《と》んではこないし、キリスト教徒ではない人にはこの世の正当な終わりも訪れない。我々自身もまた自分の先入主と偏見をもっている。我々の歩幅は小さく、

で、ヨーロッパ美術を強く支配する理念となる。ルネサンス期では、レオナルド、ミケランジェロ、ラッファエㇽロによって実現される。ラッファエㇽロの死後、マニエリスムの時期を経て、十七世紀のフランスに移植され大きな成果をもたらした。前出プサンなどが代表。

イデオロギー Ideologie（ドイツ語） 歴史的・政治的に制約された考え方。

コクトーの『オルフェ』 フランスの詩人ジャン・コクトー Jean Co-cteau（一八八九—一九六三）がギリシア神話に主題をかりて戯曲化（一九二七年）したもの。一九五〇年に映画化。

見わたす距離もわずかにすぎない。それにもかかわらず、二十世紀西欧の知性は、かつてないほどの、ほとんど自己否定にいたるほどの、価値の転換を行ってきた。それは、二十世紀が激変の時代だったからであり、地崩れ、すなわち旧《ふる》い価値の体系の崩壊とその断層が、見えなかったものをはっきりとさせ、我々自身に我々の世代とのズレを感じさせたからである。いくつもの価値基準がくいちがい、ズレを起こし、同時代人に異時代人を感じ、異時代人に同時代人を見いだした。こうして、かつてのすぎた時代に異質であったものや人を、我々は同時代人として呼びさまさせた。今世紀の歴史学の成果は、宇宙やミクロの世界における成果と決して無関係ではない。古代人は「時」がすぎれば真理が見えるといったが、量的で均質な時間の流れは、すべてのものをゆっくりと滅ぼすだけである。必要なことは、異質の時間がやってくること、である。

最後の審判　世の終わりに人類が神によって裁かれるという聖書の教え。善人は永遠の祝福を、悪人は永劫《えいごう》の刑罰をうける。

システィーナの絵　ミケランジェロがバチカン宮殿の祭壇画として描いた「最後の審判」（一五三五―四一年）のこと。

筆者はなぜ、「マイナー・ペインター」とされていたカラヴァッジオに「同時代人」を見いだしたのだろうか。

若桑みどり（一九三五―二〇〇七）美術史家。イタリア美術を専攻。とくに、カラヴァッジオの研究には二十年を費やした。画家の伝記や美術思潮の研究にとどまらず、絵画の中に描きこまれた図像の意味するところを同時代の文献等から解読する「図像学《イコノロジー》」の数少ない実践者の一人である。著書に『マニエリスム芸術論』『薔薇《ばら》のイコノロジー』『女性画家列伝』などがある。

出典『レット・イット・ビー』（主婦の友社）

40

もののみえてくる過程

中岡哲郎《なかおかてつろう》

時間というものは、だれにとっても同じ速度で流れているように思える。しかし、私たちひとりひとりの「生きている時間」とは、はたしてそのようなものなのだろうか。

時間の流れという問題、思考の時間の流れと、仕事の時間の流れの異質性ということでは、ほんとに身につまされるような思いがあった。異質性ということだけでなく仕事の流れはそこに無限の時間を吸いこむような特性をもっている。実は私は技術屋の生活の初め数年は楽しくて仕方なかった。工程上の問題を解決したり、新しい装置を設計したりすることがこんなに楽しいものとは知らなかったという感じで暮らしていた。が、やがてそれが私にとって無限に時間を食うものであることがわかってくる。こんなに時間を食われる生活がゆるされてよいものだろうかという感じにそれが逆転していく。

今でも忘れることのできないのは、遠藤周作《えんどうしゅうさく》の『沈黙』が出版された時のことです。私は実は遠藤周作の大ファンで、それもまさにファンですというレベルで遠藤周作が好きです。もっとも最近はあまり読みません。『海と毒薬』から『沈黙』までの遠藤周作が好きです。『沈黙』が出た時も真っ先に買って読んだ。どこで読んだかというと、工場への行き帰りに読んだわけです。行きと帰りに読んで結局一日ちょっとくらいで読んでしまったのですが、行きの阪急《はんきゅう》電車の中で河原町《かわらまち》から『沈黙』を読みはじめて高槻《たかつき》まで来た時、ここで降りたくないという猛烈な気持ち、それを忘れることはできません。降りないでこのまま読み続けて梅田《うめだ》まで行って、そこから河原町まで、読み終わるまで座席に座り続けて、読み終わってから工場へ行きたいと思った。結局はだらしなくも高槻で降りたわけですが、その時の心の中の争いは今もおぼえている。

つまり人間の思考のリズムというのは、ある問題にひきずりこまれてゆく時、ある感動にひきずりこまれてゆく時といっても同じで

遠藤周作（一九二三―九六）小説家。一九五〇年『白い人』で芥川《あくたがわ》賞作家として世に出た。以後、日本におけるキリスト教信仰をテーマにした小説を多く発表した。

『沈黙』 遠藤周作の歴史小説。一九六六年発表。徳川時代のキリスト教殉教を扱っている。

『海と毒薬』 遠藤周作の小説。一九五七年発表。太平洋戦争末期、九州大学で行われた米人捕虜に対する生体解剖事件に題材をもとめた。

阪急電車 兵庫、大阪、

すが、持続への希求をもっているわけです。ずっと考え続けたい、より深くより先へとひきずりこまれたい。それが保証されるためにはゆったりと流れる、ありあまる時間の流れにとりまかれている必要がある。ところが、機械に支配された生活のリズムは必ずある一定の間隔をおいた切断がくる。スケジュールというやつも本質的に同じ作用をする。電車が七時何十何分に高槻駅につけば、頭の方は何を考えていようとそこでおりねばならない。その機械の中の生活をコントロールしているのが実は技術屋であるのだけど、技術屋は、機械の中にはめこまれている人以上に実は機械に使われている。

ある時工程が故障するとするでしょう。そうすると、その故障を直さなくてはいかん。工場を知らない人は、故障というと機械がストップする状態を考えるわけです。ところが装置工業での故障というのは、装置のある部分がちょっと狂ってしまったことによって全体の関連の中でアンバランスがおこってくる。で、そのアンバランスが元へ戻らないかぎり、要するに品物はどんどん出てくるけれども、全部ダメな品物が出てくるわけです。装置そのものを止めるということは絶対できない。できないけれども動かし続けている限り

京都の三府県を走る民営鉄道。ここでは、阪急京都線をさす。京都河原町—大阪梅田間を運行。

高槻　京都市と大阪市のほぼ中間に位置する大阪府北東部の市。人口約三十五万人。

は変なものが出てくる。ですから動かし続けながらその変な部分を見つけ出して直さなくてはならない。それが技術屋の仕事である。例えば土曜日の夕方に装置がちょっと変になった。どこが悪いかはわからない。で、土曜日の夕方からへばりついて月曜日の朝まで頑張るというようなことになる。思考のリズムが機械のリズムに従属するだけでなく、日常生活の時間の流れが、装置のリズムの中にはめこまれてしまうわけです。そんな装置のリズムにはめこまれた生活の底で、ほんとにたまらんと思った。しみじみ、ゆったりと物を考えられる生活がほしいと思ったのです。

それで何人かの友達に「SOS」をだした。すると奇蹟《きせき》のような話ですが、それから数週間もたたないうちに、この大学のU先生から「こないか」という話があった。U先生とは以前Uさんの編集した本に書いたことがあって若干のつながりがあったのです。人間の一生にうまい話というものはそうあるものではないが、棚からぼたもちというのはこういう話をいうのではないかとその時思いました。全くの偶然でその時、神戸《こうべ》外大で物理と数学を教えてられたF先生が定年退職される年に当たっていて、後任をさがしている最中だっ

神戸外大　神戸市外国語大学。神戸市西区にある

外国語大学。たのです。そこへ僕のSOSが人づてにUさんの耳に入ったのです。パッと話がはこんでしまって、SOSの翌年から外大に来ることになった。それが六八年の四月です。

その外大へきて最初の二週間のことが私には忘れられない。その二週間に何があったかというと全然何もなかった。そのことが忘れられない。いつから学校へ行けばいいですかとたずねたら、三月三十一日に来いという。その日に入試の判定会議があって全教官がそろうからその日に来て挨拶《あいさつ》してくれという。そこで出てきて挨拶したわけです。挨拶し終わったら皆ぞろぞろと出ていって、私だけひとり残され、皆知らん顔で帰ってしまう。

で、私はいったいどうしたらいいんですか、ということを事務員の人をつかまえて聞いた。すると「さあ別に。私は知りませんけど。」と言う。知りませんけど、では困るんで、それならば、次はいつ来たらいいのか、教えてくれ。で、その人が、ちょこちょこだれかの所へ聞きに行って、戻ってきて、「四月の十日か何かに入学式があります。でも別にその日は先生は出んでもよろしい。四月の十五日に来てくれたらいい。」で思わず、「それまで何もしなくてもいいのですか。」と聞いたわけです。すると、向こうの方が非常に変な顔をして、大学の先生というのは自分で好きなように講義をしたらいいのだから、そういうきまりのようなものはないんです、仮に四月の十五日に講義を始めなくても、それがあなたの責任ならかまわない、というようなことを教えてくれた。その時に、僕は、世の中にこんなことがあってもいいんだろうか、というふうに思いました。忘れられないというのはそのことです。

僕が今までいた世界というのは、時間を吸い取られて生きる。つまり、賃金を搾取されているなんて感じは、僕は絶対しなかった。俺《おれ》は自分のものであるべき時間を無限に搾取されているという感じの中で、時間というものをまるで何か宝物のように感じつつ生活してきたわけですね。きれぎれにくる十五分なら十五分っていう時間をどんなふうに自分のためにうまく使うか、それはその当時、大変な努力だったわけです。

口実に使うのにちょうど手頃《てごろ》な問題にぶつかる。工程の方は大丈夫だ。しかし、この問題は非常に重要な問題だというのは、たぶん部長に言えば認めるだろう。ということで部長の所へ行って、「実

京大　京都大学。京都市左京区にある国立の総合大学。

河原町四条　阪急電車の

はこの問題は非常に大切な問題で、今ちょうど時間があると思いますから、京大の化学教室の○○先生の所へ行って助言を求めたいと思うんですが。」と言ってみる。そしたら、「よっしゃ、行ってこい。」と言う。で、行く時にはまっすぐ京大には行かないで、河原町四条《しじょう》のあたりで喫茶店に入って、時間をみながら三十分ほどかせぐわけですね。三十分ほどかせいで、シモーヌ・ヴェイユを二ページほど読む。それから京大へ行って、しばらくすると用事は終わるのだけど、京大の近くの百万遍《ひゃくまんべん》の喫茶店へ行って、また三十分か一時間ほど、時間をかせぐ。そこでまたシモーヌ・ヴェイユを読む。それから帰ってきて、「行ってきました、こういうことです。」という報告をして工場へ行ってみると、また装置が故障していて、その晩徹夜せんならん。

　そういう生活の底から、ゆったりとした時間の流れ、ゆっくりと回転しはじめながらやがてぐんぐんと問題にひきずりこまれてゆく思考のリズムを、中断することなく支えてくれる時間を、渇くように求めて大学にやってきたはずの人間が、いきなりこの何もない二週間にぶつかって持った感想は、実はこんなふうにしかあらわせな

京都の発着駅がある一帯。市内第一の繁華街である。

シモーヌ・ヴェイユ Simone Weil（一九〇九—一九四三）フランスの思想家。彼女の短い生涯はキリスト教的瞑想《めいそう》と理想社会の追求に向けられた。『重力と恩寵《おんちょう》』などの著作がある。高校時代、アラン（三二八ページ参照）の影響を強くうけた。

百万遍 京都市左京区の知恩寺《ちおんじ》のこと。東大路《ひがしおおじ》と今出川《いまでがわ》通りとの交差点にある。この交差点界隈《かいわい》も指す。

「ひきずりこまれてゆく」（三〇〇・17）時

い。つまりここに、こんなにふんだんに時間が余っている生活と、それから、あっちにあんなに時間のない生活とが、この世の中に、同じ一つの世界の中にどうしてあるのだろう。それは今でも実は私にとっては、解決されていない問いです。

間と「吸い取られ」（三〇四・8）、「搾取され」（同・9）る時間との違いは何だろうか。

中岡哲郎（一九二八―） 大阪市立大学名誉教授。科学技術史、産業社会学を専攻。現代の産業社会における科学・技術、人間の問題を掘り下げている。著訳書には『技術の歴史』『工場の哲学』などがある。

出典 『もののみえてくる過程』（朝日新聞社）

41

接吻《せっぷん》

恋愛小説を読んでいると至るところに抱擁の場面が描かれる。近ごろの映画やドラマではラブ・シーンばかりを見せられる。ところがいざ実行しようとすると、これがなかなかの困難を伴うこともある。私たちが求めてやまない「接吻」のもうひとつの歴史。

阿部謹也《あべきんや》

世界のどこにいっても一人一人の人間の人情に変わりはないが、人間の関係のあり方には大きな違いがある。その違いはいろいろな面にあらわれているが、いちばん身近なのは身体表現の違いであろう。ヨーロッパはこの百年の間に私たちにとって身近な世界となっているが、いまでも日本人とは決定的に異なった身体表現が人間関係の重要な絆《きずな》をなしていて、しばしばとまどうことがある。

ヨーロッパの町の路上や電車のなかで接吻を交わしている男女を

「愛の泉」（15世紀末）

みても私たちはそう驚かないだろう。しかし国際会議の席や公的な集会で髭《ひげ》をはやした首相同士が抱擁して頬《ほお》をよせあっている姿をみるとなんとなく違和感を覚えるし、まして、そういう事態がわが身に起こると、思わずしりごみしそうになる。フランス人から手に接吻されそうになって思わず手をひいてしまった日本女性がいるが、それは相手に対する決定的な侮辱なのである。「敬意を表するための接吻は何人も拒否できない。」ということわざがあるほどなのである。

男女間の私的な関係における接吻のあり方は世界中一応変わりは

ないものと考えてよいだろうが、ある宴会の席上で隣に座ったドイツの老紳士の話は印象的であった。彼は第二次大戦中にUボートの艦長を務めた勇士なのだが、日本人の愛情表現について話が出たあとで次のようにいった。

「私は毎日帰宅すると玄関で妻を抱き接吻をし、愛しているよといい、また抱きよせて、接吻をし、三度抱きよせてからどうすると思いますか。妻をドーンと突き放すのですよ。」

もちろんかなりワインが入ったあとの話であるから、彼の日常の行動がそのまま描かれているというよりは彼の内心の思いが吐露されているとみた方がよいだろう。つまり愛情の表現が三回の抱擁という形で定式化し、妻がそれを求めることに耐えられない、ということを、そういう習慣をもたない日本人に語ってほんの少し、うさばらしをしたのである。

しかし接吻はヨーロッパでは男女の私的な関係の表現にとどまらない。ドイツの法制史辞典には接吻という項目があって「接吻とは

Uボート　第一次、第二次世界大戦でドイツが使用した潜水艦。

法制史　法律と制度の時代的展開を研究する歴史学の一分野。

聖別　キリスト教で、神

唇で人あるいは物に触れる行為を意味する。」と定義されている。婚約の接吻の法的効力について学位論文が書かれているほどである。

接吻はヨーロッパにおいては聖別の行為でもあり、息のなかにはその人間の霊が宿っていて接吻によって相手にそれを伝えるのである。ローマ教皇が皇帝や国王に塗油の接吻をしたのもそれであるし、ローマ教皇ははじめて足をふみ入れる大地にも接吻をする。投げキスと呼ばれるものも本来は、遠く天にあって人間には届かない神に対する接吻の行為であった。ペルーでは太陽や月に投げキスがおくられる。

ひとつの団体に加入する際や講和の締結の際にも接吻はかかせない。接吻という行為は収穫を増加させる力をもっている。こうして男女間だけでなく、人間とモノの間にも接吻が交わされる世界は日本人の身体表現の世界とはかなり異質な世界といってよいであろう。

聖別 聖なるものとして世俗的なものから区別する行為。

ローマ教皇 カトリック教会の最高位。地上におけるキリストの代理者であるとされている。

塗油 油を塗って聖別する儀礼。油はものを浄化するという信仰があった。

「人間とモノの間にも接吻が交わされる」(三一〇・12) ヨーロッパ世界で、「ドイツの老紳士」のようなエピソードが生まれるのはなぜだろうか。

阿部謹也（一九三五―二〇〇六）　歴史家。一橋《ひとつばし》大学名誉教授などを歴任。ドイツ中世史を専攻。『ハーメルンの笛吹き男』『中世を旅する人びと』等によって、伝説・説話を資料として中世民衆の具体的な日常にまで光をあてる独得の歴史学を展開した。『中世の窓から』で大仏《おさらぎ》次郎賞受賞。ほかに、『刑吏の社会史』『中世の星の下で』などがある。

出典　『逆光のなかの中世』（日本エディタースクール出版部）

▼ここに掲げたのは「接吻」の全文である。

42

ホンモノのおカネの作り方

岩井《いわい》克人《かつひと》

なに、お金がないって？　お金なんて自分で作ればいいのです。それじゃニセモノだって？　いやいや、これはホンモノのおカネの作り方です。

ホンモノのおカネの作り方を教えよう。その極意は至極簡単である。ニセガネを作らないようにすればよいのである。では、ニセガネを作らないようにするためにはどうしたらよいのだろうか。その極意も簡単だ。ホンモノのおカネに似せようとしなければよいのである。だが、これがどういう意味であるかを明らかにするためには、時代を遡《さかのぼ》って、まだあの金銀小判がホンモノのおカネとして燦然《さんぜん》と輝いていた江戸《えど》時代について語ることが早道である。

1

幕末のころ、勤王派の佐土原《さどはら》藩は討幕の資金のためにニセの二分判金《ばんきん》を作ったが、その作り方は次のようなものであった。まず、幕府が発行した丁銀《ちょうぎん》あるいは一分銀といった銀貨を下金とし、それに実際の金貨を少しばかり加えて作った合金を二分判金の鋳型に入れて打ちだし、極印《ごくいん》を押す。つぎにこれを大きな平たい器のなかに入れて、硼砂《ほうしゃ》と硝酸カリと硫酸銅と硫酸鉄を混ぜあわせた粉末を加え、長く火で煎《い》ってからザルに移し、煮たった硝酸液にいれて何度も洗う。最後にそれを坩堝《るつぼ》に入れてもう一度火をあてると、ホンモノの二分判金そっくりの山吹色に変化する。

　おそらく、この佐土原藩の二分判金はニセの金貨としては最も精巧に作られたものであり（佐土原藩はこのニセ二分判金を約二百万両も製造し、幕末から維新にかけての通貨制度を大きく混乱させた）、そのほかにも、銀や銅や鉛を金箔《きんぱく》でつつんだり金メッキをしたものから、色が似ている銅やその合金をそのまま使ったものまで、金貨を偽造するにはありとあらゆる方法が知られていた。（銀貨の

勤王派　幕末期に江戸幕府を助ける佐幕派に対し、朝廷を擁護する立場をとった一派。

佐土原藩　佐土原は、現在宮崎市。

二分判金　二分の一両の価値をもった金貨。

丁銀　秤量《ひょうりょう》をもって流通した塊状の銀貨。

一分銀　長方形の銀貨。一分は一両の四分の一。

硼砂　硼酸《ほうさん》ナトリウムの結晶。金属加工や防腐剤などに用いる。

偽造についても同様である。）

だが、どのようにして実際に金貨や銀貨が偽造されるかをこれ以上詮索《せんさく》してもしようがあるまい。ともかくここでは、ニセガネとはホンモノの金銀ではないものがあたかもホンモノの金銀に見えるように細工されたものであるという、ごく当たり前のことさえ確認しておけば十分だ。ニセガネを作るとは、ホンモノの金銀でないものをできるかぎりホンモノに似せようとする作業であり、まさにその意味でニセガネとは「似せ」ガネなのである。

2

ここで、同じ江戸時代に大坂《おおさか》で両替屋をいとなんでいた天王寺屋《てんのうじや》や鴻池屋《こうのいけや》に登場してもらおう。両替屋とは、当時商取り引きに併用されていた金貨、銀貨および小口の銭貨をその時その時の相場にもとづいて交換をおこなうのが本来の商売であるが、同時に、その資力による信用と厳重に守られたその金蔵の安全性をもとに、ひとびとの財産の保管もおこなっていた。そこで、預金者にたいしてかれらが発行したのが「預かり手形」といわれているものである。それ

天王寺屋や鴻池屋　いずれも江戸時代初期から明治時代まで、大坂で栄えた両替商。創業者は、それぞれ初代天王寺屋五《ご》兵《へ》衛《え》（一六二三—九四）と初代鴻池屋善《ぜん》右衛《え》門《もん》（一六〇八—九三）。天王寺屋は手形の創始者でもある。

手形　為替《かわせ》手形、約束手形の総称。時期・場所を定め、一定の金額が支払われる証券。

は、たとえば表に「銀拾匁《じふもんめ》なり」と書かれ、その横に「右の通りたしかに請け取り申し候《さうらふ》、この手形をもつて相渡すべく申し候」という金貨銀貨との引き換えを保証する文章が添えられている短冊形の紙きれのことである。実は、ホンモノのおカネとしての金貨銀貨とは似ても似つかないこの紙きれこそ、ニセガネならぬホンモノのおカネに変貌《へんぼう》していくものなのである。

実際、この預かり手形を両替屋にもっていけばだれでもその表に書かれている額の金貨や銀貨を受け取ることができるから、ひとはいちいち本来の支払い手段であるべき金貨銀貨を直接渡さず、代わりにこの預かり手形を渡して自分の借金の支払いに代えることができる。そして、この預かり手形を貸し出しの返済の代わりとして受け取ったひとも、今度はそれを使って自分の借金相手への支払いに代えることができる。その意味で、この預かり手形は、それといつでも引き換えられる金貨銀貨の「代わり」として、あたかもそれ自身が借

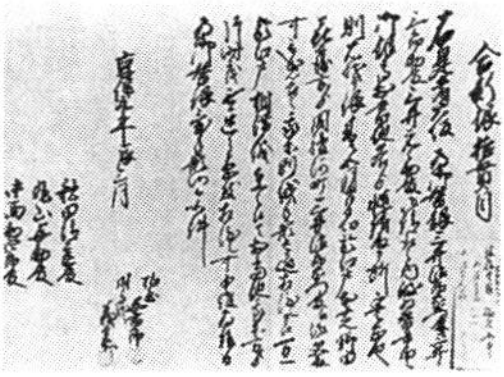
江戸時代の為替《かわせ》手形

拾匁 重さの単位。一匁で約三・八グラム。

大坂の両替屋、鴻池屋本邸

金の支払い手段であるかのように用いられることになる。いや、実際の金貨や銀貨を用いるよりも、この持ち運びも保管も容易な預かり手形を用いて取り引きしたほうが日々の商売にとってはるかに便利である。事実、幕末のころの大坂における商取り引きの九十九パーセントが、実際の金貨銀貨ではなく、預かり手形をはじめとしたさまざまな種類の手形を通しておこなわれていたといわれている。

ここにひとつの逆説が作用している。はじめは本来の支払い手段である金貨銀貨の単なる代わりであった預かり手形が、現実の商取り引きにおいてあたかも支払い手段であるかのように使われ、窮極的にそれ自身が金貨銀貨に代わって実際の支払い手段として流通するようになるのである。すなわち、ホンモノのおカネの単なる「代わり」が、本来のホンモノのおカネに「代わって」それ自身がホンモノのおカネになってしまうという逆説である。

3

太古において金銀が、いつでも装身具や祭礼器具に換えられるものであるがゆえに、その本来の用途に使われる代わりに交易のための支払い手段として用いられはじめたとき、この世におカネというものが誕生した。そして次に、本来は刻印で内容量を表示した単なる金銀の塊であった金貨銀貨が、表示された価値そのものの担い手として実際の金銀内容量とは独立に流通しはじめ、さらに次は、本来は金貨銀貨の引き換え証書にすぎなかった両替屋の預かり手形やその末裔《まつえい》としての銀行券が、金貨銀貨そのものに代わって流通しはじめ、そして現在では小切手やクレディットカードが、実際の銀行券の代わりとして流通しはじめている。ホンモノのおカネとは、その時々の「代わり」のおカネにたいするその時々のホンモノでしかなく、それ自身もかつてはホンモノのおカネにたいする単なる「代わり」にすぎなかったのである。すなわち、ホンモノの「代わり」がそれに「代わって」それ自身ホンモノになってしまうというこの逆説の作用こそ、太古から現在までホンモノのおカネというものを作り続けてきたのである。

だが、あのニセガネ作りたちを支配していたのは、この逆説とは逆の、ホンモノのおカネがホンモノであるのはそれがホンモノの金銀からできているからであるという「ホンモノの形而上学《けいじじょうがく》」であった。すなわちかれらは、ホンモノのおカネをホンモノたらしめているはずの金銀に「似せ」たものを作ることによって、ホンモノのおカネと同一の価値を得ようとしていたのである。それゆえ、ニセガネとは、いかにホンモノに似ていてもあくまでもホンモノの金銀にたいするニセモノでしかなく、それはけっしてホンモノになることはできない。しかも、ひとたびニセガネが発覚してしまえば、ニセガネ作りたちは、ホンモノの金貨や銀貨の権威を乱したかどでハリツケ獄門の刑に処せられた。いわばかれらはホンモノの形而上学の

形而上学　有形の現象の奥にある根本原理を探求する学問。ただしここでは、現実ないしその仕組みを無視した（見ぬけなかった）観念的な思いこみをさす。このような用語法は、現代評論のなかにしばしば現れる。

獄門　江戸時代の刑罰。斬首《ざんしゅ》の上、首をさらすこと。

哀れな犠牲者なのであった。

これにたいして天王寺屋や鴻池屋は、ただホンモノのおカネの代わりとして預かり手形を発行しただけである。だが、かれらの意図がどうであれ、この単なる紙きれが、ホンモノのおカネとは似ても似つかないにもかかわらず、いやそれとは似ても似つかないことゆえに、あのホンモノの「代わり」がホンモノに「代わって」それ自身ホンモノになってしまうという逆説の作用を受け、それ自身ホンモノのおカネになってしまったのである。

ホンモノのおカネに似せるのではなく、ホンモノのおカネに代わってしまうこと――それがホンモノのおカネを作る極意なのである。

4

もちろん、だれもがホンモノのおカネを作ることができるわけではない。実際、天王寺屋や鴻池屋ほどの大きな資力も厳重な金蔵もないところには、ホンモノのおカネを作りだすあの逆説は見向きもしてくれない。それゆえ、われわれには、ホンモノの形而上学に身をまかせてニセガネを作ることか、あるいはホンモノのおカネの作

筆者はなぜ「ニセモノ」と「ホンモノ」をカタカナで書いたのだ

り方について陰鬱《いんうつ》に科学することよりほかに道はない。

ろうか。

岩井克人（一九四七―）　理論経済学者。東京大学名誉教授。アメリカの各地の大学で研究員や教員を歴任。広い学識と知的に洗練された論述とで論者である。主著は『貨幣論』『二十一世紀の資本主義論』（英文）。

出典　『ヴェニスの商人の資本論』（筑摩《ちくま》書房）

▼本文は、「ホンモノのおカネの作り方」の全文である。

〔手帖9〕　発想を縛るもの

この章を読むと今まで疑いも抱かなかったことに、大きなゆさぶりをかけられる気がする。たとえば、文例38「母語と母国語」を読みながら、「日本には日本語以外のことばがあるのか。ことばは政治と結びついているんだな。オロッコ語を滅ぼし続けてきたのは国語……。とすると、この「国語」の授業はいったい何なのだ」と足許《あしもと》に目を向けた人がいるはずだ。あるいは、歴史なんて暗記ものとタカをくくっていたあなたに、「歴史は大いなる暗闇《くらやみ》である。不具にされ、変形され、ときには惨殺された「真実」がルイルイとよこたわっている」（39「異時代人の眼」）という若桑みどりの痛切なことばは、異様な現実感を覚えさせなかっただろうか。

また、江戸《えど》時代の貨幣経済の成り立ちを意表をつく視点から語った文例42「ホンモノのおカネの作り方」は痛快で、しかも怖い話だ。なにしろ、限りなくホンモノに似せてもぐり込もうとするニセガネ作りたちの、いわば常識的なやり方より、初めから「これはニセモノだ」と大見えを切った方が、はるかにうまく世に受け入れられ、やがて社会の動かし難い基盤になったという話だ。だが妙に現代の社会構造が見えつ隠れつする話ではないか。

これらに文例40「もののみえてくる過程」、41「接吻」を加えた五つの文例は、私たちに、ことばと国家の関係、歴史の見方、また私たちをがんじがらめにしている管理のシステムや慣習などについての見直しを迫る。だが私たちの多くは普段たいして疑問も抱かずにそれらを受け入れている。実のところ私たちは巧妙に社会制度に取り込まれているので、問題のありかが見えなくなってしまっているのだ。たとえば、私たちが属している家庭という家族制度、学校という教育制度は、混乱なく社会生活を営む上での健全な常識というものを、繰り返し教え込む。また、現代社会で最も巨大な影響力を持つマス・メディアは社会全体が大きく混乱しないよう、ある任意の事件を取りあげ、それを例としてものの見方を教示し、世論を自在に導く。私たちを取り巻くこのような社会構造の中で、私たちは知らぬ間に社会制度の枠内での発想と思考に馴《な》らされてゆく。すなわち私たちの意識しないうちに私たちの発想は縛られてゆくのだ。

自由でゆたかな発想を生むために最も強調されねばならないことは、今以上に自分を彩り飾り立てるような衣装を増やすことではない。頼みもしないのに、まわりからよってたかって着せられた常識という重い着物を脱ぎ捨ててゆくことなのだ。そして、借りものではない自分を、ひとやものに向かってのびやかに解き放つことなのだ。これはまた、批評精神を磨き上げる最上の方法でもある。

10

〈私〉とは何ものか

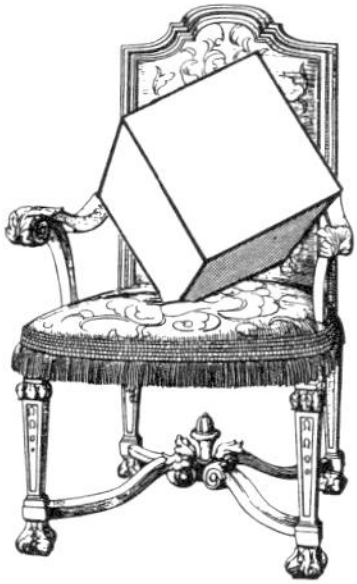

43

否と言うこと

アラン
白井《しらい》成雄《しげお》訳

戦争が悪だということは私でも知っている。その悪を私に行わせようとする怪物は、周到に用意した仕掛けをもって近づいてくる。あたりを見まわしてみよう。すでに怪物の影が見えているかもしれない。

否と言うことは決してたやすいことではない。暴力を用いて権力を罰する方がまだやさしい。だがだれでもすぐ気がつくように、これではまた戦争となる。このように怪物は至る所で口をあんぐりとあけている。ここからあの受け身の諦《あきら》めが生じる。しかし精神は別種の戦いを挑む。

ストライキでさえすでに強力なものといえよう。もしすべての人が精神的ストライキを始めれば、これにかなうものはない。だが、君が他人の始めるのを待つ限り、だれも始めはしないだろう。だから君が率先して始めるべきだ。華やかな光景や行進を眼《め》にした時、特に勝利の報に接した時に湧《わ》き上がる、あの人を酔わせる好戦的情念に戦いを挑むべきだ。この種のあらゆる陶酔に否と言うべきだ。

　だれでも己の自由を求めるが、しかし求め方が間違っている。暴力に暴力で立ち向かおうとし、たちまち別種の隷属状態に陥ってしまう。肉体の方は従わせておけばよい。それだけでは大したことにはなるまい。戦争を準備する者はこの点をよく承知しており、彼らは君の精神を欲しがるのだ。つまり判断の混乱を欲しがるのであり、

軍服姿のアラン

模倣がこれを支え、華やかな光景や雄弁がこれを刺戟《しげき》する。この酒を決して飲んではならない。だれも君を強制はできない。熱狂するよう義務づけられてはいない。私がこれを書いている今、戦勝の祝祭が近づいている。私は普段おとなしい多くの男女が、

「私たちはお祭りには行きません。」と冷たく言い放つのを聞いて、驚かされるのである。ある女性は、ラッパの音を耳にして、「胸が締めつけられます。」といった。君に我を忘れるよう命令できる法律は一つもないのだ。

だから好戦的なあらゆる言辞に対しては沈黙を守ることである。そして、老人が若者たちの殺りくを想像して興奮しても、冷たく軽《けい》蔑《べつ》をむくいればよい。好戦的祝典からは立ち去ることだ。どうしても出席を余儀なくされる時は、死者を想《おも》い、死者の数を勘定することである。戦いで盲《めくら》になった者のことを考えれば情念は清められる。戦死者の遺族に対しては、興奮したり、栄光を称《たた》えたりはせず、不幸を彼らと分かち合う勇気が必要だ。

哀れな人間の犠牲は美しいものなのだと認識し、納得し、主張することはよかろう。しかし同時に、その犠牲は自発的にされるものではないこともしっかり胸に刻み込むべきだ。あの非人間的フリードリッヒ大王時代同様、しかも昔ほど危険を犯さずに、後方の者が前方の者に銃剣を突きつけていることを自覚すべきだ。また、二十キロ後方で脱走兵の監視の任に当たることは醜悪だと自覚すべきだ。

フリードリッヒ大王 Friedrich der Grosse（一七一二—八六） プロシア王。

攻撃命令を下しながら先頭に立たない人間を想像してみるがよい。ただしその際も、怒りは抑えるがよい。怒りもまた戦争なのだから。ただ、そんなことは決して賛美できないとだけいうがよい。ヒロイズムを冷静に見定めるがよい。

そして、指揮官の道を選び、前線に出て自ら血を流す者に対しても、これまた厳しい判断を下すがよい。二十歳で絶対権を持つ指揮官となり、二十歳で国王もこれほどとは思えないまでにかしずかれ、二十歳で五十人の男性の神となることは、野心家なら危険を犯す価値のあることだ。この専制的権力はたちまちそれなりの利益と勝利を収める。死の危険に直面するのは遠い先のことだ。それに位階が上がるにつれて希望もふくらむ。だから、この道を選び、それを恥ずかしげもなく吹聴《ふいちょう》する連中は、自分を犠牲にしているとはとてもいえないのだ。逆に、彼らの野心満々たる情念は、もっぱら平穏な暮らしを願っている庶民を大量に犠牲にしてしまう。さて君は観客の立場にある。この大げさな俳優たちが受けるか否かは君次第だ。口笛を吹く必要さえない。相手にしなければそれで十分だ。否と言うことである。

筆者は「君は観客の立場にある。」(三二七・14)という。それは君にどのような観客であれと言っているのか。

アラン Alain（一八六八―一九五一） フランスの哲学者。本名Emile-Auguste Chartier。デカルトなどのフランス合理主義の哲学的伝統を受けつぎ、哲学、倫理、教育、政治、文学、芸術等の広い領域から問題を取り上げ、見事な分析を加える著作を残した。生涯にわたって高等学校（リセ）の哲学教師であったが、一九一四年第一次世界大戦に際して自ら志願して一兵卒として四年間の塹壕《ざんごう》生活を送り、その間に『裁かれた戦争』『諸芸術の体系』等の著述をつづけた。ほかに『音楽家訪問』『幸福論』などがある。

出典 『裁かれた戦争』（小沢《おざわ》書店）

▼ここに掲げたのは「否と言うこと」の全文である。

44 接続点

藤本和子《ふじもとかずこ》

私たちを取り囲み、押し流してゆく言葉の洪水の中にあって、「私」ひとりの水脈を見つけ出すのは容易ではない。「私」のどんな経験もすでに語られてしまっているし、むしろだれかの言葉を拝借した方が通りもいい。だが、それでは決して「私」に行き着かない。

本当の自分を理解しなければならない。そしてあたし自身は個人として黒人文化や共同体とどのような関係を結ぼうとしているのか。自分自身を知るにしても、理解の水準もさまざまよね。混乱することもあるし、堂々めぐりすることもある。六〇年代にはあからさまな抑圧がある場所でではなく、むしろ微妙な抑圧のある場所、つまり北のゲットーで暴動が起こった。南部の黒人たちよりよい暮らしをしていたと思われていた人びとの暴動。彼らは北も南も同じだと

あたし　ユーニス・ロックハート＝モス Eunice Lockhart＝Moss（一九四二—）。アメリカ、ミシシッピー州生まれ。一九五六年、父が黒人の選挙投票権運動を行ったため、一家は白人の人種差別結社から命をねらわれる。その後、働きながら大学・大学院を卒業。現在では、全米のジャズ・ミュージシャンの中央組織を作り、運営している。

ゲットー　ghetto　アメリカにおいては黒人、プ

気がついたわけ。しかも南部の黒人の方が職を得るにしても、資格がある場合が多かったし、彼らは心理的にも、より頑強で、つらいことにも耐える力が強かった。それは彼らには、いってみればより多くの「ルーツ」があったからなのね。そこで北部の黒人が南部の大学へ進むことがさかんになってね。学校へ、というより、彼らは南部へ行って「私と黒人共同体」という関係を回復してみたかったの。現在では北と南の人びとが交わり、それが豊かな土壌を生み出しつつあると思う。この北アメリカという国にいるわれわれとはいったい何者なのか、それを知ろうとする努力の一端なのね。自分が何者であるかを知るためにアフリカへ旅する人も多い。

——それはいつごろからの傾向だと思う？　たとえばポール・ロブスンもアフリカへ旅をして、そのことが重大な意味を持ったでしょう。

意識的な傾向として？　あたしはアフリカに対しては、黒人はいつも非常な親しみを感じていたと思う。直接的なね。あたしはまだ

エルト・リコ人など、社会的に少数の民族やグループが住む地区をいう。ニューヨーク市マンハッタン島にある黒人居住区、「ハーレム」がその典型的な例。一九六〇年代の暴動は、その「ハーレム」に始まり、デトロイト、ニューアークへと続いた。

「ルーツ」　〝Roots〟　一九七七年、テレビドラマとして放映され大反響を呼んだ作品。アレックス・ヘイリー原作。黒人の主人公が自分の祖先・出自（ルーツ）を探究する物語。

ポール・ロブスン　Paul

一度しかアフリカへ行っていない。西アフリカ。……ゴレ島という所へ行ってね。そこは船がくるのを待つ場所で。あたしは腰を下ろしていた。……あたしの一行はあたしを除いて全員白人だった。彼らにはあたしに何が起こっているのか全然理解できなかった。あたしにとっては、そこで一切の意味が明確になった。カサマンズ川の上流にいてね。ずっと車で走っていた。あたしはふと、大きな薪の束を運んでいる女の姿を見たの。針金のように細いからだの女。食べる物も食べていないような感じでね。あたしたちはちょうどガソリンスタンドにジープを停《と》めていたので、訊《き》いてみたの。こういう女たちは薪束をかついで一日に八キロから九キロは歩く、という話だった。

やがてフェリーに乗る場所まで行ったのだけど、そこではそういう女たちが休息をとっていてね。あたしはその中の一人に、半ば冗談で、あたしも薪束を頭にのせてみたい、といったの。やってごらんなさい、というから、地面に置いてある束を持ち上げようとしたのだけれど、びくともしない。頭にのせるどころではないわけ。そこでそこにいた白人の男性に持ち上げるだけやってもらって頭にの

Robeson（一八九八—一九七六）　アメリカのバス歌手。社会運動にも積極的に参加した。

ゴレ島　アフリカ最西端の国セネガルの、セネガル河口の沖合にある島で、十七、八世紀にかけて奴隷貿易やゴムの積み出し港として繁栄した。奴隷収容所の遺跡もある。

カサマンズ川　セネガル南部の川。後出ラガドンは、その上流域にある村。

せてみよう、と思った。体重九十キロ、身長百九十センチの巨漢よ。彼はやってみたけど、やはり持ち上げることができなかった。あたしはそこら中の人たちに、「この薪束を持ち上げてください。」と頼んでまわった。だれにもできなかった。あたしは、きっとこの女は特別に重い束を担いでいるのだ、きっと彼女は例外なのだと考えてしまうことにしたの、八キロの道をこれを頭にのせて歩くなんて、きっと例外なのだと考えてしまうことにしたの。

でもゴレ島に戻ったとき、あたしは突然すべてを理解した。そう、そうだったのだ、だからこそ、あたしたちは生きのびたのだ、と。彼らは特別にすぐれているのだ。あの無惨な大西洋の連行の航海を生きのび、二百年の奴隷の時代を生きのび、それからまたその後の百年を生きのびたのだから。それなら、あたしもきっとすぐれているのだ。個人としても、と思った。そのことがあってから、あたしはあたしの中にあるものと、海の旅と奴隷の時代と解放後の歴史から残されたもののすべてとを結びつけて考えようと決心したの。(泣き出してしまう)あの瞬間がどれほど深い意味をもつものだったか、あたしは忘れていたのね。だって、ずっと長いこと、あの瞬

あの無惨な大西洋の連行の…… アメリカの黒人問題は、一六一九年、アフリカから二十人の黒人が奴隷としてジェームスタウンに上陸した時に始まる。その後の二百数十年という長い奴隷時代は、一八六三年の「奴隷解放宣言」でひとまず終結す

間を探し求めていたのだもの。こうして話していると、あたし……。あの瞬間こそだれもが探し求めているものなのよ。ポーランド人が寄り集まって踊るのも、そうなのよ。だれにも、そういうことがあるはずなの。

あたしは砂地ばかりで、他には何もない土地を旅していた……。牛の死体が転がっている。ラガドンという村へ向かっていた。あたりには死体ばかり。あたしは腹が立ってね、あの牛にもできなかったことじゃないか、あたしにできるわけがあるだろうかって。不毛の地。砂漠を横断しはじめたあたしは、ああもうこれでわが子に会うこともないのだと思ってね。頭が変になっちゃったから、もうそれ以上は考えないでおくことにしてね。そのうちにラガドンに着いた。そこには何もなかった。何も。水は？　池みたいなものが見えるけれど、それだってあっという間に干上がってしまいそう。人びとはどのようにして命をつないでいるのか？　何もない。山羊《やぎ》がわずかばかりいた。砂漠へ連れ出すの。そこで何を食べさせるのか、見当もつかない。行けども、行けども何もない。「では葉っぱでも煮てたべましょう。」といおうにも、葉っぱもない。砂、砂、砂ば

る。しかし「解放」は、黒人にとって新たな貧困と差別の歴史の始まりでもあった。

かりで。

一人の女性に、「学校を見せてください。」とあたしはいった。彼女はあたしを一本の木の生えている所へ連れて行った。蔭《かげ》を作っている一本の木よ。それが学校だった。暴風や雨を除《よ》けるのは？ 雨が降ることはけっしてないから建物はいらないの。人びとは生き生きとして、健康で、希望を持って暮らしていた。あたしはあたしたちがどれほど資源に対してだらしなくなっているかについて考えてしまった。

そこでは五歳になるまでに、乳幼児の四十四パーセントが死亡するということだった。ところで、この死亡率はワシントンの黒人のそれと同じなの。一九七四年のそれと。

——えっ？

そう。

——ほんとに？

そう。一九七四年……ワシントンでは、五歳になるまでに男の乳幼児の四十四パーセントが死んだの。デトロイトのゲットーのね、性病の罹患率《りかん》と、アフリカの村々のそれとは同じなのよ。アメリカにはあり余るほどの医療源があるのに。ゲットーにはそれも届かない。

それにしても、その村の人びとを見ても、やはり、この人びとには生きのびる力があるのだと感じた。でも、国の指導者たちに会いに行ったらね、彼らは三十代の人びとで、西欧流のものをさかんに取り入れていた。

――黒人の文化に、集団の精髄に、薪の束を頭にのせて歩くアフリカの女に自分を結びつけることが、どれほど深い意味を持つかについて語り、それを長いこと探し求めていたのだといってしまうあなただけれど、一方ではあなたはうらみつらみを抱いているようには見えない。いつもこころが安定しているし、鷹揚《おうよう》だし。アフリカへ行く前のあなただって、ずっとそ

ワシントン　アメリカ合衆国の首都。アメリカの大都市の中で、人口における黒人の占める割合が極めて高い都市のひとつ。
デトロイト　ミシガン州にある五大湖地方の中枢都市。自動車産業が盛ん。

うだった。でもそういうあなたと、アフリカであの瞬間に出会ったことを語って泣いてしまうあなたとは、やはり同一人物だと思う。

きっとね、アフリカへ行くまでのあたしは、その力を無意識に使っていたのね。何か恐ろしいことを見てしまったりした時には。それはきっとアドレナリンみたいなものね。一定の状況の下で、作用しはじめる力というものがあるのだから。神があたしたちをそういう者として創《つく》ったのだと、あたしは思う。あたしはだから大学へも行けた。息子のコリーを見ていると、子どものころのあたしを思い出すの。あのアフリカの女の中に、あたしはあたしたちの民族の力を、接触点《コネクション》を見たのね。それまでは、それを運だとか偶然だとか考えていたわけだけれど、その女の中に力を認めると、自分の中にあるのもそのような力だと、初めてそれを信用することができるようになったのね。民族の中に生きのびた力。それは死滅したりはしなかった。劣等であると、教えられてきた民族の力。教育や法律や差別は、この人種は劣等であると、間接的に教え込んできた。あの瞬

アドレナリン Adrenalin（ドイツ語） 副腎から分泌《ぶんぴつ》されるホルモン。人体の循環器、神経から筋肉への衝撃伝達、あるいはグリコーゲン分解による代謝機能などに重要な役割を果たす。

間は人びとがあたしに信じ込ませようとしてきたことすべてを吹き飛ばしてしまった！

あたしの受けた教育はいつもあたしたちを滅ぼそうとする類《たぐい》のものだった。目立たない方法だけど、確実な方法で。あたしたちは何をやったにしても、やはりどこかまずいと思わせるようになっていた。だからこそ、接続点を発見することが大切なの。それは簡単なことじゃない。だれもがあなたを洗脳することばかり考えているのだから。

文中で繰り返し使われる「生きのびる」ということばの意味を考えてみよう。また、「生きのびる」ためには「接続点を発見することが大切」（三三七・6）だというのはなぜだろう。

藤本和子（一九三九―）　アメリカ文学者。差別という図式化された視点からではなく、ともに存在の根を問い続ける同時代人として、アメリカの黒人女性作家をルポルタージュで、また翻訳を通して精力的に紹介している。編訳書として『女たちの同時代　北米黒人女性作家選』などがある。

出典　『塩を食う女たち―聞書《ききがき》・北米の黒人女性』（晶文社）

45 掟《おきて》

F・カフカ
本野《もとの》亨一《こういち》訳

難解な語句が使われているわけでもない。こった表現技法が駆使されているわけでもない。一見取っつきやすく思えるのだが、一度踏みこむと、堂々巡りの迷宮に閉じこめられてしまう文章がある。

掟のまえには番人がひとり立っている。田舎から来た男がこの番人を訪ねて、掟のなかへ入らせてほしいと頼みこむ。しかし番人は、今は入らせるわけにはいかない、と言う。男は考えこんでいたが、やがて、あとになれば入らせてもらえるのか、とたずねる。「そういうことがあるかもしれない。」と番人は言う、「しかし今はいけない。」掟の門はあいかわらず開いたままで、番人はそのそばに立っているのだから、男は、なかの様子を見ようと思い、身体《からだ》をかがめるのだ。このありさまを見た番人は、からからと笑い、「そんなに入りたいのなら、一度、わたしの制止を無視して、入ってみるがいい。しかし断っておくが、わたしには権力があるのだ。しかもこのわたしは、いちばん身分の低い番人にすぎない。広間から広間へ入るごとに、番人がいて、順番にその権力が大きくなる。このわたしでさえ、三番目の番人の顔となると、もうとても正視する勇気はない。」これは田舎の男にとって、思いもかけぬ障害であった。掟というものは、どんな人間にも、またどんな時でも、開放されているはずだ、と思うのだが、毛皮の外套《がいとう》に包まれた番人の、大きなとんがり鼻、長くてほそい真っ黒なだったん人のようなひげを、つくづく眺めているうちに、許可がおりるまでこうして待つことにしよう、と決心する。番人は男に椅子《いす》を与え、門の横手にすわらせておく。こうして歳月が流れていった。男は入らせてもらうためにいろいろと手を尽くし、うるさく頼みこんで番人を疲労させる。番人はたびたび男を相手にかるい尋問を試み、男の故郷のことかそのほかいろんなことを、たずねる。それはしかし、おえら方が賜るあのつめたい御下問にすぎず、おしまいにはきまって、まだ入らせることは

だったん人　だったん（韃靼）はタタールの音訳。もとはモンゴル族の一支族、タタール族のことであった。近代ヨーロッパでは、モンゴル人とその支配下にあった南ロシアのトルコ人をも含めてそう呼んだ。広くは、モンゴロイド（黄色人種）一般をさすことがある。

できない、と言う。この旅のため準備の品をたくさん整えてきた男は、門番を買収するため、相当な値打ちのあるものも全部、使ってしまう。相手は黙ってちょうだいするのだが、そのときまってこんなことを言う、「時間つぶしをした、などと考えてもらっては困るから、まあいただいておく。」長年のあいだ、ほとんど絶え間なく、男は番人を観察しつづける。ほかにも番人がいることは、忘れてしまい、この最初の番人こそ、掟へ入ることを拒むただひとりの人間であるような気がしてくる。この不幸な偶然を、最初のうちは見境もなく大きな声で、罵《ののし》り散らすのだが、年を取ってくると、ただもうぶつぶつつぶやくだけである、子供みたいになる。長いあいだの研究で、番人の毛皮の襟にしらみが一匹いることまでわかり、自分に応援して番人の気持ちを変えてほしいと、しらみにまで頼みこむ始末であった。やがて、視力が弱ってくる、ほんとうに自分のまわりが暗くなってきたのか、単なる錯覚なのか、それはわからない。しかし彼はいま暗黒のうちに、掟の門のなかからきらめく一条の不滅の輝きをみとめる。もう余命はいくばくもないのである。死に先立って、今までのすべての経験が、これまで番人にむかって放

しらみ　人や獣の皮膚に寄生して血を吸う、小形で平たい昆虫。

ったことのないひとつの質問となって、かれの頭のなかに凝結する。こわばった身体をまっすぐに起こす力はもはや失われているのであるから、かれは番人に眼《め》くばせする。番人はふかく男のほうに身体をかがめねばならぬ、体格のちがいが、男にはたいへん不利なものになってしまったのである。「今となってまだなにが知りたい？」と番人はたずね、「何事もほどほどにしておくのだ。」「すべての人間が、掟をもとめて努力を続けています。」と男は言う、「それなのに長年のあいだ、わたしのほかにだれひとり入ることをもとめてくる人間がいなかったのは、どうしてなのですか？」番人は、男がもう死にかかっていることを知り、うすれていく聴力にもとどくよう、男にむかってわめくのである、「ほかの人間は、絶対に入らせてはもらえない。この入り口は、君ひとりのものときめてあったからだ。さあ、戸をしめに行ってくる。」

登場人物が、不特定な人間を指し示す「番人」「男」（三三八・1）という名詞で表されていることの効果について考えてみよう。

F・カフカ Franz Kafka（一八八三―一九二四） プラハ（チェコ）生まれのドイツ語によるユダヤ系小説家。社会という檻《おり》の中で生きる人間の不安と絶望を、抑制された文体で表現した。二十世紀文学の重要な開拓者の一人である。小説に『変身』『審判』『アメリカ』などがある。

▼カフカは、彼の死後原稿を焼却するようにと友人マックス・ブロートに依頼した。が、ブロートは遺言に反しカフカの作品を発表した。カフカの三編の長編小説『審判』『城』『アメリカ』は、すべて死後発表されたものである。本文「掟」は、生前カフカ自身によって編まれた短編集『村の医者』に収められているが、死後発表の『審判』第九章にも加えられることになった作品である。

出典『ある流刑地の話』（角川《かどかわ》文庫）

▼ここに掲げたのは「掟」の全文である。

46

快楽《けらく》

武田泰淳《たけだたいじゅん》

さまざまな人生がある。さまざまな思想がある。そのさまざまな人間が寄り集まって世界がつくられている。そんな当たり前のことを、私たちはしばしば忘れがちだ。そして同じ掛け声を出し合うことについ安心してしまう。

大殿いっぱいに坊さんたちは平等に、つまり位階の区別なく、到着順に座りこんでいる。檀信徒《だんしんと》ぬきで、専門の僧職者だけが、そのように平等に座りこんでいる光景は、加行《けぎょう》の期間中でもなければ見られるものではなかった。内陣の彼方《かなた》は、高々とかかげられた灯明の火色が明らかなほど薄暗くかすんで、念仏の声がすでに満ちていた。自分はこれだけの信仰を持っているぞと、仲間より先に声を押し出す念仏もあり、そのような、意志をむきだしにした仲間の勢い

檀信徒　一定の寺院に属し、布施《ふせ》をする信徒。
加行　仏教用語で、入門した者の予備の修行。
内陣　寺社の本堂で、神体または本尊を奉安してある区域。

に気押されて、あるいは、その仲間の声におくれては、とり残されると気づかって唱和する念仏の声もあった。高らかに歌うような声自慢の声もあり、信念の深さは声音のよしあしとは無関係だといわんばかりに、低く自分一人でつぶやく声もあった。または「開始の命令もないのに、そうあわてることもないさ。」と、仲間同士の世間話をやめない声もあった。

「こういう場所で念仏するのは気が楽だな。」と、柳は思った。一つの小さな家庭の中で、夕食のさいなど、いきなり天皇陛下万歳と叫ぶのは気恥ずかしいにしても、元旦《がんたん》の朝、宮城前の広場などで、絶えまない参列者と一緒になって、天皇陛下万歳と叫ぶのは気が楽である。それと同じような心理的現象が、この大殿の内部でも発生しているにちがいなかった。一人のこらずがナムアミダブツと唱えはじめているとすれば、その合唱の中では、唱えない者の方が異常に感じられてくる。それに、ナムアミダブツという呼びかけ（あるいはスローガン）には、あまりにも単純すぎて神秘的なところがあり、何者にむかって呼びかけているかが、明確すぎるようでいて、実は無限の多様性があり、六字の名号に固まっているようでいて、

柳 作品の主人公。僧侶《そうりょ》の修行をしているが、非合法の左翼活動とかかわりを持っている。

スローガン slogan 標語。モットー。スコットランド高地兵の鬨《とき》の声から転じたと、いわれる。

そのくせ、どんな解釈でも許されるような広さを漂わせている。「おれはこのつもりで念仏しているんだ。おれの隣で声高らかに唱えている坊主の念仏と、内容はまるでちがっていてもかまいはしないんだ。おれの唱えている念仏の内容が、相手に理解されなくたって、ちっともかまいはしないんだ。ともかく、ナムアミダブツと口に出していさえすれば、それですむんだ。」調子を合わせるつもりはなくても、調子が自然に合ってきて、ただ繰り返してさえいればいいのである。仏敵必殺の殺気をこめてナムアミダブツ、戦争絶対反対のひそかな願をかけてナムアミダブツ、一宗の繁栄と寺院の無事安泰をのぞんでナムアミダブツ、あるいは、徹底したニヒリズムによって、人類全滅のあとの荒涼たる地球の姿の中に、一切平等の極楽を夢に描いてナムアミダブツ、その何《いず》れのナムアミダブツも許されていいはずであった。自己の性欲の、あまりの強大さを驚き悲しみながらナムアミダブツ、女房にひきくらべて、自己の性欲の間に合わなくなっていることを、ひたすら恐れながらナムアミダブツ、植物(庭木や盆栽、菊の花やシャボテン)を愛好し、それらに害のある虫類や微生物を呪《のろ》いながらナムアミダブツ。「うちの犬は可愛《かわい》いな。隣の犬は何て憎らしいんだろう。あの顔つきも吠《ほ》え方も、どうしたって好きになれるもんか。猫が嫌いだという男がいるが、どうして猫が嫌いという、そういう感じが生まれてくるんだろう。猫は可愛い。サカリがついて屋根の上で騒ぎまわったりする時はうるさいが、静かに日向《ひなた》ぼっこして寝入っているありさまは、仏様に近いではないか。」などと思いめぐらしながらナムアミダブツ……。

　柳は強精剤を飲みすぎて眠たくなったような気分で、ナムアミダブツの密林のざわめきの中に身を沈めている。

　……ナムアミダブツという象徴的な言葉は「万国の労働者、団結せよ」「一億総蹶起《そうけつき》」という言葉よりも抵抗なく口から洩《も》れる、いいやすい言葉にはちがいなかった。あまりにも昔から言い古された言葉であるために、現在この時の社会情勢の中で、いったいどんな意味に変わりはてているのかは、さっぱり分からないにしても、とにかく何らかの救いを求めて発せられる、煮つめられた「声」なのだ。あまりにも多種多様な願をこめられた「声」であるため、めったには聞けない専門家の大集団の合唱の中に身を浸していると、柳には、ますます象徴的な言葉から発生する、あまりにも生々しい現

「万国の労働者、団結せよ」　マルクス＝エンゲルスの『共産党宣言』（一八四八年）の結びの一文として広まり、社会主義運動におけるスローガンとなった。

「一億総蹶起」　戦時中の戦争遂行のための総動員体制におけるスローガン。

「象徴的な言葉」に「生々しい現実的な欲望」（三四六・17）がこめられている例を、

実的な欲望にもみにもまれて、訳が分からなくなってくるのであった。

日ごろ耳にする表現から捜し出してみよう。

武田泰淳（一九一二―七六）小説家。浄土《じょうど》宗の寺に生まれる。中国文学に関心を持つと同時に左翼運動に加わり、大学を中退する。仏教思想と中国文学の素養を基礎に、思想の混沌《こんとん》の中で生きる方向を模索するバイタリティーあふれる作品を著した。主な作品に『風媒花』『森と湖のまつり』『富士《ふじ》』、評論に『司馬遷《しばせん》』などがある。

▼デビュー作となった評論『司馬遷』の冒頭は「司馬遷は生き恥さらした男である。」で始まる。この論文によって彼は大学の助教授に迎えられたが、まもなく作家となる決意をし、置き手紙を残して「夜逃げ」したという。のちにも芸術選奨文部大臣賞の受賞を辞退した。晩年は、富士山ろくの山荘で悠々《ゆうゆう》自適の生活をした。その模様は夫人が、夫の没後発表した『富士日記』（武田百合子《たけだゆりこ》著）に詳しい。

出典『快楽』（新潮文庫）

47

思考

M・セール
及川《おいかわ》馥《かおる》訳

「わたしは考える。ゆえに、わたしは存在する。」と三百年以上も昔に、デカルトは述べた。考える「わたし」は疑いなく、ここにいる。しかし「わたし」とは、その一語のなじみ深さほどには内容が明確でない、きわめて多様な代物《しろもの》でもあるのだ。

私が考えている今、私はだれであろうか。それに対する答えはこの問いの不確定さに左右される。というのは、私は考えるなのか、それとも私は何かを考えるのか、どちらをさすかによるからだ。私が考えるということは、私が何かを考えることを意味しない。私が考えるということは、考えるという活動そのものを意味する、つまりそれは、動き出し、伸び、私を覚醒《かくせい》させる活動である、そしてまた私の内部に何らかの配置配列をもつと思われるが、はっきりと指

配置配列 collocation（フランス語）一つの単位とみなすべき語の連なり。

木蔦 ウコギ科の常緑蔓《まん》性《せい》の植物。木石にからんで高く登る。

エートル être（フランス語）存在をあらわす動詞。英語のbeにあたる。

定できない場において、木蔦《きづた》のように展開する活動である。私は何かを考えずに考えることができるだろうか。もちろん。しかし、私がある対象、ある主題について考えるとき、もし真剣に私がそういうものを考えているなら、私がその主題、その対象であることは何の疑いもない。私がしかじかの概念を考えるとき、私は完全にその概念である。私が木を考えるとき、私は木であり、私が河を考えるとき、私は河であり、私が数を考えるとき、私はどこからどこまで、足の先から頭のてっぺんまで、数である。以上は思考について反論の余地のない経験である。それがなくては、いかなる発見も、いかなる新しさもない。この動詞エートルもまた白いドミノ、ジョーカーである。手は金鎚《かなづち》を握ったときもはや手ではない、それは金鎚そのものであり、それはもはや金鎚ではなく、透明になって金鎚と釘《くぎ》との間を飛び、それは消え、溶けている。私の手はずっと前から書く字の中に逃げこんでしまっている。手と思考は言語のようにそれらの限定作用をしながら蒸発する。

　私が直接目的語なしに、限定作用なしに、ただ単に考えるとき、私はだれであろうか。あの目ざめの戦慄《せんりつ》、伸びていくあの緑の木蔦、

ドミノ　西洋かるたの一つ。長方形の牌《はい》を半分に区切ってそれぞれの面に〇から六までの目が刻まれており、二十八通りの組み合わせがある。その目の数を合わせてつないでいくゲーム。「白いドミノ」は、その中で〇・〇の組み合わせで真っ白な牌となる。この牌はどの目の牌にもつなぐことができる。

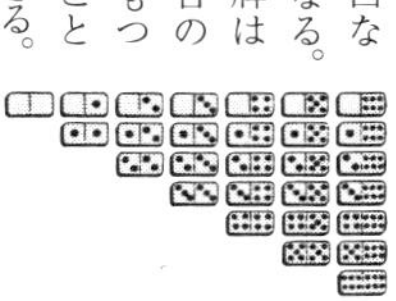

ジョーカー　トランプの絵札の一つ。数が定められておらず、ゲームの中でどの数の札にも転用することができる。

ギリシア，デロス島の男根モニュメント
ヘルメス神の象徴とされた（前4世紀）

あの踊る炎、あの生きている火があたえるあの大きな喜びを別にすれば、私はだれであろうか。私が一般的な意味で考える場合、私は何かを考える能力であり、そして私は潜在的である。私は一般的に考える、私は何でも考えることができる。私は考える、ゆえに私は無限定である。私は考える、ゆえに私は不特定の人である。一本の木、一つの河、一個の数、一本の木蔦、一つの火、一個の理性、あるいは君、何だってかまわない。プロテウスだ。私は考える、ゆえに私は「だれでもない《ペルソンヌ》」。私というものは特定の人ではない、それは特異性ではない。それはいかなる際立ったところもなく、それはあらゆる色彩とあらゆるニュアンスを合わせた白色であり、多様な思考に対し半透明で開かれた受容作用であり、したがって可能性である。私

プロテウス　ギリシア神話の海の神。あらゆるものに姿を変えることができる力をもつ。

天使ヘルメス　ギリシア神話の神で、大神ゼウスの末子。旅の道案内の役割をもつ。また古来、へ

は無限定的にだれでもないのである。もし私が考えるなら。私は何物でもなく、何はだれでもない。私は考える、ゆえに私はない。私は考える、ゆえに私は実存しない。私はだれなのか。オールマイティのジョーカー、白いドミノだ。純然たる能力〔容量〕だ。これ以上に抽象的なものはない。私は、私に接近する思考を受け入れる単なる娼婦《しょうふ》にすぎない。私は朝に夕に十字路に立ち、天使ヘルメスの像の下で、四方八方に気をくばって思考を待っている。そしておそらく、エートルという動詞がもしジョーカーかあるいは白いドミノであるなら、私が存在するということもまたありうるであろう。

ルメス神の象徴としてファロス（男根）像が崇拝された。

不特定で無限定な「私」を伝えるために、本文で用いられているさまざまな比喩《ひゆ》を、それぞれ比喩となった根拠を確かめながらたどってみよう。

M・セール Michel Serres（一九三〇―）フランスの思想家。数学、文学、哲学を学び、パリ第一大学で科学史担当の教授などを歴任する。数学や哲学をはじめとして人類学や物理学など、あらゆる人間の知的領域を新しい古典主義として統合しようという壮大な試みを繰り広げている。著作に『ヘルメス』『ライプニッツの体系とその数学モデル』『離脱の寓話《ぐうわ》』などがある。

出典 『生成』（法政大学出版局）

▼ここに掲げたのは、訳者が本書のために改訳したものである。

〈手帖10〉「私」という謎《なぞ》

三五五ページと三五六ページに二枚の自画像が掲げられている。二つの絵には三百年ほどの隔たりがある。技法上の傾向が全く異なるにもかかわらず、どちらも無気味なまでの強烈な印象を視《み》る者にもたらす。「自画像」であるということにおいて、二つの絵は時代の違いを超えて、対等の課題に取り組んでいる。それは「自分」とは何ものかを、絵の表現において窮めようという課題である。

もちろんそれは外面を視覚的に写生するという意味ではない。写実の技術は十分に身に着けていながら、さらに自己を見つめ返していったとき、顔の特徴にとどまらない、内面のイメージが画家をとらえたのだ。レンブラントは闇《やみ》に浮かび出た幽鬼のような姿で、一方ベーコンは暴力的な解体のイメージでそれを描いている。それは目で見ることのできる自己像である以上に、自分を問い詰めた末の、いわば自己に対する研ぎすまされた認識像なのである。

こんなふうに自己を描くに至った彼らの自己凝視の道すじを私たちに置き換えて想像してみると、日ごろ安心しきってなじんでいる「私」という人間が、たちまちかすんで見えなくなってくる。そんなにまで自分というものを問い詰めたり、見つめ返したりした経験がほとんどないからだ。

私たちは他人のことや身の周りの事物については、かなりの程度客観的に観察し、批評することができる。しかし、その目を自分にそのまま向けようとしても、物理的に外部から知られているようには自分で自分を知ることなど不可能だ。その結果、どうしても都合のよい想像で推し測って済ませてしまいがちなのである。「灯台下暗し」というが、私たちにとって最も未知な、謎に満ちた領域は実は自分自身なのである。

あれほど他人については自信に満ちて的確なことがいえるのに、そのまなざしの根源がこんなふうでは「自信」も怪しいものだ。逆にいうと、考え、感じるその主体の正体があやふやなままで、どうして私たちはあんなに「自信」をもって考えることができるのだろうか――。

このような疑念にとりつかれると、外部へ向ける眼《め》や思考の一切が疑わしくなってきそうだ。だが実は、批評とはこうした自己への疑いからなおも立ち上がってくる思考によって成り立っている。自己への疑いを思索の過程で経ない批評は、しょせん貧しい。

自己という不透明な器を与えられているのが人《ひと》に均しく課せられた条件である。だれもがそれを見定める方法を知らず知らず探し、求めている。だれも逃れることはできない。

「私」こそ批評の出発であると同時に、究極の課題なのだ。

レンブラント「自画像」(1665年ごろ)
Rembrandt van Rijn (1606—69) 17世紀オランダ最大の画家、というよりヨーロッパ絵画史上最大の画家である。カラヴァッジオ(291ページ参照)などイタリア・ルネサンスの系譜をひく作品の研究から明暗の効果を学び、今日〈光の画家〉と評される作風を樹立した。
＊宗教画と肖像画を得意の分野として若くから名声を得たが、彼が真の偉大な巨匠となったのは人生の半ばを過ぎて零落したのちである。写実を超えた深い精神性が絵には宿り、後に同国人のゴッホは「炎のような手で描かれた絵だ」とたたえた。なお、彼は生涯を通じて自画像を描き続け、およそ100点に及ぶ作品が残されている。上はその最晩年の作品である。彼の絵について、次ページの自画像の作者ベーコンは「そのモデルについてよりも、レンブラント自身についてより多くを知るかのように感じる」と述べている。

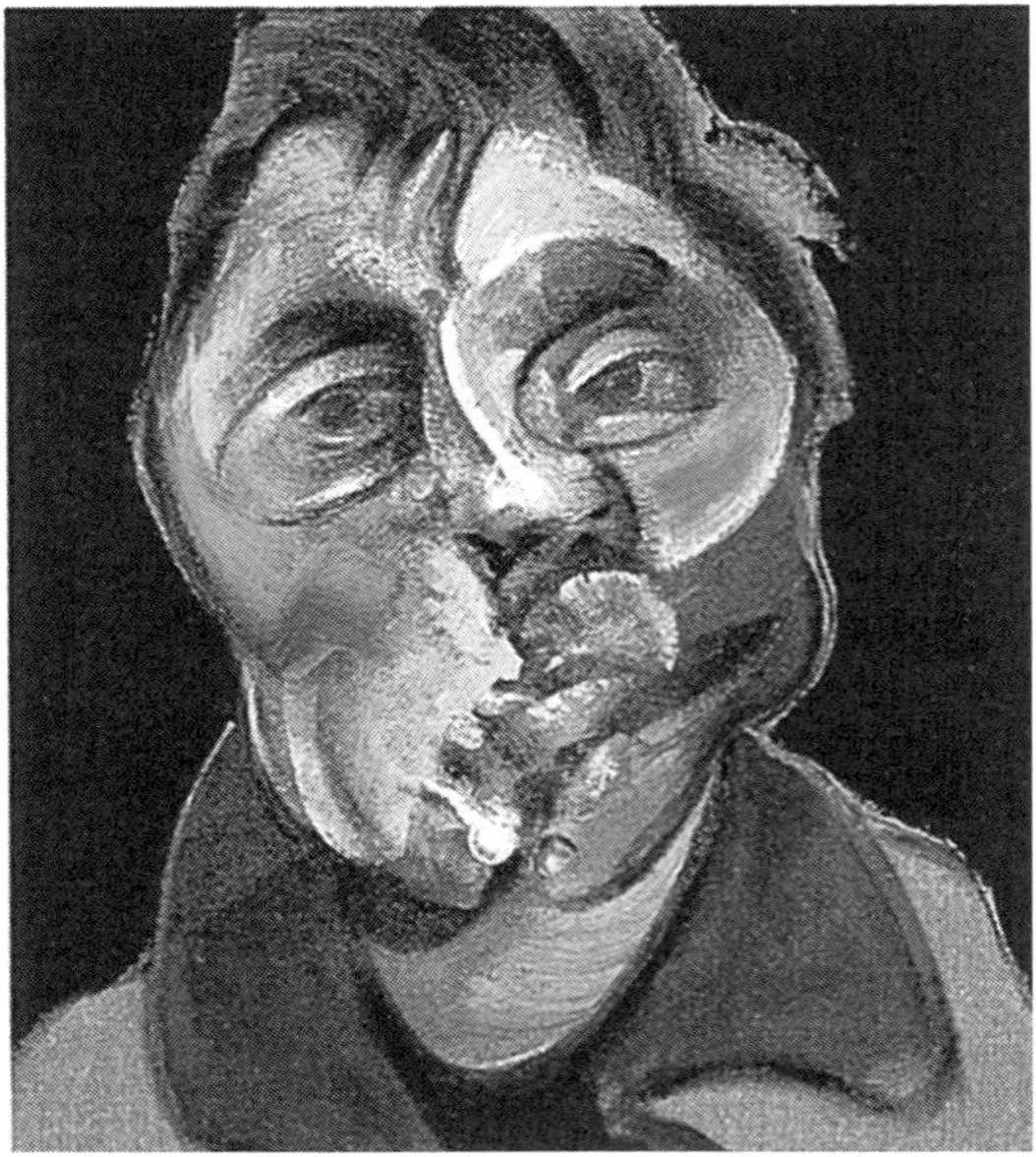

ベーコン「自画像」(1969年)
Francis Bacon(1909—92) アイルランド生まれ。のちロンドンに在住する。17世紀の有名な哲学者、フランシス・ベーコンの血縁を引く家系で、それにちなんでフランシスと名づけられたといわれる。正規の教育をほとんど受けないまま放浪生活を送り、絵の勉強は友人に教わって始めた。古典の複製画や運動する人体や動物の写真などからしばしば題材を得ている。また、肖像画も数多い。
＊(手帖10「「私」という謎」353ページ参照)

11 明日を問う

48

飛行機と地球

サン=テグジュペリ
山崎《やまさき》庸一郎《よういちろう》訳

一九〇三年、十二秒、三十六メートル。これがライト兄弟によって達成された人類初飛行の記録である。翼を手に入れた人間たちは競って空を開拓した。

飛行機は一個の機械にはちがいないが、しかし、なんという分析の道具だろう！　この道具はわたしたちに、大地の真の面ざしを発見させてくれたのだ。じじつ、道路というものは、何世紀にもわたって、わたしたちをあざむいてきたのだ。わたしたちは、臣下のところを訪れて、彼らがその治世に満足しているかどうか知ろうとしたかの女君主に似ていたのだ。廷臣たちは、彼女の目をごまかそうとして、道筋にいくつもの巧みな舞台装置をつくらせ、踊り子たちを雇ってバレエをやらせた。その細い導き糸の外側に、彼女は王国のなにものをもかいまみることがなかったし、田園のはるか奥で、飢えて死んでゆく者たちが彼女を呪《のろ》っていることも知らなかったのである。

それとおなじように、わたしたちも曲がりくねった道路に沿って歩いていた。道路というものは、不毛の土地、岩石、砂地を避け、人間の必要を迎え入れ、泉から泉へと向かうものだ。農夫たちを納屋から小麦畑へと導き、家畜小屋の入り口で、まだ眠っている家畜たちを受け取り、夜明け、彼らをうまごやしの原にぶちまけるものだ。また、この村を別の村に結びつけるものだ。なぜなら、そのふたつの村のあいだで結婚がおこなわれるからだ。たとえそれらの道路のひとつが砂漠越えの冒険をするにしても、オアシスの楽しみを享《う》けるためにはいくども迂回《うかい》しなければならない。

こんなわけで、それら道路の屈曲に、まるでおためごかしの虚言のようにあざむかれて、旅の途中、多くの灌漑《かんがい》された土地、多くの果樹園、多くの牧場に沿って歩いたあげく、わたしたちは、ながいあいだ、牢獄《ろうごく》の姿を美化して考えていたのだ。この地球を、湿潤で温暖なものだと信じこんでいたのだ。

オアシス oasis　砂漠の中で水・緑地のある小さな沃地《よくち》。

おためごかしの虚言　表面では人のためをはかるように見せて、実は自分の利益をはかること。

だが、わたしたちの視覚は鋭敏なものとなった。わたしたちは残酷なまでの進歩をとげた。飛行機とともに、わたしたちは直線を知った。離陸するやたちまち、わたしたちは、水飼い場や家畜小屋のほうにくだるそれらの道路、あるいは、都市から都市へと蛇行するそれらの道路を棄《す》てる。そのあと、ながくいとおしんできた奴隷の身分から解放され、泉の必要からも自由となって、遠い目標に機首を向ける。そのときはじめて、直線の弾道の高みから、大地の基盤、岩石と砂と塩からなるその素地を発見し、生命というものは、ときとして、廃墟《はいきょ》のくぼみに生えるわずかな苔《こけ》のように、そこかしこに無謀な花を咲かせているにすぎないことを知るのである。

その結果わたしたちは、物理学者や生物学者に変貌《へんぼう》して、谷間の奥に風趣をそえ、ときには奇跡のように、風土に援《たす》けられたその場所に、庭園さながら咲き乱れているそれらの文明を調査することになったのだ。実験器具をのぞくように、機の円窓越しに人間を観察し、宇宙的尺度で人間を判断することになったのだ。人間の歴史をさかのぼって読むことになったのだ。

「飛行機とともに」「直線を知った」（三六〇・2）ことがなぜ「残酷なまでの進歩」（同・1）なのだろうか。

サン＝テグジュペリ Antoine de Saint-Exupéry（一九〇〇—四四） フランスの小説家、飛行家。『南方郵便機』『夜間飛行』など、緊迫した日々の飛行体験と、人生や文明への深い省察を織りまぜた独特の作品を発表した。また、亡命先のアメリカで出版・刊行された『星の王子さま』は全世界で愛読されている。一九四四年、偵察飛行に出撃したまま消息を絶った。

▼サン＝テグジュペリは幾度か当時の飛行記録に挑戦している。一九三五年、パリ—サイゴン間に記録更新を目指したサン＝テグジュペリはリビア砂漠に不時着。ついで三八年、ニューヨーク—フェゴ島の長距離飛行に挑戦。ガテマラ空港で失速、瀕死《ひんし》の重傷を負う。『人間の大地』は、その療養、回復期に書かれた。

出典 『人間の大地』（『サン＝テグジュペリ著作集』第一巻　みすず書房）

49 コールドチェーンとひそやかな意志

森崎和江《もりさきかずえ》

戦後の高度経済成長がもたらした豊かで便利な生活を享受しながら、私たちは今、奇妙な欠落感にさいなまれている。どこか、私たちのあずかり知らないところで、私たちの全く関知しないプログラムが着々と進行しつつあるのではないか、という不安を抱く人も多い。人間の何が問われているのだろう。

加工された食品のよさは先にもふれたように、保存に堪えること、新鮮さを保てること、便利なこと、運送が可能だからいつでもどこでも手に入ること、大量生産すれば安くなること、だれでも調理ができてしかも味がさしてかわらぬこと、などである。

それを食品とすることに抵抗があるのは、加工の度に不必要な物質が加わって食品として安心できないこと。調味してない水産物や農産物や畜産物でも冷凍ものや乾燥ものは独特の匂《にお》い、あるいは舌

コールドチェーン cold chain　低温流通体系と訳される。生鮮食料品を冷凍、冷蔵、冷温の状態で生産者から消費者の手に送りとどける仕組みのこと。

先にもふれたように　筆者はおおむね次のように述べている。「日本は昭和四十年ごろから急激なコールドチェーンの整備が推し進められた。それに伴って、私たちの食事の中心は自然食品から調理加工された便利な乾燥食品や冷凍食品へと急速

ざわりがあること。それは都市の空気の臭気のようにもはや、やむをえない食べ物の匂いとなった。それらは添加する調味料や香辛料でごまかすことはできても、同じ加工を経た素材が重なると、厚化粧の女の皮膚の色のようににじみ出してきて、どの皿を食べても同じ後味を残す。そして、かつて「貧乏人は麦を食え。」といわれたように、今後は加工食品を食えということになり、自然食との差はビジネスホテルと迎賓館のちがいとなってくる。それは部分的な「自然」の手作りでは追っつかないのである。

が、まあそれは今までも続いていた食べることに関する階層的な意識で、まずいものを食べている人びとへの差別感は、自然食であれ加工食品であれ今も昔もかわらない。ただかつてのように生産者を想像することができた時代は、食べることにやさしさや倫理感がともなった。また、無用な殺生はするなと戒め合うような宗教的気分も共通していた。それは社会のなかでのばねになっていて、食べ物のおいしさの心理を共有していたのである。たとえば一個のトマトや一羽の鶏をもとに料理して食べるたのしさおいしさは、ばくぜんとひろがる生物共存の世界を、食べることの背後に感じとらせた。

に移り変わっていった。」

「貧乏人は麦を食え。」 一九五二年、吉田茂《よしだしげる》内閣のもとで通産大臣をつとめた池田勇人《いけだはやと》の、国会答弁でのことば。

迎賓館 主に外国からの賓客をもてなすために設けられた施設。ここでは高級宿泊施設ほどの意味。

調理加工した冷凍、あるいは乾燥食品は、生産者や生産地を想像させないばかりではない。可食部分だけを一定の規格に凝固し、氷の石としてことごとく同じ温度で私たちの五感に対応させる。頭と骨と尾をちょん切って数十匹打ち重なった魚塊。それを粉砕して野菜や肉の粉砕物とまぜ、前者と同じ大きさのブロックにした魚肉塊。湯を加えれば一流コックの味になるというコツコツの完成品もまたことごとく、その固有の表情をもたない。

唐突な引用だが、巷《ちまた》を歩くとしばしば泣き叫ぶ子供をみかける。そして無表情にその子を放置してひとりで行ってしまう母親や、理性の塊のようにかん高く合理性をふりまいて叱《しか》っている母親をみかける。その度になぜかスーパーの冷凍加工食品コーナーが、ぱあっと心にひろがって痛い。トマトが泣いているよ、と思う。巷で何事かを泣きわめいている子はトマトに近くて、心に抱いてしまう。食べること、わけても食べ物を直接、毎日毎日手にとる立場の女には、加工食品やそれをとりまいて保護している零度以下のエアカーテンはつらすぎる。それに平然と立ち向かい、合理性の氷塊でもって食べ物を心に描き、そして片方で、自然そのままの嬰児《えいじ》・幼児の超合

形而下　感覚によってとらえることのできる形のあるもの。物質的なもの。

形而上　感覚によってとらえることのできない、形をもっていないもの。精神的なもの。

ギオンごもりのごちそう　村の祇園《ぎおん》祭りの日、村人は家でつくったありったけの御馳走《ごちそう》と酒を持ち寄ってお宮に集まり、村中こぞっての宴を開く。そ

理的心身と拮抗《きっこう》する。そのバランスをどうとれというのだろう。無表情な母性がふえた。

　食べるということは形而下《けいじか》の世界である。そして人間の形而上界は、形而下の世界とふかく対応している。その対応なしに、ひとり形而上界が発展し創造性をふかめることはできない。食べること、異性と交わること、こうした形而下の行為は感性に直接にひびく。その関連をどう意識するかで、禁欲的哲学も生まれれば生命賛歌も生まれる。そして私たちアジア人は、その両者を生ませた母胎である大地や海洋を誇り、それを愛してきた民族である。その生産性が人間たちの生の永続と拮抗していることを、感覚的に認知してきた。私たちにとって食べるということは、その感性世界での遊びであった。だからこそ、ギオンごもりのごちそうが、村里の形而下と形而上とを細やかに結びつけていたのである。

　私は先に、コールドチェーンの発達によっていまようやく漁村の生活が安定し、ここでもハイカラな食べ物がよろこばれているのなら、彼らがとった冷凍魚でがまんする、といったが、それは漁村の人びとも私もそのよろこびがまやかしであることを知っての上での

れを「おこもり」といった。

私は先に、……　筆者はおおむね次のように述べている。「塩漬《しおづ》けや干し魚ぐらいしか獲《と》った魚の保存方法がなかった漁村の生活は、冷凍産業の発達によって一変した。漁師たちは腐ることを心配することなく、獲れた魚を冷凍産業に引き渡せばいい。そしてその日獲れた魚や貝のかわりに、ハンバーグだのピザだのというハイカラな食事をするようになった。」

ハイカラ　high collar 和製英語。たけの高い襟カラーのこと。転じて、趣向の新しさを好むこと。

出会いだからである。だれだって、といっていい。だれもが今は何かしら、ニセモノの役を演じている最中であることを知っているのだ。わけても子供たちは。子供たちにそんな生得の感性がない限り、たとえば学校給食などどなりたちはしない。

このような表現をすれば、文部省や日教組や現場の栄養士や調理の方々に叱られるかもしれない。いや、おそらく心中でうなずかれるに相違ない。学校給食というあの全日本的外食は、営利企業としての外食の主要な担い手でもある子供たちの味覚に、どうとらえられているかは、ここでふれるまでもない。それでも、やさしく子供たちは食べるのである。パンをほじくって、その穴ポコに豚汁の実をつっこんで丸のみする。そして土曜の夜にホテルで食事をねだる。あるいは国道沿いのラーメンをねだるのである。

「しょうがないよ、人生は何ものかへのおつきあいなのだからね。鼻をつまんで丸のみなさいよ。そして心のなかでチチンプイプイとおまじないをとなえるといいよ。そうすれば、まずいものは体の中に残らないよ。」

そうでもいわぬかぎり、大人が作ったルールに敬意を表しようと

私日教組　日本教職員組合の略。

している子供の心に報いることができない。そしてまた、ホンモノとニセモノをまっすぐにとらえる彼らの直観にこたえることができない。まずいもの、とはホンモノでないものの別名であって、いわゆる高級品の反対概念ではない。そしてホンモノとは、愛の破片にすぎない。かつて米も食べられない日々をすごしてきた日本の貧乏人は、いつもまずいものを食べていたわけではないのである。そして食べ物の愛とは、けっして母性の別名ではない。調理担当者だけの愛情でおいしい食べ物が生まれるはずではなく、もっと総合的なものなのである。

「だれもが今は何かしら、ニセモノの役を演じている」（三六六・1）例を本文中からまとめてみよう。また、その問題点もあわせて考えてみよう。

森崎和江（一九二七―）詩人、随筆家。日韓《にっかん》併合時代の朝鮮に生まれ育ったが敗戦で引き揚げる。この唐突で余儀ない故郷喪失がもたらした欠落感と、その探究が彼女の文学の原点となった。作品に『まっくら』『からゆきさん』、詩集に『さわやかな欠如』などがある。

出典『髪を洗う日』（大和《だいわ》書房）

50

複製技術の時代における芸術作品

W・ベンヤミン
高木《たかぎ》久雄《ひさお》・高原《たかはら》宏平《こうへい》訳

現代は大量生産された〝モノ〟の氾濫《はんらん》する時代だ。そっくり同じ品物が何万とバラまかれ、同じ味付けの食べ物が口に入る。こんな文明がもたらす芸術の変質を、その幕開きの時代に予言した文章がこれである。

どれほど精巧につくられた複製のばあいでも、それが「いま」「ここに」しかないという芸術作品特有の一回性は、完全に失われてしまっている。しかし、芸術作品が存在するかぎりまぬがれえない作品の歴史は、まさしくこの存在の場と結びついた一回性においてのみかたちづくられてきたのである。さらに、時のながれのなかで作品がこうむってきたその物質的構造の変化や所有関係の変遷をここで考慮しないわけにはいかない。物質的構造の変化のあとは、化学的ないし物理的分析（これは複製にたいしてはぜんぜん意味がない）によって、明らかにすることができる。所有関係の変遷のほうは、伝統の対象であり、伝統を追求するには、なによりもオリジナルの所在から出発しなければならない。

初期の写真　アッジェによるパリ風景（1910–11年）

「ほんもの」という概念は、オリジナルの「いま」「ここに」しかないという性格によってつくられる。ブロンズの錆《さび》を化学的に分析することは、それがほんものであるかどうかの鑑定に役だつし、同様に、ある特定の中世の写本が十五世紀の古文庫から出たものであるという鑑定書は、やはり真贋《しんがん》をきめるのに役だちうる。「ほんもの」の世界は、およそ技術的な――もちろん技術的なものにかぎらないが――

ブロンズ bronze 青銅。

アッジェ Eugène Atget（一八五七―一九二七） フランスの写真家。画家を志してパリに住むが果たせず、〈美術家のための記録〉という看板をかかげて、パリの風物を撮影する。初期のカメラは露光時間が長く、そのため彼の写真は十分に光を吸収することになった（上図の白い部分）。

複製をうけつけない。しかし、通常、贋作の烙印《らくいん》をおされる手工的複製にたいして完全に保たれる「ほんもの」としての権威も、相手が技術的複製となると、そうはいかなくなってしまう。これにはふたつの原因がある。まず技術的複製は、オリジナルにたいして、手工的複製のばあいよりも、あきらかにより高度の独立性をもっている。たとえば写真のばあい、人間の眼《め》ではとらえられない影像、焦点を自在にえらぶ調節可能のレンズだけがとらえうる影像を、あざやかにきわだてることができるし、また望遠鏡撮影や高速度撮影のような特殊な方法をつかって、自然の視覚ではどうしても見おとしてしまうような影像を定着することができる。これが第一の原因である。つぎに複製技術は、オリジナルの模造品をオリジナルそのものではとうてい考えられない状況のなかにおくこともできる。写真のかたちであれ、レコードのかたちであれ、オリジナルそのものを視聴者のほうに近づけることが可能となるのである。大伽藍《だいがらん》もそれが聳《そび》えている場所から移され、ひとりの芸術愛好家のアトリエで鑑賞される。会場や戸外で演奏された合唱も部屋のなかで聴取される。

　かりに複製技術が芸術作品のありかたに他の点でなんらかの影響を

与えないものであるとしても、「いま」「ここに」しかないという性格だけは、ここで完全に骨ぬきにされてしまうのである。このことは、しかも、単に芸術についてのみあてはまることがらではない。たとえば、映画のなかで観客の眼のまえをよぎってゆく風景についても、同様のことがいえるだろう。しかし、このプロセスは、とくに芸術作品のばあい、そのもっとも微妙な核心に触れるのである。自然のばあいは、それほどまで敏感ではない。これが、じつは芸術作品の真正性ということなのだ。ひとつの芸術作品が「ほんもの」であるということには、実質的な古さをはじめとして歴史的な証言力にいたるまで、作品の起源からひとびとに伝承しうる一切の意味がふくまれている。ところが歴史的な証言力は実質的な古さを基礎としており、したがって、実質的な古さが人間にとって無意味なものとなってしまう複製においては、ひとつの作品のもつ歴史的証言力などはぐらつかざるをえない。もちろんここでぐらつくのは、歴史的証言力だけであるとはいえ、それにつれて作品のもつ権威そのものがゆらぎはじめるのである。

ここで失われてゆくものをアウラという概念でとらえ、複製技術

プロセス process 手順。過程。

アウラ Aura（ドイツ語）物体から発する微妙なふんいき。もとはラテン語で「空気」の意。

のすすんだ時代のなかでほろびてゆくものは作品のもつアウラである、といいかえてもよい。このプロセスこそ、まさしく現代の特徴なのだ。このプロセスの重要性は、単なる芸術の分野をはるかにこえている。一般的にいいあらわせば、複製技術は、複製の対象を伝統の領域からひきはなしてしまうのである。複製技術は、これまでの一回かぎりの作品のかわりに、同一の作品を大量に出現させるし、こうしてつくられた複製品をそれぞれ特殊な状況のもとにある受け手のほうに近づけることによって、一種のアクチュアリティを生みだしている。このふたつのプロセスは、これまでに伝承されてきた芸術の性格そのものをはげしくゆさぶらずにはおかない。——これはあきらかに伝統の震撼《しんかん》であり、現代の危機と人間性の革新と表裏一体をなすものである。こんにちのはげしい大衆運動もこれと無縁ではない。大衆運動のもっとも強力な担い手である映画の社会的重要性は、それがもっとも現実的なかたちであらわれるばあいでも、いや、このばあいにはとくに、その破壊的なカタルシス作用をぬきにして考えることができない、文化遺産の伝統の完全な総決算である。この現象は、偉大な歴史的映画をみれば明白である。それは、

アクチュアリティ　actuality　現実性、現在性。
カタルシス　katharsis（ギリシア語）精神的なしこりが取り除かれ、浄化されること。
アベル・ガンス　Abel Gance（一八八九—一九八一）フランスの映画監督。映像芸術としての映画の偉大な創始者の一人。代表作に『ナポレオン』『椿姫《つばきひめ》』『楽聖ベートーヴェン』などがある。
シェークスピア　二五ページ脚注「シェイクスピア」の項参照。
レンブラント　二一六ページ脚注参照。

たえずひろがる広大な分野を自己の世界にまきこんでいく。一九二七年、アベル・ガンスは「シェークスピアもレンブラントもベートーヴェンも映画になるだろう。……すべての伝説、すべての神話、すべての英雄ものがたり、すべての宗祖、いや、すべての宗教が……光の芸術によるよみがえりを待ち望んでいるのだ。そして英雄たちは、すでに入り口に殺到している。」と熱狂的に叫んだ。このとき、ガンスは、おそらく自分ではそれと気づかず、全面的な総決算への呼びかけをおこなっていたのである。

ベートーヴェン Ludwig van Beethoven（一七七〇―一八二七）ドイツの作曲家。

「こんにちのはげしい大衆運動」（三七二・12）は、筆者の主張とどのような関連があるだろうか。

W・ベンヤミン Walter Benjamin（一八九二―一九四〇）ドイツの評論家。ボードレールやプルーストなどのフランス文学をドイツに翻訳紹介する仕事のかたわら旺盛《おうせい》な評論活動を繰り広げた。今日の知的前衛としての批評のあり方を先駆的に切り開いた存在であり、影響は現在に至るまで衰えていない。

▼もともとベンヤミンは哲学専攻で、フランクフルト大学に教員資格論文を提出したが、これが認められなかったため、翻訳と評論の活動に入った。「フランクフルト社会科学研究所」の所員として多くの哲学者らと交わり、「フランクフルト学派」と呼ばれる思想家集団を形成した。その活動の頂点のころ、亡命先のパリでナチス軍に追われ、スペインへ向かう途中、ピレネー

山中で密告の脅迫を受け、服毒自殺をした。

出典　『複製技術時代の芸術』（『ヴァルター・ベンヤミン著作集』第二巻　晶文社）

51

終末の言葉

安岡章太郎《やすおかしょうたろう》

滅びの道をゆく人類に「ノー」を唱える人があるとしたら、それはだれだろうか。

今世紀いっぱい地球は無事にもつだろうか、そんなことをこのごろ、かなり本気で思うようになった。

私はキリスト信者ではないから、世紀の変わり目に終末がやってくるといった御託宣とも無縁である。だいたいそんなものは、キリスト誕生後千年の大世紀末をひかえて、当時の坊さんたちが寄進あつめのために考えたことで、この世の終わりの大審判が下る前に教会に金を納めて罪をあがなえ、とすすめたものだそうだ。だから「そのころでも教養ある人士は、かかる理念には影響されなかった。」と、ものの本には書いてある。

しかし、紀元千年に終末がくるかどうか、そんなことは現実にその年がきてみるまで、だれにもわからなかったはずだ。たとえ坊さんは嘘《うそ》つきだとしても、嘘から出たマコトということもある。紀元千年という年が近づくにつれて、おそらくヨーロッパじゅうが、教養ある人士もそうでない人も、いっせいに心の底では脅《おび》え出したに違いない。それかあらぬか紀元千年を過ぎて三年ばかりたったころから、あちこちで古い教会の改築がはじまり、やがてヨーロッパ全土のいたる所に白い石造りの新しい寺院が建ったという。つまり、それほど当時の人びとは神の大審判の下される日を怖《おそ》れており、それが無事にすんでホッとして感謝を捧《ささ》げる心持ちになったわけだ。

チェルノブイリの原発事故による恐怖も、若干これに似たところがある。もちろん、原発の恐怖は坊さんの寄進あつめの御託宣と違って、実在する放射能という現物によってもたらされるものではあるけれども……。ただし、この放射能なるものは、特殊の専門家を除いて、私たち一般の者には眼《め》で見ることも鼻で嗅《か》ぎ別《わ》けることもできない。単に〇〇ピコ・キュリーとかいう記号を教えられるに過ぎない。その点、放射能は神の怒りに近く、専門的技士は坊さんに

チェルノブイリの原発事故　一九八六年四月二十六日、旧ソ連のキエフ市に近いチェルノブイリChernobyl原子力発電所で起きた大事故。即死者二人、放射線被曝《ひばく》による死者二十七人、長期的影響で五～十万人が健康障害を受ける可能性があるといわれていた。また、現場から半径三十キロ以

似ているのである。

その専門家の一人から私は、もし東海村《とうかい》でチェルノブイリのような事故が起きれば、被害の規模は遥《はる》かに大きく、東京は確実に死の都市になる、という話をきいた。すると、また別の専門家は、いやチェルノブイリのような事故は東海村では起こりっこない、わがくにの原発はソ連みたいにお粗末なものではない、というのである。

原発事故をおこしたチェルノブイリ発電所

私は、そのどちらの専門家の言うことも正しいと思う。東海村で事故が起きれば東京が住めない都になることは本当であろう。にもかかわらずその悲観的専門家を含めて、私たちが東京で毎日、「暑い暑い」といいながら暮らしているのは、やはり東海村ではチェルノブイリのようなことはまず起こるまい、とタカをくくっているからであろう。実際、そ

内の住民十三万人が避難させられ、同地域は無人地帯となった。わが国の原子力産業界は、事故が発生した直後、原因についての情報はないまま、タイプの違いを理由に「日本ではあり得ない事故」と強調した。

ピコ・キュリー pico-curie 放射線量の単位（「ピコ」は単位の名に冠して一兆分の一を示す。「キュリー」はキュリー夫妻の名にちなんだ放射線量の単位）。

東海村 茨城《いばらき》県那珂《なか》郡。一九六六年日本初の原子炉がすえられた。

写真 共同通信社提供。

うでなくとも私たちは日常茶飯に心配のタネが多過ぎるのである。メニエル病の持病のある私は、差し当たり目まいの発作が心配だ。こうやって原稿を書いていても、いつ天井や壁や机の上の原稿用紙がグルグル回り出しはしまいかと、ときどき目をつむったりコメカミを押さえたり、またビタミン剤を口にほうりこんだりする。そんなだから、東海村のことまで心配しているヒマはないわけだ。

そうはいっても、私が原発の事故を全く心配していないかといえば、そんなことはない。楽観的専門家のいうように、日本にある原発はソ連のものと違って事故は起こり難いかもしれない。しかし、たとえ事故の起きる確率は百万分の一しかないとしても、その百万分の一が、いつ起きるかはだれにもわからないし、起こった場合、計り知れない災害のもたらされることは決定的である。こんな危ないものを、どうして国中に何十カ所もつくっておくのか、という気がする。いや、専門家ではない私には、原発がなぜ危ないか、放射能がどんな具合に恐ろしいのか、はっきりしたことは何一つわからない。ただ私は、そういうことがチャンとわかっているはずの専門的科学者を、心の底では信用し兼ねているのである。

メニエル病　耳鳴り、めまい、難聴、嘔吐《おうと》などを発作的に起こす病気。フランスの医師メニエルMénièreが一八六一年にはじめて報告したのでこの名がある。

実際、科学者は、科学を進歩させることには熱心でも、それがもたらす災害については長い間、無関心であったようだ。寺田寅彦《てらだとらひこ》が大正六年に発表した「原子の構造に関する学説」という論文を見ると、すでにそのころから、原子の奥に粒子があってそれが放射性物質から放射されるということは、わかっていたらしい。

またその翌年に発表された「原子核に就いて」には、「(原子)核の内部構造は主として放射能現象のみに関係すると考えられる。」と述べてある。しかし、その放射能が人体や生物にどんな影響を与えるかについては、両論文とも一行も触れていない。大正六、七年のそのころでは、原子核というものがいくらか分かりかけた程度だから、放射能の害がわからなくても仕方がなかったかもしれない。

それからわずか三十年後の昭和二十年には原子爆弾ができ、広島と長崎に実際に投下された。これは驚くべき急速の発達といえるだろう。しかし、それからさらに四十年以上たったいま、放射能の害を食いとめることでは、まだ全然見込みが立っていない様子だ。これは何としたことか？　要するに、原子核というのはパンドラの箱であって、いったんこれを開けると人間の知恵ではどうすることも

寺田寅彦（一八七八—一九三五）物理学者。夏目漱石門下の随筆家としても知られる。

パンドラの箱　パンドラ Pandora はギリシア神話に出てくる地上最初の女の名。ゼウスが彼女に持たせて人間界へ降りさせた箱をパンドラの箱という。この中にあらゆる禍《わざわ》いが封じこめられていたが、彼女が開けたために不幸がこの世へとびだした。しかし、急いで蓋《ふた》をしたために希望だけが残ったという。

できないものなのだろうか。

チェルノブイリの事故のニュースで一つだけ感動したものがある。事故のあと、ソ連政府はチェルノブイリ周辺の住民に立ち退きを命じ、全員を遠くの安全地域に避難させた。ところがそれから一月もたって、事故地域のある農村で、七十五歳と八十四歳の老婆が二人、納屋に隠れているのが発見された。役人が、「おまえら、こんなところに隠れて何をしているんだ。」と、問いつめると、老婆たちはこもごも、「村のものは皆いなくなっちまった。わたしらでも残っていないと、置いてかれた羊や鶏の面倒を、いったいだれが見るだね。」と、こたえたというのである。老婆たちが立ち退きを拒んだ理由は、本当のところ何であったか、私は知らない。ただ、置き去りになった羊や鶏の面倒をだれが見るか、という一言に私は、何か震撼《しんかん》させられる想《おも》いがしたのである。

「老婆たち」の一言が私たちを「震撼させ」（三八〇・13）る力をもつのはなぜだろうか。

安岡章太郎（一九二〇―）小説家。大学在学中に軍隊へ召集され中国大陸にいる時、結核で入院、終戦を迎える。軍人のように大言壮語する者へ一歩距離を置く姿勢はこのころに養われたと思われる。重厚なものが主流の戦後文学の中で、ユーモアと日常的な文体によって独自の個性を際立たせている。作品に

『海辺《かいへん》の光景』『花祭《はなまつり》』、評論に『小説家の小説論』などがある。また文明批評的な文章も多い。

出典　『朝日新聞』一九八六年八月六日夕刊

▼ここに掲げたのは「終末の言葉」の全文である。

〔手帖11〕　生き方をみちびく力

1　言葉について

本書の読者は、日本語を話したり書いたりする人々の中に生まれ、「気がついたら私は日本語を話していた」という人が多いだろう。そのことは、あなたが普段日本語でものを考えており、もののとらえ方や考え方自体も日本語的になっていることを意味する。これは宿命的な事実である。人は自分がどのような言語を母語として持つかを選択することはできないのだから。

わかりやすい例をとって考えてみよう。日本語で「兄」または「弟」というところを英語ではbrotherという。日本語を母語とする私たちは、友達の兄弟（単数）を話題にするような場合、それが友達の「年上」か「年下」かを明らかにしないと、話題にすることさえできない。日本語には「あなたの兄弟さん」という言い方はない。どうしても「あなたの兄さん」か「弟さん」かを区別しなければならない。英語を母語とする人々がyour brotherと言ってすましている陰で、私たちはいつも神経質に「長幼の別」に気を配っているのだ。おおげさに言えば、私たちは生まれながらにしてそうしてきた。

逆に、私たちが女の人を呼ぶとき「○○さん」ですましているところを、英語を母語とする人々は常にMissかMrs.か、すなわち未婚者か既婚者かを識別してからでないとものが言えない（ヨーロッパの言語は多くそうなっているようだ）。

これらの事実は何を意味するのだろうか。日本語の社会は、兄弟について年齢の上下を重視する社会だ（った）と言うことができる。これはある意味で非常に疲れることだけれども、日本語の中だけで暮らすかぎり、自分たちがその区別に過敏になっているという事実を自覚することさえむつかしい。それほどまでに、これは私たちのもののとらえ方、考え方に浸透しているのだ。

同様に英語の社会は、女性について未婚・既婚の区別に過敏な社会であり、人々はそのようにして育ってきたと言うことができるだろう（英語では最近Miss Mrs.の区別をしないMs.という語が人為的に作られ、部分的に用いられはじめている）。

たった一つの例をとりあげただけでも、その奥にこんなに深い問題が隠れていることがわかる。私たちは、ある一つの思考のパターンに慣れている時には、自分の偏《かたよ》りに気づかない。本書の文例38「母語と母国語」で、「母語」という言い方が対置されることによってはじめて私たちは「母国語」という言葉の中に忍び込んでいる矛盾や偏見に気づかされたように。

身のまわりには同様のことが無数にある。差別用語なども、差別する側に立つ人は無意識に（悪意なく！）その言葉を使っていることが多い。一般化している思考のパターンに身をまかせているために自分の誤りが見えなくなっているのだ。

私たちは何を学べばいいのだろう。言葉を疑うことだ。とくにむつかしい議論をしなくてもよい。私たちが日々生きているということの、人間的な部分は、その多くを言葉に負っている。

コップを倒して膝《ひざ》を濡《ぬ》らしてしまったとき、「悲惨！」と言いながら立ち上がる自分の、その言葉を疑ってみることだ。オリンピック選手などのインタビューで「やるしかない」という言葉を耳にしたら、その裏では「結果は考えない」が潜んでおり、日常生活でこれを使うのはずいぶん乱暴なことだから、私は使わないと心に思う。これも言葉を疑うということだ。

言葉を疑うとは、その裏に隠れている思考のパターンを点検することだ。さらに、言葉を疑うとは、究極的に自分の言葉を疑うということだ。自分の感じていることや言いたいことが、その言葉で真に正確に表現できているか、それを問うことだ。

これは、あなたがほんとうの自分として生きるための力を身につけていくことでもある。

2 孤独について

批評は人を孤独にする。人々が疑問にも思わないことに違和感を抱き、人々と自分との違いを自覚するところから批評がはじまるとすれば、それも当然と言えるかもしれない。

たしかに、本書に収録されている五十一編の文章を見渡してみると、孤独の中から低い声で語る筆者たちの姿がほの見えてくる。批評とは、ものごとをありのままに見きわめようと努力することだ。その努力によって、自分もその中にとり込まれていた、人々の思考のパターンから自分を引き離すことである。

文例51「終末の言葉」で「置いてかれた羊や鶏の面倒をいったいだれが見るだね」と言った老婆はこの言葉によって、いわば全世界の人々から自分を引き離したのである。2「遺書」のバルトークもまた、あのように書き遺《のこ》したとき、ナチスとナチスを受け入れようとする世界の人々から自分を引き離したのである。その孤独の道を選びとるひとりの人間の姿が私たちに多大な衝撃を与える。

このように見てくると、批評とは多数者ではなく少数者の側にのみ成立する心のあり方だということがわかってくる。世の中で「常識」とか「大勢」とか呼ばれるもの、不問のうちに人々に承認されていること、これらはいわば多数者の側のものの見方なのだ。その中にいるかぎり、人は孤独を感じないで生きることができる。私たちは、ものごとをありのままに見ようとしたり、自分の感覚に執着するとき、すでに孤独の道へ一歩足を踏み出したと言ってもいい。

本書には、文例5「春と猫塚」、19「一匹の犬の死について」のように、ほとんど人間にゆるされた「知ること」の領域を超えそうな地点にまで踏み入ってしまった人の言葉も収められている。それらを読むと私たちは、人間の孤独を思い知らされながら、しかも、その孤独を言葉によって伝えてくる筆者に限りなく心が寄り添っていくのを覚える。言葉を持たなかったら、こんな悲しみを知らずに済んだのに、と呪《のろ》いながらも、私たちの心は筆者の孤独へ吸い寄せられてしまう。それはなぜだろうか。孤独の表明自体が人間の生の本質を教えてくれる温かさを蔵しているからだ。言葉とは個人のものである。しかし同時にみんなのものでもある。もうほとんどだれにも理解されることのない地点に立ってしまったことを言葉で表現することによって、これらの筆者はその立場をみんなのものにしようとしたのである。

ものごとをありのままに見きわめようとする努力は、人を孤独にする。だが、その孤独が言葉にされることによって人と人の心を結びつけるのだ。

ただし、言葉は人の心に届くのに、ある一定の時間を要する。それは、時には一秒であり、時には数年であったりする。バルトークの言葉は、七十年近くかかって、今、私たちの心に届いたのだ。

それに関連して、最後に、フランスの作家ジードとドイツの批評家クルティウスの間に生まれたエピソード*を紹介しておこう。ジードが亡くなったとき、クルティウスによって明かされた話である。

第二次世界大戦中、フランスとドイツは互いを敵として戦った。戦争が終わってまもなく、ドイツへ旅行したジードは旧知のクルティウスを訪ねた。戦争中のことを話したあと、ジードは、クルティウスの書架に古代ローマの詩人ウェルギリウスの詩集があるのを見つけてちょっと手に取らせてほしいと言った。クルティウスが自分の愛読書である詩集を手渡すと、ジードはページをめくっていたが、あるところで驚いた表情をして、「今、あなたに私の好きな一節を読んでいただこうと思って開いたら、あなたのご本にも同じ箇所にあなたの手でアンダーラインが引いてあります」と言った。

　ジードとクルティウスはそれぞれの国家の、憎しみをかりたて戦意をあおる宣伝の中で、孤独に耐えながら、同じ詩の同じ箇所に感動していたのである。

　このアルカディアの若人も
　戦を忌み嫌いたれど、かいなかりき、
　魚類豊かなるレルナ河のほとりに、
　その家業はなされおりぬ。
　その家は貧しかりき。
　貴顕の人々の門口は知らずして、
　父の借り受けし田地をば耕しおりぬ。
（渡辺《わたなべ》一夫《かずお》訳）

二千年前のウェルギリウスの言葉が、離ればなれの二人の人間の心に時を同じくして、届いていたのである。

＊このエピソードをわが国に紹介したのは渡辺一夫「一挿話」（『渡辺一夫著作集』第十一巻所収）である。

思索への扉

1　みどりのパントマイム

子安美知子

文中に「必要」ということばが何度か出てくるが、フミとスンヒルトでは「必要」と言ったときの内容が少し違うようだ。その違いを説明してみよう。

フミは「〝必要〟って音楽家になるために？」（一六・11）と問いかえしている。フミにとっては、ヴァイオリンをひいたり、コントラバスやピアノの練習をすることが〝必要〟と聞けば、それは「音楽家になるために」という目的と結びつけてしか考えられない。これは、私たち読者の立場を代弁しているといってもいい。私たちは一般に、学習とか練習とか努力ということを、何かの手段と考え、その先に、手段と直結する目的を設定する。そしてそうすることを合理的・能率的と考えがちである。すなわち、Aを実現するためにBが必要であり、Bを実現するためにCが必要であるとするならば、私たちは、Cから始めてBへ至り、次にAへ至ることを、できるだけ短期間に行うことを能率的であるとし、そのような計画に従って学習することを勤勉と呼んでいる。いや、そのように考えるようにしつけられてきたといった方が正確かもしれない。

それに対してスンヒルトはどうだろうか。スンヒルトは、ヴァイオリン、ハープ、リコーダー、チェロを現に習い、練習しており、さらにコントラバスとピアノも〝必要〟だと言う。しかし彼女は音楽家になることを目的としていない。彼女の「希望」は「パントマイム役者」になることだと言う。幾種類もの楽器をひくことがパントマイム役者に〝必要〟なのだろうか。楽器とパントマイムが、手段と目的として直接に結びつくとは考えにくい。パントマイムへの手段を考えるなら、むしろあとの方でスンヒルトが「ほんとは、演劇のレッスンも必要なのよ」（一七・4）と付け加えるように言っていることの方がわかりやすい。だが、スンヒルトは、この「希望」と直結する手段の方は第二にして、今は楽器を習うことを実行している。

スンヒルトにとっては、楽器を習う（ひく）ということの目的は別のところにあるのだ。逆説的な言い方をすれば、彼女は、楽器をひくということが当面の目的（パントマイム）と結びつかないからこそ、楽器を習っているのである。

「あら、ひとつの楽器だけなんて、そんなに幅のせまいことではだめよ」（二六・8）とスンヒルトは言う。ヴァイオリニストになるためにヴァイオリンだけを習う、そんな幅のせまいことではだめだ、と言うのである。

このことばから、彼女の考えていることが当然のなりゆきとして想像される。彼女は、自分が楽器を習う（ひく）のは、音楽家やパントマイム役者になるためではなく、それら当面の目的のかなたに、もっと大きな〝必要〟を感じているのである。強いてそれをことばで名づけるなら「生きる」ため、「楽しむ」ため、「好奇心」や「表現意欲」を満たすためということになるだろうか。

スンヒルトの考えている〝必要〟とは、目的と手段とを直結させた、せまい範囲の実利的なことではなく、もっと広く、「生きる」ことの豊かさを自分の人生で表現することを目ざしたことばだったのである。

▼この文章は中学生であるフミが、自分とは全く違ったことを考えている、しかもどこか共感を覚えるスンヒルトに出会った驚きにみちている。フミにとってのスンヒルトのように、自分の前に対置されている人間、自分の意識に対置されている考え、こういうものを「他者」と呼ぶ。他者とは必ずしも他人のことではない。また、人間を指すとは限らない。物でも事柄でも思想でもいい。自分に対して変革を迫ってくるもののことである。

私たちは「他者」に出会うとき、驚きや違和感を覚える。その時、本当に「私」を意識する。これが批評のはじまりである。

▼この文章はドイツのシュタイナー学校での生活の報告だから、読者にとっては遠い世界のことのように思われるかもしれないが、「他者」としてのスンヒルトは、実はあなたのすぐ近くにいるのかもしれない。他人の個性を〝変わり者〟として排斥してしまうのではなく、「私」の生き方に変革をもたらしてくれる「他者」として正当にとらえることのできる目を努力して獲得していってほしい。そのような知的努力も〈生き方の訓練〉の一つである。

1　私の流儀

2　遺書

B・バルトーク／羽仁協子訳

「希望する」（一九・4）にこめられた、筆者の批判精神を読み取ろう。

通りや広場などに人の名を冠する慣習は、日本では一般的でない。しかし、この「遺書」からもわかるように、欧米では通りや広場に高名な政治家や芸術家の名を冠してその人を顕彰する、長い歴史を持っている。例えばアメリカでは暗殺された大統領、ジョン・F・ケネディの名の付いた空港があり、またパリには文豪、ヴィクトル・ユゴーの名で呼ぶ通りがある。こうした例は幾らでも挙げることができる。だが、この慣習はまた、時の為政者によって政治的に利用されることも多い。文例中にある、オクトゴンがヒトラーと、ケレンドがムッソリーニと呼び変えられたことなどはその典型的な例である。それらは多くのブダペスト市民の感情とは無縁の、政治的意図によって名付けられたものだ。

ナチス・ドイツの東欧侵攻によって、ハンガリー国民は、政治的にも精神的にも激しい圧迫を受けた。国民の多くはファシズムの暴威に抗し切れなかった。そしてついには自分たちが愛してやまない広場に、ヒトラーやムッソリーニの名が冠せられても、それを拒否できないという屈辱的な事態に追い込まれていったのである。

けれどもバルトークは、大きく変わってゆく時流に呑《の》み込まれることを断固として拒否し、精神の自由を守る態度を貫こうとした。それがアメリカへの亡命という政治的手段の選択である。自国の民謡の精力的な収集・研究、その成果にもとづいたハンガリー音楽の確立に全力を注いできた、

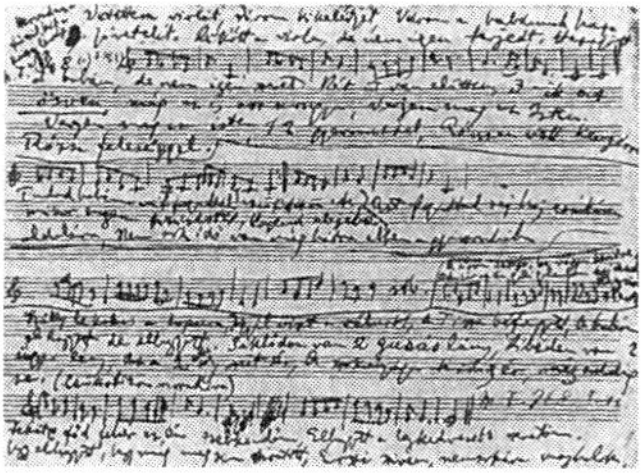
民謡を収集したノート

彼の音楽家としての半生を振り返ってみるまでもなく、バルトークは祖国を心から愛していた。祖国を捨てるのは耐え難い悲しみであったに違いない。ハンガリー国民としての最後の発言は「遺書」としてのこされた。

「遺書」とは決定されたことばである。また遺族に、その内容が尊重されることを要請することばである。すなわちバルトークはここで、まず個人として、反ファシズムの姿勢を明確に打ち出したのである。ファシズムへの拒否と抵抗は永遠に変更しないと表明したのである。次にバルトークは、一ハンガリー国民として祖国に残る同朋に呼びかけようとする。「遺書」は国民に、ファシズムに対する徹底抗戦を要請する悲劇的なメッセージなのである。

だがバルトークがどのような思いを込めたとしても、祖国を去るものの言である。空しさはバルトークが一番よく知っている。「希望する」ということばは屈折しているのである。祖国への愛情

を、祖国を捨てることでしか表し得なかった、やり場のない怒りを想像しよう。ファシズムとそれを受け入れる者への彼の怒りは激しく、また祖国と国民に寄せる愛情はなお深く傷ついたままなのである。

▼次に紹介するハンガリー文学研究者、徳永康元《とくながやすもと》の文章に描かれるのは、幾度も大国に蹂躙《じゅうりん》されてきたハンガリーの首都ブダペストの市民たちの姿である。彼らが、どんなふうに大国の暴力をやり過ごしているかについての興味深い報告となっている。

　今度ブダペストの街を歩いて一番とまどったのは、通りの名前がむやみに変《かわ》ってしまったことだ。もともとヨーロッパの都会の道路や広場の名前には個人名をつけることが多いので、その国の政情が変ったりすると、たちまち名前をつけ変えなければならないことになる。ブダペストの代表的な大通り、現在の「人民共和国通り」などは、そのいい例だ。この大通りは十九世紀以来、オーストリア・ハンガリー帝国時代の有名な政治家の名前をとって「アンドラーシ通り」とよばれていた。私がこの町にいたころは、ナチス・ドイツの全盛時代で、この大通りにある二つの広場の名が「ヒットラー広場」と「ムッソリーニ広場」になり、ナチスぎらいのブダペストっ子たちは、「独伊枢軸通り」などと悪口をいっていた。第二次世界大戦後、ハンガリーがソヴェートの勢力圏にはいると、この大通りは「スターリン通り」と改名したが、スターリンが批判されると、今度は個人名をつけるのをやめて、現在の「人民共和国通り」になった。

　こういうふうに、たびたび通りの名前が変るのは、地元の人にとってもずいぶんやっかいなことだろうが、タクシーに乗って、うっかり何代か以前の名前を言ってしまっても、年輩の運転手なら別に変な顔もしなかったところをみると、一般の庶民はこういう政治的な名前のつけ変えを無視しているのかもしれない。

　有名なドナウ河の橋の名前も、オーストリア皇帝の名をとった「フランツ＝ヨーゼフ橋」が「自由橋」になり、戦前の摂政の名前だった「ホルティ橋」が愛国詩人の名をとって「ペテーフィ橋」になっていた。だが、どういうわけか、「エルジェーベット橋（フランツ＝ヨーゼフの皇后の名）」や「マルギット橋（中世の国王の娘だった聖女の名）」はそのまま残っているので、私の友人にハンガリー人のフェミニストぶりをからかったら、エルジェーベット（エリーザベット）やマルギット（マルガレーテ）なら、労働者や農民の娘にもたくさんいるからさ、と軽く切り返されてしまった。

（『ブダペストの古本屋』より）

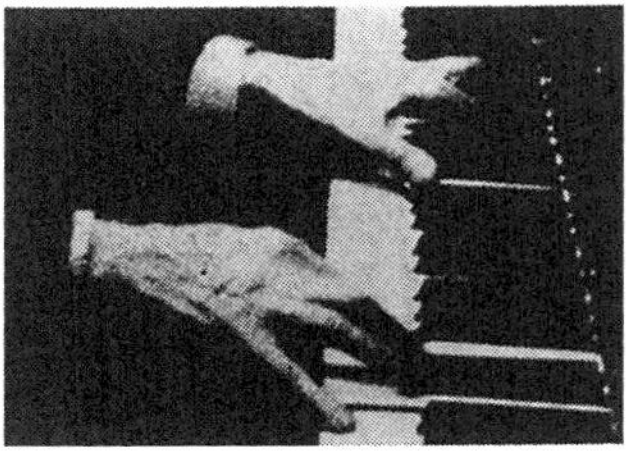

▼バルトークはその芸術創造において、その人生において、この上なく真摯《しんし》で倫理的な態度を貫き通した。彼の優れた作品の数々は、一切の無駄を排除した厳しい音の姿を私たちの前に立ち昇らせ、私たちは思わず襟を正さずにはおられなくなる。ここに、その生涯の数シーンを『写真と資料でみる　バルトークの生涯』（国際文化出版社）から紹介しよう。

三九一ページの写真は、バルトークが民謡収集で書きとめたノートの一ページ。こうして収集された民謡は、バルトークの創作活動に大きな刺激と啓示を与えた。

一九四四年、夏、ナチス・ドイツに占領されていたフランスに連合国軍が上陸して反撃を開始した。バルトークは亡命先のニューヨークでそのニュースに接し、前ページ下段上のスケッチを描いた。そえられている楽譜は、有名なクリスマス・キャロル「空から天使が降りてくる」の一節。

前ページ下段下の写真は、ピアノを弾くバルトークの手の最後の写真。彼の身体を冒していた白血病は、この時すでにかなり進行していた。

1 私の流儀

3　長い読書

中村真一郎

「その仕事は読者の愉しみに任せられたのである。」（二六・2）という「読者の愉しみ」とは何だろうか。

「この作品はこういうつもりで書いたから面白いよ」と、作者が説明したところで、読者が同じような興味を持つとは限らない。読者は全く別のところに関心を持ち、作者が意図した枠を自由に超えてゆく。さまざまな読まれ方をすることによって、重層的で、多義的な作品になり、完結することのない一つの謎《なぞ》に変容するのだ。そのような作業に参加してゆくことが、読むということである。作品を作者の手から離し、一つの作品に変えるのは、読者なのだ。それは、演奏者がいてはじめて音楽となる楽譜に似ている。文中に「クレッセンドに」（二三・14）、「明るいスケルツオーの雰囲気のある」（二四・3）というふうに音楽用語が配置されているのも、読者の愉しみが演奏者の愉しみと無縁でないことをほのめかしているかのようである。

さて、自由で、さまざまな読み方をすると一口に言ってみても、わたしたちにはどのような読み方ができるのであろうか。そう考えると、はたと行き詰まってしまう。そこで、その手がかりになるようなものを本文の中で探ってみよう。

一つの例として、「輪読会」が挙げられている。同じ作品を複数の眼《め》で読むのだ。「テキストを一行ずつ時間をかけて正確に読む」(二二・12)のである。また、外国の作品の場合は、少々困難を伴うが、英訳、独訳、仏訳などとの比較対照をすることもできる。古典と現代語という組み合わせもできる。一人では得られない奥行きのある読書が居ながらにしてできる。それが「輪読会」なのだ。その他にも、筆者は「輪読会」を通じて多くの友人と出会い、忘れがたい風景や土地を、読書体験に刻みつけることができた。その愉しみも、また捨てがたいものである。

もう一つは、ある作品を既存の作品のパロディーとして読むことである。文章を書くことは、多かれ少なかれそれまでに読んだ文章の模倣であると言えるのではないだろうか。「自分にとっては文体とは先人のパロディーにほかならない」(二三・7)とトーマス・マンは言い切っているのだ。だから、作品を読むことは、何のパロディーであるかを捜し出すことでもある。大小説家の書いた章句に、今までだれも気付かなかったパロディーを見つけ出すことは、この上もない読書の喜びであろう。「その小説の短い章句を嘗《な》めるようにして味わいながら読む」(同・9)とは、その秘密めいた喜びに浸ることにほかならないのだ。そういう目で読めば本文に挙げられた多くの作家や作品から、筆者が何を原本として変奏しようとしているのか、パロディーの種明かしというべきものをうかがい知ることもできるのである。

4 私は教育経験三十年

1 私の流儀

宮城まり子

「ダメな子なんか一人もいない。」（三一・4）と言い切った時の筆者の気持ちを考えよう。

「ダメな子なんか一人もいない」という言葉が直接向けられているのは、七歳の男の子にである。「手と足に障害を持つ感受性の強い」（二九・11）子が、跡形もなく書き変えられてしまった作文を見て落胆する。「ぼくは作文もダメなんだねえ。ダメな子なのね」（三一・2）と。これは子どもにとって大きな危機である。それを見てとった筆者は間髪を入れずくじけてしまった男の子を励ます。

だがこの言葉は、同時に形式ばかりにとらわれて安易に朱を入れた先生にも向かう。手と足に障害をもち、言語にも障害の伴う男の子が、弱った蛙に自分の姿を映してみた精一杯の表現を、この先生は教育の名のもとに一方的に切り刻んでしまった。あるいは先生は単に文法上の間違いを直したに過ぎないかも知れない。だが、そうされることによって、ひとりの人間がここまで追い込まれてしまう事実があり、しかも先生は自分が追い込んでいることに気づかない。筆者は、どのような美名のもとであろうとひとりの人間に対するこのような無関心と無理解を許せないのだ。すなわち、「ダメな子なんか一人もいない」という言葉は筆者の激しい抗議なのである。

抗議は「お願い」（三一・4）となって、控え目に、けれども率直に先生に訴えられる。訴えられる内容は筆者の人間観、教育観そのものである。「この子」は「横に長い楕円《だえん》形のような形をした子」（三一・2）だから、先生にも「こういう楕円形になって」教育してほしいと筆者はいう。

人間はひとりひとり違う生き方、考え方をもっている。だから、まん丸なものというより、むしろそれぞれわずかずつ違う、別個の楕円形と考えた方がいい。それを安易に自分のよしとする尺度（丸い形）だけでいじくりまわしたり、あるいは社会の望む理想形（丸い形）に創《つく》り上げようとしたりすることは無理がありはしないか。もっといえば、人間についての無理解に由来する誤りなのではないかと、率直に問いかけているのだ。

また、先生にも楕円形になってほしいという指摘も鋭い。私たちは自分でも気づかぬうちに、自分を「丸い形」だと思い込みがちだ。まして、この先生の場合のように、三十年もの間教える側に立っていると、いつか自分を「丸い形」の典型と思い込んでしまう。そして「丸い形」以外は、すべていびつな形として矯正すべき対象と見てしまうようになる。私たちは常に自己批判の目を曇らせてはならないだろう。筆者のことばを敷衍《ふえん》して言えば、丸い形の人間なんか一人もいないのだ。だれだって皆、多少いびつな「楕円形」なのである。

筆者の人間観、教育観の根幹にあるのは、正確な人間の把握なのである。安易な幻想はない。そして、「丸い形」幻想をまき散らしたり、また幻想にしがみついたりする多くの人々に、静かな反省を促している。

▼この文例の「手と足に障害をもつ感受性の強い男の子」とは「としみつ」君である。筆者との間に交わされた手紙や絵や作文が編集され、『としみつ』と題されて、講談社文庫から出版されている（三四の絵参照）。

1 私の流儀

5 春と猫塚

良知 力

なぜぺぺは「元のまま」（四四・16）なのだろうか。

文中の「不可逆的な時の流れにあえて逆らう」（四三・6）という叙述が本文全体のテーマを示唆《しさ》していることに気づいた人にとっては容易な問いだろう。

余命いくばくもないことを自覚した筆者は、いわば「未来」を奪われた人間であって、そういう彼にとって過去とか現在の区別はもはや存在する意味をなさなくなっている。生きている〝いま〟だけがすべてであり、残された時間の尽きるのを手をこまねいて待つよりも、むしろ時の流れに「あえて逆らう」思考と生活をすることを筆者は意志的に選んだのである。それは具体的には、研究生活に没頭して、死を考えまいとすることである。

しかし、死に至る時の流れに逆らうこと、すなわち「死」を考えまいとする姿勢は、筆者以上に夫人にとってより痛切な意思であるようだ。この場合、夫人がペペの死後の二カ月半の時間の存在を激しく拒絶するのは、うっかり「死」を認めた発言をしてしまった筆者に対する激励であり、それ以上に抗議の意志表示なのである。夫人にとって、ペペと夫の死は、自らの生活の一部の死なのだ。夫が一人だけ「死」の中に閉じ込もってしまうことを、彼女は許せないのである。死が当事者の個人の問題ではなく、夫婦や家族共同体の問題であることを、夫人の発言は訴えているともいえるだろう。

死を認めず、しかもなおかつ死から逃れない（逃れられない）彼らの状況を象徴するのが「ペペ」の話題である。「ペペ」のことを話すとき「死」がいつもその背後にある。しかし「ペペ」を変わりなく生きているもののごとく話し続けることで、彼らは「不可逆的な時の流れ」の無慈悲さと闘うのである。

▼「不可逆的な時の流れにあえて逆らう」筆者の努力は、本文の叙述の時間的配列が、わざと入り組んだ構成になっている点にもうかがうことができる。すなわち擬人化されたペペが現れたあと、ペペが死んだ場面、それからペペが我が家へやってきてからのいきさつ、というふうに説明の順序が時間をさかのぼるように配列されている。その叙述の間に、筆者の病気の発見と死の自覚に至る経過がはさまっていて、読者はそれらを読んでい

ると、叙述が現在のことなのか過去の回想なのかという秩序を見失っていくような仕組みになっている。過去から現在に至り、そして未来の死につながっていくという「時の流れ」に「あえて逆らうという絶望的な構え」（四三・6）が、叙述全体によって体現された記述なのである。もちろんそれは、技巧的な配慮からではなく、死と直面した筆者のやむにやまれぬ生への愛惜がもたらした形式といわなければならない。

2 境界に立つ

6　ヘンリ・ライクロフトの私記

G・ギッシング／平井正穂訳

番号で呼ばれることが、なぜ「機械の一部になってしま」（五四・11）うことになるのだろうか。自分が呼ばれる場合を実例にして考えてみよう。

まず、自分が番号で呼ばれる場合をふり返ってみよう。呼ばれる側からすれば、自分が番号で呼ばれなければならない必然性はほとんどない。番号は、いつも呼ぶ側の都合で用いられていることがわかる。番号は大量の対象（人間）をいちいち点検する場合に好都合なのだ。

番号で呼ぶということは、個を全体の中の位置で呼ぶことだ。たとえば、四十人のクラスがあって、「七番」が加藤君、「八番」が河野君だとする。この時、呼ぶ側からすると、「加藤君」「河野君」はいったん「生徒」というものに還元されて、「七番の生徒」「八番の生徒」となっているのである。「加藤」「河野」という固有名詞が消えて「生徒」という普通名詞になっているのだ。その証拠に、たとえば出席点呼に際して加藤君と河野君が入れ替わったとしても、呼ぶ側はほとんど気づかないだろう。「七番」「八番」が共に出席しておれば、それでよいからだ。番号で呼ぶ時、呼ぶ側にもはや「加藤君」「河野君」の顔（個性）は見えていないのだ。

（これに反して、ある一人の教師が加藤君の学習や進路に関して相談に応じる場合を考えてみよう。この場合、教師は決して「七番」と話したりはしないだろう。）

このように、番号で呼ばれることは、個性を抹消されることだ。固有名詞によって代表される〝顔〟をのっぺらぼうの普通名詞に還元されて全体の秩序の中に位置づけられることだ。呼ぶ側にしてみれば、重要なのはあくまで全体なのだ。加藤君がいるかいないかではなくて、四十人がそろっているかいないかが重要なのだ。そろっていないことが判明した時、はじめて「七番」が問題にされるのだ。

番号で呼ぶ側は、意識するとしないとにかかわらず、いつも〝全体〟と〝秩序〟（順序）を前提としている。番号が生きるためには「加藤」が抹消されたように、全体が生きるためには個性の抑止が要求される。全体を「機械」にたとえるならば、その中にくみ込まれたのっぺらぼうの個は「部品」と呼んでもいい。

こうして、「私はもはや人間ではなかった。機械の一部になってしまっていた」（五四・11）という表現が生まれてくる。

▼ギッシングは文中で、「七番」と呼ばれ「左、右！　左、右！」と号令で動かされることを屈辱と思わず、かえってそれを「張り切ってやる仲間がいた」（五四・13）ことに対して驚きを表明しながら、一方では、「個性の喪失は私には全くの恥辱と思えた」（同・7）と述べて、このような教練が「私」に「肉体的」のみならず「精神的な害」（五五・9）を与えたことをふり返っている。

本当の意味で「精神的な害」を受けていたのは、教練に適応できなかった「私」の心だったのだろうか。それとも、屈辱とも思わずに受け入れ、「張り切って」「機械の一部」になっていた「仲間」たちの心だったのだろうか。

これは現代の私たちにも考えさせられる問題である。

▼ギッシングの『ヘンリ・ライクロフトの私記』は、ここに掲げたような社会的な問題を主として扱った書物ではない。むしろ、そういった社会の喧騒《けんそう》から逃れた、自然の中での静かな散歩と思索の時間へのあこがれを語る文学である。以下にそんなことをうかがわせる一節を紹介しておこう。このような精神の持ち主が「徴兵制度」について述べているところに私たちは深い陰影を読みとることができる。

毎朝目を覚ますたびに、私はあたりの静けさに対して神に感謝する。この感謝こそ私の朝の祈りなのだ。騒音や叫喚の声によって眠りが破られ、やっとわれに返って最初に感じることは周囲の生活に対する憎悪の念であった。あのロンドン時代のことを思いだす。木材や金属の騒音、車のガタガタいう音、器物のどたんばたんいう音、鐘のガランガランという音、――すべてこういう音は嫌なものだが、もっと嫌なものは姦《かしま》しい人声である。なにがいらだたしいといっても、馬鹿騒ぎの叫喚ほどいらだたしいものはなく、畜生じみた怒声ほど腹立たしいものはない。できることなら、人間の発する声の類は二度と聞きたくないと思うくらいだ。もちろん、親しい少数の人の声は別であるが。

ここでは早かろうとおそかろうとなん時に目が覚めようとも、私は祝福された静寂のさ中にじっと横たわったままでいることができる。ときとして、馬の蹄《ひづめ》が路上にリズミカルな音を響かせることもあるし、犬が近くの農場でほえることもある。またエクス河の対岸から、かすかなゆったりした汽車の音が聞こえてくることもある。しかし、こういう音だけが、私の耳にいや応なしに響いてくる唯一の音なのだ。日中はどんな時刻でも人の声はきくことは稀である。

しかし、朝風に吹かれて木の枝がさらさら

鳴ることもある。窓に当たる、日照り雨が快い響をたてることもある。ときには小鳥の朝の歌も聞こえてくる。最近なん度も、床の中で眠られぬままに横になっていると、早起きのヒバリの最初のさえずりをきいた。眠られぬ夜もなかなかよいものだと、そのため思ったりするのである。こういうとき、私の心を暗くする唯一のものは、人間の世界の無意味な騒音の中で、よくも長い生涯を無駄に費《つい》やしたものだという、後悔の念である。年々歳々、この土地は昔から今のこのような静けさを味わってきたことだろう。現に私が与えられたものより、も少しの幸運、もう少しの知恵さえ与えられていたのだったら、私はわが壮年時代を心静かにおくることができたであろうし、晩年になって、すぎし平穏無事な生活の長い回想にふけることもできたであろう。ところが事実は、私はこの静けさを多少の物悲しさをもって味わっているのである。この諧《かい》

調音《ちょうおん》にみちた静寂こそ、万人を包もうとしているあのより深い静寂の序曲にすぎないことを知っているからだ。

2 境界に立つ

7 ああ西洋、人情うすき紙風船

岸　恵子

「日本人っていうのは……」（五九・11）と言われたこの食卓に、もしあなたが同席したとしたら、あなたはどのような態度をとるだろうか。

おおざっぱに分けて、三つの態度が考えられるだろう。

(1)　「ムスメ」「友人」に同調して、イルカを殺した漁民を非難する。

(2)　漁民の立場を説明し、「ムスメ」「友人」に反論する（理解を求める）。

(3)　右のどちらの立場もとることができず、筆者とともに口をつぐむ。

このうち、(1)はいわゆる「動物愛護」から「自然保護」にいたる運動の出発点となる重要な観点を含んでいる。動物が可愛《かわい》いという感情から発しているだけに、直接の利害とは離れた発言であり、それだけに説得力もある。けれどもこれは往々にして〝すすんでる欧米人〟の立場から〝遅れてる日本人〟を批判するという図式化に陥りがちである。いわば〝西欧中心主義〟であり、これを日本人自身がやったりすると「文化国家ニッポンの恥」（六二・1）などということになり、無邪気というか、鼻もちならぬ議論となることが多い。

(2)の立場はどうだろうか。まず、風俗習慣や文化の違いを論ずることになるだろう。素朴な議論としては、たとえば、欧米人だって牛や七面鳥を殺して食べるじゃないか、牛は聖なる動物として決して殺したりしないヒンドゥー教徒からはどう見えるかご存じか、インドは牛の保有頭数では世界一なのに牛肉の生産高では十位にも入らないのだよ、そのインドの人々がフランス人やアメリカ人を「野蛮だ」と非難したことがあるだろうか……等々。そしてイルカはギリシア神話以来、西欧人には特別な動物とされているかもしれないが、日本人にはそんな文化はない、あの漁民たちも生活がかかっているから殺したのであって……云々《うんぬん》。

だがこの議論は、相手のエゴイズムを糾弾しながらも自分のエゴイズムは押し通そうとしているかの印象を与えて、どうもすっきりしない。ともすれば水掛け論に終わりがちである。その上、背後に経済的な利害が控えているので、客観的な、〝正しい〟結論は出そうにない。

(3)は筆者のとった態度だ。ただし、本文を読んでいくと、「文化国家ニッポンの恥」とか「漁民がしかけた網にかかってこれから曳《ひ》きあげるばかりになっている大量のサバやハマチを、横からスイッと出て来て掠奪《りゃくだつ》する」（六一・6）とか「二百海里問題で、窮地に追い込まれている漁民を責めるのは見当はずれだ」(同・12)とかの言葉が散見できるように、内面で(1)の位置、(2)の位置に一度は自分を置いてみた上で(3)の態度をとっていることがわかる(特に(2)の位置からは少々反論さえ試みている)。

なぜ沈黙を守るのだろうか。「やたらと切ない思いがした」(同・2)、「深い、ふかーい溜息《ためいき》をつかざるを得ない」(六二・3)こんな言葉に筆者の心の端があらわれている。

筆者は異文化を肉親として日々、目の前にしている。「わがムスメ」は筆者の前に肉親であると同時に異文化を代表する人格として存在している。肉親であっても、いや、肉親であるがゆえに、そこにひろがっている「深い断絶」(六三・13)は、軽々しく越えたり埋めあわせたりできるものではないことが、はっきり見えてくるのである。異文化を肉親として身近に持つことで筆者には両方の隔たりが見えてしまう。「西洋のひとたち」と「日本人」との間のこの「深い断絶」は、「理由《わけ》知り顔に、国際結婚だとか、比較文明論だとか、いとも軽々しく言う」(同・11)ことによって克服されるようなものではないことを、筆者は知ってしまったのだ。

だから(1)や(2)の立場に立って、相手を批判しつつ、〝国際理解〟だの〝話せばわかる〟などと言っておられる人ほど、筆者は無邪気にも楽天的にもなれないのだ。日常生活の中に突如としてひろがる「深い断絶」を見つめる人の、心の苦悩・孤独、および軽々しい弁解を自らに禁じるプライドが、沈黙という態度を選ばせたのである。

▼なお、標題からもわかるように、この文章の筆者の目は、動物愛護よりもむしろ動物溺愛《できあい》のうちに潜む西洋人の人間不信、人情不在にこそ注がれている。そこには「背中がぞおッと寒くなる」(同・10)ほどの孤独な人間の風景が見えている。

だが、同じ『巴里《パリ》の空はあかね雲』の中には次のような一節もある。

「ご家族ですか」遠慮がちな私の質問に、七十歳近い老女は意外に力づよい声で応《こた》えてくれた。

「九十一歳になる私の父ですよ。誰《だれ》ひとり身寄りもないのに、ああしてたった一人、重たいカバンを下げて帰ってゆくんですよ」

「東側の方が棲《す》みいいのでしょうか」

「ちがいますよ」

「ではなぜですか、こちらにはあなたというご自分の娘さんがいるのに」

　老女は不思議な生き物をみるような眼《め》で私をみた。

「それはねあなた、父の棲家《すみか》が壁の向《む》うにあるからですよ。東だろうと西だろうと、父の棲家はあそこなんですよ。母の墓のある壁の向うのあそこなんです。父は死んだ母と同じ墓に入りたいと言っているンですよ」

　私はことばが出なくなった。胸に突きあげてくる熱いかたまりをのみ込みながら、壁の向うの棲家へ帰って行く、カバンを下げて振り向かない老人のうしろ姿を見送っていた。

（「壁の向うの棲《す》み家」より）


「壁」とは東西ベルリンの間に横たわる境界のことである。「老女」はなぜ「不思議な生き物をみるような眼で私をみた」のだろうか。この一言に、自分の中の〝日本人〟を一瞬突き放して他人のように眺める筆者の批評の目が光っている。

　ヨーロッパの人々の「孤独」の裏には、「人間は究極において一人で生きるものだ」という並々ならぬ心が潜んでいる。これは、肉親を頼り、寄りそい、「孤独」をまぎらせて生きようとすることの多い日本人には、なかなか理解できないことだ。筆者はここを見すえているのである。

2 境界に立つ

8 満月の海の丸い豚

藤原新也

「いつも流し目で見てい」（六六・11）たり、「いつも目を濁らせ、感受性を鈍くしておく」（六七・2）のはなぜだろうか。

写真家とは、何をおいても美しいもの、真なるものを追い求め、鋭い感受性をさらに磨き、どこまでも研ぎ澄まされた目で瞬間を切り取る、いわば美の狩人なのだと私たちは思っている。だから、一流の写真家である筆者が「いつも流し目で見ている」とか、「いつも目を濁らせ、感受性を鈍くしておく」などという言葉に接すると、つまずくような気になる。それればかりではない。筆者はまた「美景」を見ると、「宿病を背負った」（六六・5）といい、「不遇のシミがついた」（六七・5）といい、「悪夢を見てしまった」（同・10）という。私たちが美しい風景を見て感動し、「歓声を上げたり目をうるませたり」（六六・10）するのとはおよそかけ離れた反応の仕方である。いったい筆者の真意はどこにあるのだろう。筆者は逆説をもてあそぶ美文家なのだろうか。あるいは読者を煙に巻いているのだろうか。そうかも知れない。だが、そんなふうにでも表現しなければ言い表せないことが、またそんなふうにでも生きてゆかなければたどり着けないところが、筆者にはあるのではないだろうか。

写真家ならば美しい（きれいなという意味だけではなく）ものを見たいという欲望は、いわば業《ごう》のようなものだろう。だが、美しいものとは何だろう。例えば「標高四千メートルのチベットの、これ以上青くしようがない真っ青な空」（六六・13）を美しいものと断定することにだれも異論はあるまい。写真家である以前に、人間としても幸福な経験といえよう。だがそれを見て以来、「いかなる土地に行っても空が濁って見える」（同・14）というのは、違いがわかるようになったなどというような楽天的なことではないだろう。「見る」ことを宿命づけられた写真家にとってみれば、それは致命的なことなのではないだろうか。

東京にもニューヨークにも空はあり、青さにおいてはチベットの空と同列に論ずることはできないにしても、それぞれに独自の美しいものを秘めているはずだ。にもかかわらず、それらを「濁った」空としてしりぞける心理がわずかでも働くとすれば、それはすでに写真家の感受性に、ある固定化された先入観が入り込んでしまったということだ。そうなれば写真家はそれぞれが独自にもっている美しいものを「見る」ことができなくなる。だから、一見逆説をもてあそんでいるように見える筆者の言葉も「見る」ことを宿命づけられた写真家としての彼が、幾度もの失敗や回り道を経てようやくたどりついた平凡な真理に違いない。

写真家はいつも美しいもの、真なるものを追い続ける。そしていついかなるところにおいてもそれを「見る」ことができるように、自分の「眼球」を常に先入観なしの、いわばレンズそのものと化していなければならない。「流し目で見」、「目を濁らせ」、「感受性を鈍くしてお」くことも、先入観に支配されやすい私たちの目＝意識の先行を厳しく抑制するために、筆者のつかんだギリギリの方法なのだ。それは冷酷なまでの自己批評に裏付けられた、醒《さ》めた意識である。

2 境界に立つ

9 貧困の現代化

I・イリッチ／大久保直幹訳

「市場的な価値に換算できない満足」（七二・9）で、いま君の周辺に残されているものを考えてみよう。


やさしくいえば「お金で買えないもの」です。青春ドラマのセリフみたいに「愛はお金じゃ買えない！」などと答えたい人も多いでしょう。そのパターンでどんどん例を出してみましょう。

試しにぼくが出してみると、「平和。学問。家族。親友。思い出」。……歳をとると金で買えるものばかりに目が行って、ジュンスイな考えが頭に上って来にくくなる。ぼくはやっとこんなものだが、あなたはどれくらい出せましたか。

さて、筆者のイリッチの指摘するのは、人が金の亡者になっているということなんじゃなくて、金でモノが販売されるシステムや、人を管理するシステムが、人間の生活をどんどん支配していった結果、本来の素朴な姿での生活のよろこびや工夫が、かえって「貧しさ」や「後進性」として差別される世の中になっているということだ。つまり無意識のうちに、個人が望むと望まざるとにかかわらず、社会全体が「市場的な価値」に組み入れられることを強いられるということなのだ。

そういう点から考えてみると、なるほど「愛」や「平和」は、お店には売っていないし、注文したって手に入らない代物《しろもの》ではある。しかし、金で買えるものや、商売として成り立っているものによって、その存続や有無が左右されるということは十分考えられるのである。

たとえばあなたの好きなあの人は、タレントのだれそれに似ている。どこやらのブティックのTシャツを着ている。ディスコでの踊りがナンバーワンだ。あなたたちは遊園地で、映画館で、あるいは喫茶店でデートする。あるいは誕生日に、なんとかデイにプレゼントを買い与え合う。……さて、あなたの「愛」は「市場的な価値」から自由で豊かといいきれるだろうか。デートしても金がなく、ロクな服も持っていず、テレビも見ていない人間に対して、もしもあなたがそんな人間は退屈で貧乏臭《くさ》くてマッピラだと考えるとすれば、あなたの「愛」はイリッチ流にいえば、みごとに現代化された貧困な「愛」なのだ。いや、そもそも「愛」なんていう言葉の使い方じたいが、どこかのロマンス小説やテレビドラマによって左右されているとはいえないだろうか。

「健康」は、病院や薬局やスポーツクラブの存在なしに保証されず、「学問」は学校や塾や本屋や、環境の整った勉強部屋なしには成り立たない。「平和」もまた武器商人と結び付いた政治家に操《あやつ》られているありさまである。

もちろん「愛」も「健康」も、それ自体の価値がなくなったというのではない。ただ、第三世界のインディアンの部落においてすら、すさまじい勢いで人間の生活を市場化していこうとする今日の文明が、まさに文明国の先端である日本でどれほど深く浸透してしまったかを、われわれは決して自覚しないで過ごすことは許されないのである。無意識のうちに忍び寄り、われわれをがんじがらめにしている文明の〝毒〟をいかにして自覚的に回避するか、あるいはいかにして〝薬〟として手なずけるかが、イリッチのいう「貧困」からの脱出の道なのである。

▼文明の毒と、第三世界との対立は、文例33「インドへの旅」でもテーマとなっている。参照してみよう。

10 サラリーマン訓

花田清輝

君が社長だとして、このようなオソルベキ新入社員に対抗しうる「社訓」を作ってみよう。

一、人間、礼儀が第一である。いわゆる**礼に始まり礼に終わる**、ということだ。

我が社は社門を潜るときに、まず門に一礼し、次いで屋上に翻る社旗に一礼、そののち国旗にも一礼する。この**三つの礼**を欠かさずやっておるかどうかを、私は毎朝社長室の窓から双眼鏡で点検する。さらに皇居の方角へ向かって一礼し、さらに故郷に向かって一礼するということも考えておる。東京が故郷だという者は、二度礼をすればよい。つまり全員が五回礼をし終わるのを、私は毎朝点検するわけだ。そうなれば午前中の仕事はそれだけにかかりきりとなるだろう。もちろん帰りはそれを逆にやらなければならない。
二、心頭滅却すれば火もまた涼し、という名言がある。精神を集中すればどんな辛《つら》い仕事にも耐えられるということだ。精神を集中するには静かなのに限る。よって我が社では、すべての廊下は「音なしの廊下」とする。静けさや岩にしみいる蟬《せみ》の声。私語はむろん足音も立ててはならない。
三、身なりは心を表す。いわゆる心技一体、表裏一体のことだ。病は気から。要するに服装を正しくせよということだ。正しい服装とは、髪を短く、ネクタイを締め、目立たぬスーツを着るということである。とにかく目立つ色と恰好《かっこう》は一切許さない。月に一度は勤務点検と称して、服装、頭髪の検査をする。できれば体形も同じくらいが望ましいので我が社の入社試験には体格基準がある。中肉中背、丸顔、身長は正確には一六〇センチから一七三センチまでとなっている。上限だけちょっと細かいが、これには理由がある。私が一七四センチだからだ。
四、エジソンがいった。「天才の九十九%は努力である」と。いや、ガリレオだったか。どっちでもよい。つまりは根性が大事だということだ。なせばなる、なさねばならぬ何事も。梅にうぐいすホーホケキョ。いわゆる艱難《かんなん》なんじを玉にす、だ。我が社は社員を甘やかさない。クーラーもストーブもない。冬の寒さも何のその。上半身裸で乾布摩擦《まさつ》をして仕事に励む。正月には滝に打たれたあとでカキ氷を食べて仕事始めをする。夏は暑い。暑いに決まっている。水を飲むから汗が出る。だから夏は水道を止める。いわゆる鉄は熱いうちに打て、ということだ。
五、最近、入社してくる者が少ないのは困ったことである。個性と創意あふれる若者を我が社は待ち望んでいる。

お断り　これはある高等学校の校則をもとに作成しました。

11 ゴルディウスの結び目

E・ケストナー／高橋健二訳

「歴史家は数千年来強い人たちには弱いのです」（八六・14）という筆者は、私たちにどのような反省を促しているか。

歴史の教科書をひもといて書かれている人物をひろってみると、その多くが時代の征服者であったり、また強大な権力を手にした者であったり、なるほどケストナーのいう「強い人たち」が居並んでいることに、私たちは改めて気づく。そういう歴史を読んでいれば、歴史を作るのは図抜けた能力や個性をもった限られた人間なのだと考えるようになるだろう。歴史の真実についても同じだ。書かれているのは時代の大きな節目、転換点であり、当然その多くは権力抗争であり、それに由来する激しい闘争であり、避け難い戦争である。私たちは知らず知らずのうちに、歴史家によって認定された巨大な暴力行為を受け入れるようになる。そうして私たちはいつか戦争の熱狂に身を任せたり、戦争の勇ましさを崇拝したりすることに慣れてしまう。「そんなことをするもんじゃないよ、アレックス！　ひもはいつだって役に立つよ！」（八五・6）とケストナーの母親が言っても無駄である。ひとつひとつの時代が「どんなに解きがたく」さまざまな要因によって「からんでいるか」（八七・3）は、自分たちの責任ではないし、きっとすごいヒーローが現れて一瞬のうちに解決してくれるものなのだから。

だがこうした非理性的で無責任な思考法が引き起こした悲劇は決して少なくない。人間性を圧殺する独裁国家を成立せしめた、大きな要因がこの思考法であった。また、幾度かの大戦争も、前述のような歴史書によって育てられた、好戦的な人々の存在を抜きにしては起こり得なかった。

人間のこのような悲劇をできるだけ回避するた

めに、私たちは次の二点を忘れないようにしよう。

第一は、歴史家によって整理され陳列された史実を鵜呑《うの》みしないことである。歴史家は時に、時代の権力体制を擁護し、理論的に支える役割を担わされることがある。そういう圧力や干渉から自由であることは思いのほか困難であって、むしろ進んでその役割を担う歴史家が、時代の価値基準に従って史実を選択、構成することが多いのだ。そして往々にして史実が歪《ゆが》められたり、極端な場合は史実そのものが抹消されることすらある。だから歴史家によって書かれた内容を私たちは絶えず検証しなければならない。ましてそれが好戦的な記述に終始するようなものであれば、きっぱりとノーを言う勇気も必要である。

第二は、「数千年来強い人たちには弱い」のは歴史家たちだけではなく、私たちも同じだということである。どんなにそらぞらしい文句でも、時代の権力や体制によって声高に語られると、私たちはそれに惑わされることが多い。自分で判断する資料が手許《てもと》にない時、あるいは発言の勇気を持ち得ない時、私たちは声高に語る者に抗し切れない。だが抗し切れないということは免罪符にならない。起こったことに対し、また行われなかったことに対し、私たちひとりひとりに共同責任がある。あいつが全部悪いのでもなく、ヒーローが出なかったせいでもないのだ。私たちはひとりひとりが歴史の主体であり、その歴史に責任を持たなければならない。

この二点を私たちはめいめい心に深くとめて忘れないようにしよう。

3 拒絶の勇気

12 不健康のままで生きさせてよ

森　毅

「『標準』的な模範に単一化する」（九一・3）例について考えてみよう。

食パン二切れ、ナイロンの袋に入ったソフトめん、一人分用にパック詰めになったジャム、チョコレート、マヨネーズ、練り梅、海苔《のり》の佃煮《つくだに》等々の食事が机上に並ぶ。これらを一斉に食べるのが給食の時間である。食パンを一枚しか食べられない子供もいる。必ず海苔の佃煮を残す子供もいる。どうしても食べることができなくて、帰宅時刻になっても泣きながら食卓についている園児の話をよく聞かされる。そんな「風景のなかで、あまり苦しまずに生きられるというのが、人間の風景と思うのだ」(九三・17)。

「標準」的な食事を「標準」的な量だけ与えるのが、給食である。栄養士によって標準摂取カロリーが計算され、同じ味付けをされた食事が、すべての児童・生徒に同じ量与えられる。一定の量を決められた時間内に食べる子供が「健康」である。食べ残したり、時間内に食べられない子供は、どこか身体の調子が悪く、「不健康」なのだ。「健康」であることを示すには、平らげねばならない。味覚に与える影響も見過ごせないのではないだろうか。同じ味付け、「標準」的な味付けを好む子供が大量生産されてゆく。その結果、食堂や家庭にまでも給食の味付けが幅をきかせるようになる。他所《よそ》の家に招かれて御馳走《ごちそう》になる楽しみがなくなってしまう、などと心配するのは杞憂《きゆう》であろうか。

こんどご結婚されるお二人でございますか。おめでとうございます。当ホテルのマネジャーでございます。当ホテルで式をあげられる方には、すばらしい特典を用意致しておりますので、安心してお任せ願いたいと存じます。一生に一度、人生の素晴《すば》しい思い出として後々まで心に残る披露宴を企画させていただいております。まず、式の方ですが、これは、わざわざお伊勢《いせ》さままで足をお運びにならなくても、当ホテル内に伊勢神宮をお祭りしてございます。結婚式場長生殿で厳粛にとりおこなわれます。ええ、皆様に喜ばれております。それから披露宴でございますが、お料理には梅・竹・松とございますが、その上に高砂《たかさご》というのがございます。一生に一度のことでございますので、ほとんどの方が、高砂になさいます。今では高砂が標準になっております。お値段ですか。お一人様三万円でございます。五十名様ご出席ですので、百五十万ですね。いいえ、税金・サービス料は別になっております。はい。次に新婦のご衣裳《いしょう》でございますが、当ホテルでは洋装から和装まで品揃《しなぞろ》えは豊富ですから、きっとご満足いただけると思っております。新婦のお色直しは三回が標準ですから〈打掛《うちかけ》・白無垢《しろむく》、振袖《ふりそで》、ウェディングドレス〉のセット〈みやび〉はいかがでございましょう。全部新作で、鬘《かつら》などの小物も含めてセット料金九十万でございます。いえいえ、そんなことはございません。今は新郎の方もなされますよ。お色直しは二回、これが新郎の標準でございます。〈紋付き・羽織・袴、タキシード〉ではい、十万円でございます。ええ、そうでございます。着付け料金は、新郎新婦とも含まれておりませんので、よろしくお願い致します。挙式の後とお色直しの記念に写真を撮られますね。新婦さんだけのと、お二人ご一緒のですね。そうですね。十ポーズぐらいが標準でございますでしょうか。一ポーズ二万円のところ、当ホテル専属契約の写真屋ですので、一万五千円の特別割引料金になります。非常にお得になっております。それから、新婚旅行も極めてお値打ちになっております。標準セットツアー、お二人様一週間ハワイコースでございます……。

本日はご予約いただきまして誠にありがとうございました。当ホテルといたしまして、お二人のご結婚を心よりお祝い申しあげます。式の費用、披露宴の費用、その他すべて合計いたしまして、五百万円きっちりでございます。当ホテルを御利用いただきまして、ほんとうにありがとうございました。今後ともよろしくお引き立てのほどよろしくお願い申し上げます。

はっ、何でございましょうか。何かご不審な点でも。えっ、**標準的**な結婚生活について教えてほしいと言われるんですか。ちょっと困りましたね。何とお答えしていいのやら。子供は二人がいいか、三人がいいかって、おっしゃるんですか。**模範**がほしいといわれるんですね。しかし、そこまではネエー、弱りましたネエー。そればかりは、当ホテルでも準備いたしておりませんので、御希望にはおこたえできません。もしかしたら、数年先には**模範**をお示しできるようになるかもしれません。再度御利用の際は御用意いたしますので、またのお越しをお待ちしております。

▼他にも身近な例、標準体重・標準身長など、また、中学・高校などの標準服についても考えてみよう。前者は身体に関する、後者は身体と感性に関する「標準」的な模範に単一化する例といえるだろう。

13

独裁者の結びの演説

C・チャップリン／中野好夫訳

映画の演技のなかで、ゆっくりと低い声で語られている部分を、文章を読んで推測してみよう。

映画を実際に見ればわかることだが、正解は冒頭の第一段落と、最終段落である。

こんな設問はフェアーじゃないと思われるかもしれないが、実はその部分は他の部分、すなわちオクターブの高い演説調の部分と、文章上ではっきりとした違いを持つのである。

まず第一段落の主語は「わたし」である。第二段落からは「わたしたち」になる。語りかける相手も「みなさん」になり、やたら「！」が目につくようになる。

さて最終段落では、語りかける相手は主人公の恋人「ハナ」である。そして主語は「ぼく」になる。

この違いは何かというと、「わたし」「ぼく」の部分は、いわばプライベートな個人の言葉であり、他は高い壇上から聴衆に向かって呼びかけようとする弁者・論客の演じる言葉なのである。そして、この演説が「独裁者」を模しながら（じっさい映画でのチャップリンはヒトラーの姿と、彼の神がかり的な熱弁をたくみに模写している）、しかも決定的に「独裁者」の精神を拒む意志を体現しているのは、この個人の言葉があるからにほかならない。独裁は個人を抹殺する。「わたし」や「ぼく」によって語られる一人一人の人間らしい疑問や意見や動揺は、独裁者にとっていつも目障りな邪魔者である。逆にいえば、個人の立場で「わたし」や「ぼく」を語り続けることが、独裁を阻む最も簡単な抵抗の方法であるということにもなるだろう。

仮に本文からもしこの冒頭と最後の段落が失われたら、どう印象は異なるだろうか。

主人公の訴える論旨は不変である。しかし、その訴えは「わたしたち」は「……せねばならない！」という、演説くさい調子に始終することになり、さほど読む者の心を打たないのではないだろうか。つまりどんなに論旨明解に独裁軍国主義を批判していたとしても、「わたし」と「ぼく」の言葉が置かれているほどには、真の反独裁の言葉とはなりえないのである。

▼「独裁」について考えるというだけではなく、右の問題は何事かを人に訴えたり、論じたりしようとする際の重要なアドバイスを提供してくれる。いっていることはもっともな内容なのに、読む者の心を少しも打たない、いわば理屈だけの空疎な論述というのがある。いちがいにいえないが、そうした論述が陥っていがちなのは、論者自身が論理の流れに没入していて〝自分〟を忘れてしまっている場合である。声高に、あるいは雄弁に何事かを「……せねばならない」と主張することよりも、「わたし」や「ぼく」の心の奥の真実に冷静

に目を向けることの方が、ずっとむつかしい。だからこそ、ありのままの人間性の表現は、立派な理屈よりも普遍的で、人の心を揺り動かすのである。

4 喩の世界

14 良識派

安部公房

筆者が良識派に「　」をつけたのはなぜだろう。

例えば「君の良識を疑う」と言われた場合、あるいは「君たちの良識に訴えたい」と語りかけられた場合、良識とは節度をわきまえた健全な判断力を意味している。また、健全な判断力を常に保持することができ、それに従って行動する人を良識ある人物、良識派と呼びならわしている。つまり、良識派はひとかどの人格をもつ者として社会に受け入れられており、その言動にはおのずから侵し難い権威すら付け加わっている。となれば良識派と呼ばれる人の、一見もっともらしい良識的なことばは、厳しくその内容を検証されることなく、人々の間に漠然とした規制力を発揮し始める。まして皆が考えあぐね、だれも決定的な方針を打ち出せず、緊張が張りつめるばかりの状態ならなおさらのことだ。人々は何はともあれ差し当たっての出口を求めているものだから（この文例ではオリへの入口なのだが）。

さて、安部公房はこの文例で「良識派」をどう描いただろう。

どこに出口があるのかわからぬまま、動きのとれなくなったニワトリたちに向かって「良識派」は言った。「人間があれほどいうのだから、一応は受け入れてみよう、もし工合がわるければ話し合いで改めていけばよい」（一一〇・2）と。いかにももっともらしいことばであるが、果たして状況の的確な分析に裏付けられた、正しい認識があるのだろうか。つまり何か決定的なことを言っているのだろうか。ニワトリたちをオリに追い込んだという決定的な事実はこれに由来するが、ことばは実は何も語っていないのだ。状況の分析や認識どころの話ではない。思考の片鱗《へんりん》すらない。彼ら「良識派」はただ周囲の息苦しい緊張に耐えられなかっただけである。「どうも話がうますぎる」（一〇九・11）と首をかしげた「一羽のニワトリ」ほどの直観力も、また、疑問を提起するだけの思考能力もないようにみえる。にもかかわらず、「一羽のニワトリ」の言が葬られ、彼らの言が受け入れられたのは、発言の内容を検討してみた結果、それがより妥当であったからではない。ニワトリたちの集団を支配していたのは漠然とした不安であった。状況の正確な分析ができないまま、ことさらに事をあら立てることを恐れる心理であった。そうした集団の雰囲気に、「良識派」の貧しい思考が最も受け入れやすかったに過ぎないのである。

　思考の片鱗すらなく、ただ事なかれの判断だけに聡《さと》い「良識派」の流す害毒の話は、もちろんニワトリの世界の話ではない。そして無批判に「良識派」の言を受け入れる多くのニワトリの愚かさも、ニワトリの世界だけに見られる現象ではない。だれもが当然のこととして、疑いもなく受け入れてしまっている既成の権威や、制度や、ことばなどには、よく吟味してみるとずいぶん怪《あや》しげなものがある。筆者はそのことをこの寓話《ぐうわ》で語っている。良識派に「　」をつけたのは、まさにその怪しげなものの一例だからである。

4　喩の世界

15　隠喩としての病

S・ソンタグ／富山太住夫訳

たとえば破格の出世をした人間を「シンデレラ」にたとえる表現がある。その場合、どのような思想がその比喩《ひゆ》に隠されているだろうか。

　ご存じのとおり（知ってるんだろうな）シンデ

レラは意地悪な姉たちから女中のようにコキ使われていたが、魔法の力で王子と出会い、恋におちて、最後はみごとお妃《きさき》に収まる。

これは最低の地位の者が一転して最高の地位へ上るというストーリーの原型である。女性が身分高い男性と結婚して上流階級の女性に成り上がることを「玉の輿《こし》に乗る」という我が国の言い回しもあるが、シンデレラは女性ばかりでなく「シンデレラ・ボーイ」などと男性にも隠喩《いんゆ》として用いられる。

シンデレラのようになりたいということは、何者かから引き上げられて脚光を浴びる日が来るのを夢みるということである。その夢とひきかえに人は、人間の価値が上下関係に支配されていること、身分や地位や名誉の差が人間の世界に存在することを、当然の世界観として認めてしまうことになる。

世界は名もなくだれからも認められない大多数の人間たちの上に、ひとにぎりの選ばれた幸運な人間が君臨している。そして下層の人間が上層に受け入れられるには、努力や才能以上に、魔法のような幸運に助けられなければならない。——こういうピラミッド的な世界観は、本来ならば不合理で不平等な体系であるのだが、「シンデレラ」のストーリーは、自分がその少数者になれればよいという利己的な夢へ、人々の不満や疑問を吸収してしまうのである。

こういう世界観は、いったいだれにとって都合がよいであろうか。「シンデレラ」が隠喩として広まることで、人々から尊敬や羨望をいっそう向けられるのはだれであろうか。もちろんそれは、ピラミッドの頂上から人々を操作し、見下している少数の人間である。こうして「シンデレラ」の隠喩は用いる人の意図を超えて、ピラミッド型の社会の存続をより強固にしていく加担者となる。

▼何気なく人が使いなれている言い方や言い回しに注目してみると、表面的な意味の下に、そういう表現を使うことで招き寄せているもう一つの潜

在的な意味が浮かび上がってくる。「癌《がん》」や「シンデレラ」の二つの例だけでも、思いがけない世界観が読み取れた。無意識のうちにそれは言葉の背後にくっついて人を感化し、支配しているのである。言葉の使い方や表現の様式に、表現者の属する世界観が読み取れるという視点で見ていくと、あらゆる言葉や様式は、何らかの世界観を背後に蔵した比喩（隠喩）として解読することが可能になってくる。そして知らず知らず捉《とら》われていた隠喩の世界観を自力で解体することができる。

　ソンタグは刺戟《しげき》的な第一評論集『反解釈』において、芸術作品を、表面的な「意味」を解釈するのではなく、むしろ「様式」を解読し、言葉の断片の一つ一つを生々しく体験することによってこそ真に味わうことができると論じ、次のように書いている。

> 解釈とは世界に対する知性の復讐《ふくしゅう》である。解釈するとは対象を貧困化させること、世界を萎縮《いしゅく》させることである。そしてその目的は、さまざまな「意味」によって成り立つ影の世界を打ちたてることだ。
>
> （『反解釈』高橋康也《たかはしやすなり》訳　一九六四年）
>
> 結局〈様式〉が芸術なのである。そして芸術とは様式化され、非人間的になった表現のさまざまな形にすぎない。
>
> （「様式《スタイル》について」出淵博《いずぶちひろし》訳　一九六五年）

　このような発想の延長に、芸術表現の自由をむしばむさまざまな様式の典型を「隠喩」として読み取っていくソンタグ独自の視点が確立されていく。SF映画の典型のパターンから現代人の科学信仰の構造を探り出す「惨劇のイマジネーション」（一九六五年）や、映画や写真における肉体美や制服（軍服）とファシズムとの関連を考察した「ファシズムの魅力」（一九七四年）などの仕事の末に、いわば到達した集大成としてこの『隠喩としての病《やま》い』は書かれたといってもよい。

ソンタグは実際に自身が癌を病んだ直後にこれを書いたという。彼女の方法や「隠喩としての○○」というタイトルは多くのエピゴーネン（亜流の模倣者）を生んでもいるが、自分の癌体験を情緒的に作品化してしまうことなく、重い思想的な課題として取り組んだその知性の強靭《きょうじん》さは、彼女ならではのものである。

16 ユーモラスな現代

辻まこと

標題の「ユーモラスな」にこめられた批評精神について考えよう。

何よりもまず、「ユーモラスな」という語によってもたらされる、ある種のリラックスした雰囲気に注目したい。「現代」……などと聞くと私たちはすぐ深刻にかまえてしまう。その言葉に「ユーモラスな」と付けたところがすでに批評精神の発揮である。

この作者は、「現代」の〝問題点〟とか〝矛盾〟とかを真正面からとりあげて、論理的にその構造を解き明かし読者を説得するという深刻な姿勢をとっていない。そういう方法は往々にして人間の精神を硬直化し、対象を一面的にしか示してくれないことがあるからだ。そういうせっかちな思考法をやめて、おかしいところでは笑いながら、まあ、ゆっくり考えてみましょうや、と作者は読者に呼びかけている。それが「ユーモラスな」にこめられた精神だ。余裕の中で、対象との間に距離を置いてみて、硬直した一途《いちず》な論理が見落としてしまうことも見てやろうという柔軟な精神と言いかえてもいい。

▼私たち人間は自分のことは正確には見えないことが多い。この作品は、縄文《じょうもん》時代の人間が二十世紀の人間を眺めるように、視点を現代とは別の位

置におくことによって、現代と現代人を突き放して眺めることを可能にしている。私たちが進歩だ、文明だと思って大まじめにやっていることが、外から見たら何とこっけいに見えることか。進歩なのか退歩なのかさえわからない。そういうことに読者は気づかされる。

さらにこの作品は、単純には見透かせない奥行きを持っている。特に三行目の「街道をはずれると化け物に食われる」は多様な解釈の可能性を残している。この一行は読者にまかされていると言ってもいい。

もっと大胆に考えれば、この作品全体を一種の比喩《ひゆ》として、現代文明批判とはやや趣の異なるものとして解釈することができるかもしれない。たとえば、これを「会社や役所で出世しようとしているサラリーマン」の悲喜劇を描いたものとして眺めてみたらどうだろうか。そうすると、「前進する」も「街道をはずれる」も「椅子《いす》」も全く新しい意味を帯びてくることに気づくだろう。

そういう意味で、これはじっくりと眺めていると底知れぬ奥行きと意味の広がりを蔵している作品ということができる。

▼辻まことのしたたかな批評の目は、外へも内へも、他人へも自分へも向けられていた。油絵の個展の案内状に彼は「効能」として次のように書いた。

> ○画面は動かない。だからチカチカしない。
> ○大声で叫んだり物音はたてない。心臓のわるい人が見てもだいじょうぶ。
> ○烈《はげ》しい色彩や有毒顔料は使っていない。眼《め》をいためるおそれはない。
> ○商品と関係ないから、欲望を興奮させない。
> ○だからつまらない……とおもう人はこないから静かだ。

17 一握の大理石の砂

中井正一

筆者が「三千年の歴史」（一二二・14）と「三十万年の歴史」（同・9）の二つの尺度を用意しなければならなかったのはなぜだろうか。

「三千年の歴史」という時、私たちは一般にヒストリー（history）と呼ばれる、文献による歴史を思い浮べる。歴史といえばほとんどこの時代を意味しているといってもいい。世界史の教科書をひもとくまでもなく、そこで目立つのは戦争とか抑圧とか虐殺とか、まさに人類の愚行としか名づけようのない行為の反復である。どうしても、そこへ私たちの目は行ってしまいがちになる。

それに対して「人類の三十万年の歴史」という時、そこに見えてくるのは、ネアンデルタール人などと呼ばれる旧人からホモ・サピエンスが現れてくる、進化の道すじである。いわば、地球上の生物の歴史の中に位置づけられた〝猿から人間へ〟の飛躍的な発展である。

「三千年」と「三十万年」という数字は、対句的に用いられていて、科学的には疑問の余地があるかもしれないが、この二つの尺度を人類の歴史にあてはめてみることによって「人類の愚劣」（一二〇・17）に奪われがちになる私たちの目が、「人類はすばらしい存在なのである」（一二二・11）という大前提に注がれることになる。「愚劣」であっても、いやその「愚劣」をも含んで、この宇宙で人類はすばらしい存在なのである。

この事実に気づくことが、人間の「第二の誕生」（一二〇・17）だと筆者は言っている。「人類の愚劣」に驚嘆しながら、辛うじて人類のすばらしさを見失わない節度、精神の力、それが二つの尺度を用意することによって得られることを筆者は示している。

▼この文章は一九五〇年に発表されている。筆者

紹介の欄でも触れたように中井正一は戦争中、京都で真下信一《ましたしんいち》、新村猛《しんむらたけし》らと『世界文化』という同人誌を発行するなど、知識人としての良心を示そうとしたが、逮捕され牢獄《ろうごく》生活を送った。その後、一九四五年に戦争が終わるまでの、治安維持法下にあって沈黙を強いられた内面の苦脳は、この文章にもまだ癒えることなく痕《あと》をとどめている。

「人類全体が、今、愚劣なのではあるまいか」（一二〇・15）

「そして、今、この愚劣なものよりほかに、人類がなかったとしたならば……」（一二一・2）

とは、その沈黙と孤独の中で中井がくり返しくり返しつぶやいた自衛の言葉ではなかったか。それは「一つの寂しい認識」（一二〇・14）ではあったが、それでも官憲に監視されながら心の内に「パルテノン」を思いつづける行為と同じように、ともすれば絶望にのみ込まれようとする精神にとっては一つの生きる力となり得たのである。

「私は、ある時期に、人類が全部愚劣であっても、それで人類の尊厳が汚されきったとは考えない」（一二一・7）

「人類が全部」とはあまりにおおざっぱで主観的であるけれども（ここに戦後五年たっても癒えきらぬ中井自身の傷口が噴出した観がある）、この言葉にはある一人の人間が歴史の「ある時期」を身をもって体験したことによって得た、生きのびるためのぎりぎりの認識がこめられている。

「我慢づよくなければならない」（一二二・15）

「自分によくいいきかせて」（同・16）

「よく、さらに自分にいい聞かせなくては」（一二三・2）

これらの言葉はだれに向けて言われているのだろうか。形式的には、もちろん読者に向けてであろう。だが、本当は著者自身が生きるためにくり返し自分に向かって言いきかせてきた言葉だったのではなかろうか。

そんなふうに考えてくると、読者はこんな短い文章からも歴史が一個人の精神にしるした足跡を読みとることができる、と言えるのである。

4 喩の世界

18 中国の近代と日本の近代

竹内 好

(a)「自分がドレイであるという自覚を抱いてドレイであること」(一二八・11)と(b)「ドレイは、自分がドレイであるという意識を拒むものだ。かれは自分がドレイでないと思うときに真のドレイである」(一三〇・14)との間の違いを考えてみよう。

まず(a)(b)二つの命題の違いを形式の上から理解するために、文中の「ドレイ」を「無知」に置き換えてみよう。

(a)「自分が無知であるという自覚を抱いて無知であること」

(b)「無知は、自分が無知であるという意識を拒むものだ。かれは自分が無知でないと思うときに真の無知である」

一般に(b)から(a)へ移ることを比喩《ひゆ》的に「目覚《めざ》め」と言う。(a)の状態も(b)の状態も客観的な現実（ドレイ・無知）は違わないのに、(b)から(a)へ移ることを経験した当人にとっては大きな違いがある。それは意識の違いである。(b)の状態にいる時には、主観的には〝幸福〟であったのに(a)へ移ったとたん、それは〝不幸〟な状態として意識されてくる。制度とか文化の中での自分の位置が見えてくるのである。

さて、文中の「ドレイ」の意味を考えよう。これは古代ギリシア・ローマや近代アメリカの奴隷制度の中の「ドレイ」とは違った意味で用いられている。そのことは、「極言すれば魯迅自身」が「具体的なドレイ」(一二六・17)であるという表現からもわかる。魯迅の時代の中国には奴隷に近い生活を強いられる人々はあったが、少なくとも魯迅自身は地主の家に生まれている。制度上では決して「奴隷」ではなかった。だからこの場合

「ドレイ」という語は比喩として用いられていることがわかる。

魯迅にとって「ドレイ」とは何であったか。人間が人間を支配する。支配される人間が、さらにその下の人間を支配する。支配する人間も、さらにその上の人間に支配される。この、〝支配し、支配される〟関係が無限に続いている。この関係の中の人間を魯迅は「ドレイ」と呼ぶ。

本文中に「ドレイとドレイの主人はおなじものだ」（二三一・1）とか、「主人となって一切の他人をドレイにするものは、主人をもてば自分がドレイに甘んずる」（同・2）とあるのは、この〝支配し、支配される〟関係を言いあらわした言葉である。

(a)の「自分がドレイであるという自覚を抱いてドレイであること」とは、この〝支配し、支配される〟関係の中に自分があることを認識することである。「かれは自己であることを拒否し、同時に自己以外のものであることを拒否する。それが魯迅においてある」（二二八・15）とは、「自分がドレイであることを拒否しながら、しかもドレイ以外のもの（主人）になることも拒否する」という意味である。主人になるとは、新たなドレイになることにすぎないということを魯迅は知っていたというのである。

だから魯迅にあっては「絶望」（二二八・17）があった、「絶望の行動化」としての「抵抗」（二二九・1）があったと筆者は言うのである。

(b)の「ドレイは、自分がドレイであるという意識を拒むものだ。かれは自分がドレイでないと思うときに真のドレイである」とは、〝支配し、支配される〟関係が見えないことをいう。「ドレイは、かれみずからがドレイの主人になったときに十全のドレイ性を発揮する」（二三〇・15）。自分が支配する人間は見えても、自分を支配する人間は見えない。これが「主人」の意味だ。「ドレイがドレイの主人になることは、ドレイの解放ではない。しかしドレイの主観においては、それが解放である」(一三一・4)。

しかし、この〝解放〟は「幻想」(一三〇・7)である。ヨーロッパに遅れをとった日本の近代化はこの「幻想」の道をたどった、というのが筆者の論旨である。

「日本は、近代への転回点において、ヨーロッパにたいして決定的な劣勢意識をもった」(一三二・7)。そこで「解放の幻想」を追いはじめたために「抵抗」を放棄した。だから「抵抗を放棄しなかった他の東洋諸国が、後退的に見える」(一三二・9)と筆者が指摘する言葉に耳が痛い思いを抱く人は、自分が「ドレイ」であることを認めはじめた人だといえるかもしれない。

▼あなたは魯迅の『狂人日記』という短編小説を読んだことがあるだろうか。人間の〝支配し、支配される〟関係を〝人間が人間を食い、人間に食われる〟という幻想に置き換えた恐ろしい作品である。しかしこの作品の真の恐ろしさは、遠い中国の昔の話とも思えない、私たちにも思いあたるところが多い点である。魯迅はこの名作を最も若い時期に書いた。

▼本文中に魯迅の「賢人とバカとドレイ」が引用されている。以下にその全文を掲げておく。

賢人と愚者と奴隷

奴隷はとかく人に愚痴をこぼしたがります。そうすれば気がすむし、またそれしかできないのです。ある日、かれは賢人に出あいました。

《先生!》と、かれは悲しそうに言いました。涙があとからあとから頰《ほお》をつたって流れおちました。《あなたもご存知のように、私の暮らしは人間なみではありません。食事は日に一回あるかなし、その一回も高粱《カオリアン》のかすばかり、犬や豚だって見向きもしません。おまけに小さな碗《わん》にたった一杯……》

《まったくお気の毒だね》賢人は痛ましげに

言いました。
《そうなんですよ！》かれは機嫌よくなりました。《そのくせ仕事は昼も夜も休みなしなんです。朝は水汲《く》み、晩は飯たき、昼は使い走り、夜は粉ひき、晴れれば洗濯、雨降りゃ傘持ち、冬は石炭くべ、夏はうちわ振り、夜中には夜食づくり、運ぶ先は主人の麻雀《マージャン》卓、てら銭のおこぼれどころか、貰《もら》うものは鞭《むち》だけ……》
《まあまあ……》賢人はため息をつきました。眼《め》のふちが赤くなって、いまにも涙がこぼれそうです。
《先生！　これではとてもやれません。ほかに何か考えないことには。でも、どうすればいいでしょう……》
《いまにね、きっとよくなるよ……》
《そうでしょうか？　そうあってほしいものです。でもね、こうして先生に悩みを打ちあけて、同情していただき、慰めていただいたので、すっかり気が楽になりました。まったくお天道様はお見殺しにはなさらないという……》
　けれども二、三日すると、また胸がむしゃくしゃして、いつものように愚痴をこぼす相手を探しに出かけました。
《先生！》と、かれは涙を流して言いました。《あなたもご存知のように、私の住まいは豚小屋よりひどいんです。主人は私を人間あつかいしてくれません。狆《ちん》ころのほうが何万倍も大事にされて……》
《ばかめ！》と、その人はいきなりどなったので、かれはびっくりしました。その人は愚者でした。
《先生、私に当てがわれているのは、ちっぽけなおんぼろ小屋です。じめじめして、寒くて、ナンキン虫だらけで、睡《ねむ》ろうとすると出てきて、やたらに嚙《か》みつきます。臭くて鼻が

まがりそうです。四方とも窓がありませんし……》
《窓を開けてくれと主人に言えんのか？》
《めっそうもない……》
《じゃ、おれを連れて行って見せろ！》
愚者は奴隷といっしょにかれの家へ行きました。そしてさっそく泥の壁を外から毀《こわ》しにかかりました。
《先生！　何をなさるのです？》かれはびっくり仰天しました。
《おまえに窓をあけてやるのさ》
《いけません！　主人に叱《しか》られます》
《かまわん！》かれは毀しつづけます。
《誰《だれ》か来てくれ！　強盗がわしらの家を毀すぞ！　早く来てくれ！　早く来ないとぶっこ抜いてしまうぞ……》泣きわめきながら、かれは地面をのたうちました。
奴隷たちがみんな来て、愚者を追っぱらいました。
騒ぎを聞きつけて、最後にゆっくり主人が出てきました。
《強盗がわたくしどもの家を毀そうとしました。最初にわたくしがどなって、みんなで力を合わせて追っぱらいました》うやうやしく、得意そうにかれは言いました。
《よくやった》と、主人はかれをほめました。
その日、見舞《みまい》客がおおぜい来ました。賢人もそのなかにいました。
《先生、こんどは私が手柄を立てて、主人がほめてくれました。このまえ先生が、きっといまによくなると言ってくださったのは、ほんとに先見の明が……》希望にあふれて、朗らかにかれは言いました。
《そのとおり……》お蔭《かげ》で自分まで愉快だと言わんばかりに、賢人はうなずきました。
一九二五年十二月二十六日
（竹内好訳）

19 一匹の犬の死について

J・グルニエ／成瀬駒男訳

「可能な程度」が「ほとんど無にも等しい程度」(一三八・5)と言い換えられることによって、どんな変化が生じるだろうか。

「人は自然に(中略)少しずつ寿命を縮めるという労をとってもらい」(一三八・4)という文の前半をよく考えておこう。自然がわざわざ人間のために骨を折って働き、寿命を縮めてくれるのだ。人間はその恩恵を受け取るという。つまり、永遠不滅の生を願ったり、死を退けたりするのではなく、死を自然から与えられた恩恵として受け入れる姿勢が、そこにあるのだ。死すべきものとしての人間を見据える哲学者の目がある。

この観点に立って、「可能な程度」と「ほとんど無にも等しい程度」の違いについて考えよう。

病人が死を宣告され、余命いくばくもないとき、「近親が病人に、子供が老人に、ある看病人が患者に、というふうにつくされるあの親切」(一三八・1)は、せいぜい「枕《まくら》の位置を変えること」(同・2)ぐらいである。しかし、これは、そこに居合わせた人間にできる最大限のこと、つまり人間の尺度からみて、「可能な程度」「自然に逆らうわけである」(同・5)。そこに、死を前にした人間の側からの希望がある。

一方、病人の死が身近に迫っていて、避けることのできないものである以上、近親や子供や看病人がいくら親切を尽くそうとも、それは自然の尺度に照らしてみれば、「ほとんど無にも等しい程度」でしかないのである。また、死を迎える病人の前で、近親、子供、看病人以外の特別な人間(例えば臓器移植を行う医師や、生前の罪を告白させ許しを与える司祭など)が、どのように手を尽くそうとも、自然の尺度に照らせば、それも、

「ほとんど無にも等しい程度」なのである。しかし、ほとんど絶望的で、何をしても有効ではないということがわかっているのに、それでも、その病人が生きている限り、人間としての手をうつ（＝「自然に逆らう」）ところに、人間のやさしさ、尊厳がある。この小ささ、無力さ、せまいすき間に、人間性があるのだ。そして、これが感動させるのではないだろうか。

▼このように、筆者は何人も避けることのできない死を、思索の出発点にする。死から生を逆に照射している。人間に死をもたらす全能なる者を、あえて「神」（二三八・4）とは言わないグルニエではあるが、かえってその拒否の姿勢の中に、「不死なる者」と「死すべき者」とを対置させた古代ギリシアの思想との親近性を見る思いがする。筆者紹介で述べたように古代地中海に深く傾倒したグルニエの思索体験の核にはソクラテスがあり、プラトンがあったのだろう。古代地中海文明がはぐくんだギリシア哲学の水脈が浮かび上がる。死刑を判決されたソクラテスは、自分に判決を下したアテナイ市民になお希望を語る。彼を師と仰ぐプラトンは、ソクラテスの思索を対話体の形で生き生きと展開させる。それが『ソクラテスの弁明』である。以下に、その一節を引用しよう。死を前にして人間の希望を語り、人間のやさしさ、尊厳を見失わないグルニエに現代も生き続けるギリシア哲学の精神を看取できるのではないだろうか。

ソクラテス——死を恐れるということは、いいですか、諸君、知恵がないのにあると思っていることにほかならないのです。なぜなら、それは、知らないことを知っていると思うことだからです。なぜなら、死を知っている者はだれもいないからです。ひょっとすると、それはまた、人間にとって、いっさいの善いもののうちの最大のものかもしれないのですが、しかし彼らは、それを恐れているのです。

つまり、それが害悪の最大のものであることをよく知っているかのようにです。そしてこれこそ、どう見ても、知らないのに知っていると思っているというので、いまさんざんに悪く言われた無知というものにほかならないのではないでしょうか。

　しかしわたしは、諸君よ、その点で、このばあいも、たぶん、多くの人たちとは違うのです。だから、わたしのほうが人よりも何らかの点で知恵があるということを、もし主張するとなれば、わたしは、つまりその、あの世のことについてはよくは知らないから、そのとおりにまた、知らないと思っているという点をあげるでしょう。これに対して、不正をなすということ、神でも人でも、自分よりすぐれている者があるのに、これに服従しないということが悪であり醜であるということは、知っているのです。だからわたしは、悪だと知っているこれらの悪しきものよりも、ひょっとしたら善いものかもしれないもののほうを、まず恐れたり避けたりするようなことは、けっしてしないでしょう。

（田《た》中《なか》美《み》知《ち》太《た》郎《ろう》訳）

＊アテナイ市民諸君

▼なお、この断章は「一匹の犬の死について」と題された九十の短文の中の一つである。全編は死んでいった犬への鎮魂歌である。その犬の死を見つめながら筆者は生と死への考察を深めている。参考として、本文に前後する文章を掲げておこう。

73

　あのやさしい犬が死ぬ前に味わった大満悦のひとつは、一年前、寝ぐら用の籠《かご》をもらったことだった。それは、Mが市役所の慈善市で買い求めた卵形をした大きな柳枝細工の籠だった。もっとも、それも最初は犬の安楽のためというより、あれが寝ている台所を清潔にするためであり、またあれのベッドになっているぼろぎれがこの部屋狭しと拡《ひろ》がらないためだった（なぜなら、あれは寝具としてもらう布地をびりびりにひき裂いて撒《ま》きちらすからだった）。私たちの幸福なり不幸なりがやってくるのは、主としてこのように、しばしば外的な配慮からなのである。

75

そこでは人間は殆《ほと》んど何をすることもできない。自然と人間とのこの抗争こそ、キリスト教における父の御子との聖なる関係の裡《うち》に再び見出される、と私は考える。御子はその父に祈りを捧《ささ》げ、嘆願する以外には、殆んど何もできない。そしてキリストの受難において私たちを感動させるのは、苦難の甘受に先立つあの無力な抵抗なのである。それはまさしく私たちの受難なのである。

20

断層

中上健次

「俺は知っているさ、と思った。」（一四三・5）のに、「俺は知らんよ。」（一四六・3）と言ったのはなぜだろうか。

「俺は知っているさ」の知るは、その事実を知るという意味であり、「俺は知らんよ」の知らんは、その事実から逃げ出そうとする主人公の姿勢を表している。

高校生の「俺」には百合《ゆり》というガールフレンドがいる。男女間のことについては年齢以上にすれているとの自負がある。読みかけの小説の性交の場面にわざと手紙をはさみ、百合がその箇所を読んで顔を真っ赤にするのを空想して楽しんでいるほどなのだ。「俺は知っているさ、と思った」と

き、姉に教えられなくても、父に愛人がいること
くらい知っているという気持ちが強く働いている。
百合からの「手紙を見せてやろうか」（一四二・
13）と思ったのも、「まだ子供ね。ガールフレン
ドいないの」（同・11）といつまでも子供扱いす
る姉への抗議であるし、大人であることを誇示し
ようとする青年の背伸びでもあるのだ。男女間の
ことには通じているように振る舞いたかったのだ。

しかし、空想の世界と現実とは違う。姉や父は
肉体として「俺」の前に現れる。姉以外の女性で
あれば、「よくやってるよ」（同・6）と無関心な
「俺」だが、「結婚して三年あまりに、子供を二人
も次々と作った姉」（一四一・17）に対しては、近
寄りがたい肉体的な距離感を抱いてしまう。自分
とは隔たった世界に行ったように感じられるから
だ。「俺」が姉に対してほとんど口を開かないの
は、別の世界を持った姉へのこだわりのためであ
る。

だが、姉の方は、大人の女として「俺」を子供
扱いし、いやに慣れ慣れしく近寄ってくる。「姉
が俺の部屋に入って来て、俺の肩を押さえながら
訊《たず》ねた」（同・16）りする。俺が嫌悪する肉体的
な接触を、姉は何とも思わない大人の女になって
いるのだ。

その事情は父についても同じだ。「俺は知って
いるさ、と思った」後、「俺」は回想に引き戻さ
れて行く。回想に入ったとき、蘇《よみがえ》ってくるのも、
また父の生々しい肉体なのだ。「肩にかかってい
る父の大きな手から、汚らしい毒が体中にまわり
込んでくるように思えた」（一四五・1）。

個人の性に関することは、家族という共同体の
中では口にするのははばかられている。個人の秘
密であって、いわばタブー（禁忌）なのである。
母や姉は女であり、父や「俺」は男である。この
自明のことが家族というヴェールで隠されている。
そのヴェールが姉の出現によってはがされてゆく
のだ。子供を生んだ姉は一人の女になり、浮気を
した父は一人の男になり、父を奪われた母さえも、

善人面して病気になった一人の女になったのだ。父や母や姉ではなく、生身の男、女としての真実をさらけ出したのだった。

「キタナラシイ　トウサント　ヒサシブリニアルコウ……」（一四四・16）。カタカナ書きのセリフは、直前の父のことばのほぼ繰り返しだが、父としてのことばではなく、一人の男のことばとして「俺」が心の中で読みかえたもので、わだかまりが表現されているといえるだろう。

今、家族のタブーが打ち破られたのだ。父は父でなく、姉は姉でないのだ。一つの生々しい肉体を持った男として、女として「俺」の前に現れ、「俺」の肩を押さえるのだ。「俺」は逃げ出したいのだ。しかし、血縁というしがらみが「俺」を捕えて離さない。「俺は知らんよ」ということばは、そんな「俺」の心奥から発せられたのである。

▼本文中の名の出たルーファスもまた、妹のアイダが女になってゆくことに気づく場面がある。レオナ（脚注参照）と巡り会いながらも自分の黒い肌を意識し、満たされぬまま身を持ち崩して都会の片隅を歩き回るルーファスが、アイダのことを思い浮かべるのだ。その箇所を次に紹介しておこう。

まだ海軍にいた時分に、彼はあるときの航海で、アイダのためにインドの肩掛けを持ってきてやったことがある。イギリスのどこかでふと目にとまったものであった。彼がそれを彼女に与え、彼女がためしにかけてみたその日、彼の体内で、それまでにはついぞ触れられたことのないものが揺れて動いた。そのときまで彼は、黒人に美を見たことがなかったのである。しかし、ハーレムの台所の窓辺に立つアイダを見つめながら、彼女がもはや彼の妹であるばかりでなく、間もなく女になろうとしているひとりの娘であることにいまさらのように気づいたりしているうちに、彼女の姿は肩掛けの色どりや太陽の光彩と結びつき、彼ら兄妹が生み落されたこの島の岩よりもはるかに古い、遠い遠い数えきれぬほどの昔に存在した栄光を思い描かせたのだ。その栄光が、いつの日にか、またこの世界に、彼らの知っているこの世界に、出現しないものでもあるまいと彼は思った。遠い遠い昔には、彼女は奴隷の末裔《まつえい》などというものではなかった。絢爛《けんらん》たる肩掛けの影を映してなごやかに陽《ひ》を受けている彼女の黒い顔を見つめていると、かつてはこれが一個の君主だったことがはっきりと見てとれる。やがて彼は窓の外へ視線を移して、そこの通気孔の壁を眺めた。そして七番街をうろつく売笑婦の群れを考えた。それから、白人の警官たちや、彼らが黒い肌をたねにもうける金のこと、世間全体がかせぎまくる金のことを考えた。

　妹に視線をもどすと、彼女は微笑をうかべて彼を見つめていた。すらりとのびた小指には、これもまたいつかの航海に彼が持ってきてやったルビーの眼《め》の蛇の指輪がはまっている。それをいじくりながら彼女はいった。

「いつまでもこんなだといいな。兄さんのおかげであたしは町内きっての衣裳《いしょう》持ちになれるわ」

　いまの姿をアイダに見られなくてすむのが幸いだと彼は思った。万一見られでもしたら、彼女は言っただろう——まあ、ルーファス、あんたにはそんなにしてうろつきまわる権利なんかなくってよ。あたしたちにはあんたが頼りだってことがわからないの？

（J・ボールドウィン／野崎孝《のざきたかし》訳『もう一つの国』より）

5　生と死のサイクル

21　妖怪たちとくらした幼年時代

水木しげる

「まいにち妖怪たちのなかでくらしているような日々だった」（一五一・3）と筆者はいう。人間にとって妖怪とはいったい何なのだろう。

まず子どものころを思い出してみよう。目につくもの、耳にはいるもの、手に触れるものすべてに旺盛《おうせい》な好奇心を持ち、この世の不思議に小さな胸をはちきらせていたあのころのことだ。だれだって十や二十の妖怪を信じ込んでいた。野山にしろ、街角にしろ、毎日の通学路にしろ、そのいたるところに不思議が潜んで子どもたちを非現実の世界に誘った。あるものは恐怖や畏怖《いふ》の対象となり、またあるものは子どもの心を惹《ひ》きつけてやまない不思議な魅力に満ちていた。

それだけではない。話を聞いては空想にふけり、絵を見ては空想をふくらませ、やがては空想を現実の場所やものにあてはめてゆく。そういう世界を子どもは生きている。つまり現実の世界と、もうひとつ別の世界とを自由に行き来しながら、子どもは自分の世界を広げてゆくのだ。そして、このもうひとつ別の世界こそ、子どもに独自な精神世界であり、そこには「あかなめ」や「ぶるぶる」や、「オニのすがたをしていてヘソを取る」（一五〇・17）「雷」などがひしめき合っているのである。

だが妖怪は、子どもたちの精神世界を豊かにひろげるだけでなく、一方で大人から子どもへの、あるいは子ども相互間における、生きた知恵の伝達という側面も担っている。それは単純な教訓から、宗教的なタブー、また時によっては生命そのものについての深い示唆《しさ》にまで及ぶ。例えば、「あかがたまって、ぬるぬるしてくさく」（一四七・2）なった風呂桶《ふろおけ》をなめに来る「あかなめ」とは、風呂を清潔にし、大切に使うことを教える話でもあろう。また「のんのんばあ」が聞かせたという、「死とはわれわれの知らない別の世界へ行くこと」（一五一・10）だとか、「祖母の霊は四十九日のあいだは家のまわりにいる」（一五二・

16）だとかいう話は、筆者にとって死と死後の世界の最初の教育であったに違いない。

以上のように、妖怪とは子どもたちにとって、第一にその空想の世界を豊かに彩る俳優たちである。そして第二は、知らず知らずのうちに学ぶ、生きた知恵の体系である。そうして、一般的には妖怪をひとつずつ解明してゆくことで人は大人になってゆくのだが、ならば妖怪は子どもの専有物であると言い切っていいかというと、そうばかりでもなさそうだ。

例えば今日のように、風呂がホーローになれば「あかなめ」は姿を消さざるを得ないし、雷は巨大な静電気現象であると科学が解明してしまえば、もうヘソを押さえて逃げまわることも不要だ。また、家々から闇《やみ》と静けさが追い払われれば妖怪たちは徐々に住む世界を失うだろう。まして使い捨てのプラスチック製品のような、やがて捨てられてしまうものばかりが私たちのまわりにあふれるようになれば、それはもう妖怪にとって実に住みにくい世界である。なぜなら妖怪は、人間が心をこめてものを大事にする習慣をもっている時、まさにそのものの陰に生まれるものだからだ。

すなわち妖怪とは、私たちが日々の生活に確かな手応《てごた》えを感じているかどうか、言い換えれば、人間がものとの親密な関係を保ち、ものの声に耳を傾けることができているかどうかを、そっと問いかけてくるものなのだ。

5 生と死のサイクル

22 娘時代

S・ボーヴォワール／朝吹登水子訳

「私」にとって「父が突然自分を生物と見なしたことがたまらなく嫌だった。」（一六一・1）のはなぜだろうか。

自分が「生物」だということは「私」がいちばんよく知っており、このころそれは特に顕著に自覚しており、しかも他人（特に男性）には隠しておきたいと思っていた事実だったのに、「父」に見抜かれてしまったからである。

もう少し詳しく見てみよう。「私」は自分の「生物」としての成長（＝「女」としての成長）の意味を正確にとらえることができず戸惑っている。「私」の中では、相矛盾する心理が共存し、時には一方が、時には他方が強くなることによって、「私」を混乱させている。

その一つは、成熟へのあこがれである。「私は『大きい娘たち』とその自由を羨《うらや》んだ」（一五七・11）とか「十五にならなくちゃ結婚できないんだわ！」（一五九・5）とかの言葉がそのことを示している。

しかし、他方には、成熟への嫌悪と名づけてもいいような心理がある。「自分の胸がふくらんで来るという考えがたまらなく嫌だった」（一五七・12）とか「おとなの女たちは滝のような音をたてて放尿するものだ」（同・13）とかの言葉がそれを示している。

しかも「私」はそれらをひっくるめて、「私の体の中に起こっている目に見えない作用を憎悪」（同・10）しながらも「身をさいなまれるような欲望のとりこになっていた」（一五八・17）のである。

成熟へのあこがれと、成熟への嫌悪と、身をさいなまれる欲望と、これらを内面に秘することによって「私」はかろうじて自分（外面上の人格）を保っていたのである。自分の中の成熟していく女にとまどいつつ、まだ充分にその変化を受け入れるだけの心の余裕を持てないで、「私」はむしろ成熟を「肉体的欠陥」（一六〇・16）として秘密にしていたいと思っていた。「欲望」は隠して「純粋な精神」（同・17）だけを「父」に見せていたいという気持ちがあった。しかし「父」はすでにすっかり「私」の中の「生物」を見抜いてしまっていることがあきらかになった。だから「たまらなく嫌だった」のだ。もう、「純粋な精神」として「父」の前で通用しない。「私は永遠に失墜したと感じた」（二六一・2）のである。

▼この文章は、初潮前後の少女の内面を描いているが、その目的を達成するために筆者は二つの視点を用意している。それは、

(1) 文中の「私」の視点

(2) すでにそこを通り過ぎた筆者の視点

である。このことによって、少女の自己愛と自己嫌悪との交錯する複雑な内面がいきいきと、しかも客観的に描かれたのである。

▼なお四五八ページにもボーヴォワールの別の文章が出ているので読んでみよう。

5 生と死のサイクル

23 闘士の休日

杉浦明平

「次郎さ行きメロン」（一六五・10）という言い方には、八百屋の主人のどのような気持ちが表れているだろうか。

「次郎さ」は「町会さん」である。権力者であり、脚注にも書いたように悪名高い人物である。おまけに八百屋の主人はすぐ隣に住んでいるのだから、当然近所付き合いの上で機嫌を損ねまいとする遠慮とへつらいの気持ちがある。が一方では、浅ましく厚顔無恥な彼を見下す気持ちもある。しかしながら「次郎さ」のような真似《まね》は普通の人間にはなかなかできることではない。相当の心臓であるし、タフでしたたかである。つまり対等に扱える相手ではないのだ。そういう〝特別の人〟として他から区別する気持ちが「次郎さ」には向けられているようだ。「次郎さ行きメロン」は、そういう「特別」な「次郎さ」のために、やはり「特別」に区別されたメロンに付けられた〝仇名《あだな》〟である。〝仇名〟というものは元来対象の特徴をとらえた名付け行為に、冷やかしと親愛がないまぜになった両義的な表現である。いわばそれは巧ま

ざる批評なのだ。

　ここで「おい、たれかメロン売り場へいって、次郎さ行きメロンを持ってきてやれ。」（一六五・9）と八百屋の主人がいったとき、「次郎さ行きメロン」は、それを目前で聞いている「次郎さ」本人に対しては、あなたにだけいつもの品が用意してありますという親しい特別扱いの気持ちを表明する言い方として働き、主人自身や店の人間に対しては、この厄介な奴《やつ》にくれてやる粗末なくずメロンという、露骨なさげすみの意味をこめた符号として働いているわけである。

　八百屋の主人のそうした二面的な立場は、彼の言葉づかいからもうかがうことができる。「わたし」の質問に対して最初は「どうしてお分かりになるやらけっして出て来られん」（一六六・7）などと「次郎さ」への敬語を用いている。それももちろん皮肉に聞こえるわけだが、「町会さん」の身分に対する遠慮とためらいが作用して遠回しな言い方になっているのは間違いない。これはもう一つには、ここで彼が話をしている相手の「わたし」が、かつて何年間か町会議員をつとめた〝元町会さん〟であるという事情も含まれている。つまり「町会さん」という「身分」に対する遠慮がいっそう強く働いているということである。

　それが「次郎さ行きメロンって何ですか」（同・9）と「わたし」が質問したのを契機に、主人の説明はぐっと〝内情〟を打ち明ける率直さを帯びてくる。すなわち「次郎さも外では町会のおえらいさんだが、うちじゃ息子の方の力が強くなっとるようですのん」（同・14）という辺りから、「外」に対する「うち」の素顔を暴露する話し方になってくる。その辛らつさは最後の「温室の蔭《かげ》で、うちの割れメロンを切って食っとるずら」（一六七・13）で頂点に達する。このとき「外」に向かっていう「次郎さ行きメロン」とは「うちの割れメロン」にほかならないことが明らかとなるのである。

　結局、この八百屋の主人は、ひと言もはっきりとした「悪口」は口にしないまま「次郎さ」の外《そと》面《づら》と内面《うちづら》の両面にわたって、痛烈な批評を加えることに成功しているのだ。彼もまた「次郎さ」に優るとも劣らぬしたたかなタヌキといわなければなるまい。

▼「次郎さ」のあきれるほかない凄《すさ》まじい利欲ずくめの言動の一端を紹介しよう。

これは彼が最初に町議会選挙に出馬してまんまと当選したおりの、知人に語り聞かせたその手口である（「わたし」に向かってその知人が聞いた話を語っている）。

「公《おお》けの席で挨拶《あいさつ》がじょうずかへたか、そんなことは選挙と関係ないぞね。どんな名演説をぶっても一票にもなりゃせん。それに次郎公のやつ、公けの場で挨拶させると、口がしびれてしまって、何一ついえないけど、個人になると、あれくらい勝手放題にしゃべくりまくるやつはムラじゅうにおらん。おれが『何だ次郎公、町会に立つ以上、政見発表をせにゃいかんぞ』とからかったら、次郎公は『阿呆《あほ》ぬかせ。演説などたれが聞くもんか。もし聞いても、それに感心して票を入れるやつなんて一人もおらんで、無《む》駄《だ》骨折《ほねおり》ちゅうもんだ。まあ、有権者なんて豚と思えばええだ。いま町会議員に当選するには三百五十票がいるが、おらの地区には八百票がある。八百票のうちの半分近くが他の候補者の紐《ひも》つきだが、それでも四百票が残っておる。それで地区推薦をもらえば、やっぱし自分の地区から町会議員を出さにゃなるめえと思う馬鹿が百人や二百人はおるんだ。そいで一席もうけてムラじゅうを呼び、仕出しの三品料理にビール、酒は飲み放題をやれば、恩義を感じて百票はかたい。危いと思ったら、もう一ぺんムラじゅうを呼んで餌《えさ》をまけば、また百票近くがかたまる。おかしなもんで、自分のムラというと、とてもええことのように思う豚が八百のうちに二百ぴきや二百五十ぴきは必ずおるで、それに餌を二三回あてがえば、二百票から二百五十票はかたまる。それにおらの身内親戚の票が五六十票はある。となれば、あと七八十票とれば、当選できる。他の候補者は、一位とか二位とか、上位当選をねらっておるから、何百万円という金をばらまかにゃならん。が、おれは定員三十名のうちの第三十位で当選せりゃけっこうと思っておるで、あせらんわな。どの候補者も月給六万円にボーナスを加えて年収百万円の町会議員になるために二百万円、三百万円、中には森本土建のように八百万円もばらまくが、一番でも三十番でも当選さえできれば同じ町会議員、月給もボーナスも四年間べつに違いはねえ。ただし落選しちゃ、元も子もないで、危いとおもったら、豚どもにもう一ぺん撒《ま》き餌《え》をあてがって、二百五十名を確実にせにゃならん。つまり町会議員の選挙期間は七日間だが、二回供応する。

それでも危いとおもったら、三回目の餌をまくのだな。そいでもまだ危いとおもったら、現なまで四十票五十票買えばええ。今の相場が一票二千円だったら、投票日の夜明けにいって千円札を三枚ペタペタと豚のおでこに貼《は》ってやれば、五十票いただきだわ。つまり三五の十五万円張りこめば、当選は間違いねえ。ただ、相場が二千円のときに二千円で買おうとしても、他の買いたい候補者とぶつかると、確実に買えると限らん。時価よりもう千円ふやして三千円といけば、絶対に買収は成功する。つまり危いと思ったら、買収費に十五万円張りこめば、月額六万円で一年で七十二万円、それにボーナスが三十万円、〆《し》めて百万円、しかも年々公務員の歳費は値上げになるにきまっておるで四年間に総額五六百万になる町会議員さまにご当選。その間議員さままで威張れるうえに豚どもの餌代に二百万三百万費っても、いくらかお釣りが来ようというもんさ。ただ、投票日の夜明けに十五万円を惜しんだら、せっかくの撒き餌代も十万円の追加分もみんなパアになっちまう。そのあたり肝心かなめで……』などと、ひとりでしゃべりまくって、こちらの口の入れようもねえでのん」

このようになんとも徹底した考え方であって、ほとんど痛快な印象すら与える。現実の政治家がみんなこんなものだとは思えないが、大なり小なりこうした体質を持っているらしいことは、選挙のたびにわたしたちも新聞等で知るところである。

この作品の筆者は愛知県の渥美町で町会議員を二期つとめている。だから、読者はだれしも「次郎さ」のモデルがいるように想像したくなる。ことに現地の議員たちは戦々恐々となることであろう。その点について同著の「あとがき」にはこうある。筆者の「してやったり」というほくそえみが浮かんでくるようだ。

この小説はあくまでフィクション、作り話、嘘《うそ》っぱちであって、人物も事件も実際に存在する人間や事実とは関係がありません。この小説に登場する人物に似たひとはいるかもしれず、またここで起《おこ》る事件と似たような事実がこの世の中に起らないではありません。しかし、この小説の中に描かれている人物は、わたしの頭の中で勝手にこしらえられたものであり、会話もわざと面白おかしくわたしが作りあげたものであって、けっしてテープに録音したものではありません。だから、この小説の中の人物を実在のたれそれにあてはめたりするのはナンセンスですし、どなたも、おれのことが書いてあるなどとうぬぼれないでいただきたいものである。

24 ジャズは行為である

山下洋輔

「ドシャメシャ」と「デタラメ」の違いは何だろうか。

「ドシャメシャ」とは、従来のジャズ演奏上の「制約」(一七四・9)をすべて取っ払い、プレーヤーそれぞれが「思いっきり勝手に」(一七三・17)演奏することによって、「スウィングの場」(一七六・3)を生みだそうとする、筆者のジャズのスタイルを端的に要約する表現である。だが「思いっきり勝手にドシャメシャにやろう」といったって、そもそも人間というもの自体が秩序立ったものであり、よく調律された楽器は、いわば秩序の権化といってもいいものだ。まして、プレーヤーそれぞれが優れたジャズマンで、しかも相互に「スウィングの場」を生みだそうという意図があって演奏すれば、そこにはもう充分な秩序が存在しているともいえる。筆者はそれを「ドシャメシャなりの秩序が僕たちの演奏に生じて」(一七五・13)くるという。つまり「ドシャメシャ」とは、どこまでも有機的につながりながら展開されてゆく「運動あるいは行為の秩序」(同・15)のジャズ版というべきものである。

けれども従来のジャズの方法に依らない筆者らの「ドシャメシャ」なジャズは、どうしても一見「デタラメ」に見えてしまう。文中にもあるが、「それはデタラメになるのではないか」(一七四・10)というような批判や誤解は彼らに数知れず投げつけられたに相違ない。だが、先にまとめたように筆者のいう「ドシャメシャ」は、決して、いっちょう「デタラメ」にやってみてやろうというような安易な発想から生まれたものではない。そこで筆者は猫の例を引いて「デタラメ」についてのユニークな見解を展開する。

すなわち、私たちから見れば何をするか予想もつかず、従って「デタラメ」としか思えない猫の演奏を、筆者は「それらの音はだいたい決まりきっていて予想しやすい」（一七五・3）という。なぜならそれは、あくまで「猫の秩序にのっとった」（同・5）ものだからである。つまり、私たちが「デタラメ」だと思っているものの多くが、実は無秩序でも何でもなく、いわばありふれた意外に狭い「秩序」の産物である訳だ。そしてここでいう「秩序」とは、それによって行動や思考が決定されたり縛られたりする、むしろ「制約」といい換えた方がよいものなのである。このように、「デタラメ」の世界とは、私たちがそのことばから連想する程のエネルギーを内蔵してはいないのだ。まして筆者の求める「力」（一七四・2）はどこからも生まれようのない世界なのである。

「ドシャメシャ」とは、そうした狭い意味での「秩序」＝「制約」を取っ払うところから出発した新しいスタイルのジャズである。筆者らの目指しているのは既成のジャズのさらなる洗練ではない。従来のジャズが踏み出せなかった領域に踏み出そうとしたのだ。筆者が何よりも欲しかったのは「力」である。それは「音楽だ芸術だ作品だ情念だ怨念《おんねん》だ狂気だ」（一七六・4）というような、言葉でくくられる観念上の美意識とは違う、おそらく、人間の根源的なパワーの爆発的な表出をジャズに託しているのだ。それこそ地球誕生時における「ドシャメシャ」なエネルギー、言い換えれば宇宙的な規模の「運動あるいは行為の秩序」につながろうという壮大な欲望が筆者をつき動かしている。筆者のいう「スウィング」とはそこにつながってゆく感覚なのであろう。

6 作るよろこび

25 マンガは反逆のメッセージ

手塚治虫／ジュディ・オング

「さみしいマンガ」（一八三・8）の主人公がヒー

ローになってしまうのはなぜだろうか。

ロボット（人造人間）であるアトムは、ある科学者（天馬《てんま》博士）の死んだ息子の代理として作られる。人間に限りなく近い存在として作られたにもかかわらず、アトムははじめから人間の身代わりという運命を背負わされている。いとも簡単に売り飛ばされたり、ぶっこわされたりするのは、そのためである。人間は自分に似せてロボットを作るが、例えばロボットの人権を認めようとはしない。偏狭なエゴイズムが、そこにあるのだ。そういう身勝手なエゴイズムの中にあって、アトムは「さみしい」「孤独な」（一八二・14）影を持つ。

かつて、科学文明の進歩は絶対の善であり、人間生活の向上を約束するものであった。その象徴であるロボットのアトムが、悪と欲望に染まった人間を蹴散《けち》らして、正義のために闘うのである。悪をくじき、地球の危機を救う正義の味方に大衆は惜しみなく拍手をおくったのだ。化学文明の信奉とヒューマニズムとががっちりと握手し、大衆の夢を代弁した蜜月《みつげつ》時代の姿が、そこにある。

さらに、ここへ強力な助っ人が現れる。現代のジャーナリズムやマスコミである。作者と読者（視聴者）の間に編集者（出版社・テレビ局など）が介在し、読者の声を代弁し、先取りする。読者が描く理想としてのアトム像を作者に注文するのである。制作現場に、作者以外の意志が介入してくるのである。またマンガやアニメの作品では、原作者が創作するのはキャラクターだけであって、キャラクターが確立すると物語や制作は全く別のスタッフに任せられることも多い。原作者ではあっても、実際の制作に関与しないことがある訳だ。こうした過程で「テーマをすり替えられて、イライラ」（一八五・3）することにもなる。「会社はあくまでも、大衆の声、優先ですよ、あまりにも視聴者の……」（同・6）。怒りとも絶句ともいえる手塚治虫のことばには、現代のマスコミの中で制作する原作者の苦渋がにじみ出ている。

こうした現実の中で、読者に受け入れられない部分は排除され、正義の味方、ヒーローという揺るぎないアトム像が確立されてゆく。人間に作られたロボットでありながら、人間が作った別のロボットと闘わざるをえないアトムのさみしさや、害悪をもたらす科学文明の深刻な影響などは、もはや入りこむ余地のないテーマとして葬り去られるのだ。マンガやアニメのブームを作り出し、その頂点に立った手塚治虫だからこそ、そのことを最も強く感じ取っていたといえるだろう。

▼なお、ここではアトムが「孤独」や「さみしさ」を押し殺して、絵に描いたようなヒーローに作り上げられるいきさつだけを論じてきた。しかし、アトムが多くの人々に愛されてきたのは、そのヒーロー性のみにとどまらず、彼の内包する「孤独」や「さみしさ」が共感を呼んだからでもある。次に紹介するのは、『鉄腕アトム』のプロローグである。そこには、アトムが背負わされることになる「孤独」や「さみしさ」が人間に対する懐疑という形で予告されていたのではないだろうか。

なぜ人間はロボットをつくるのか
なぜ人間は機械に人間のやる仕事をやらせるのか
そのわけはわかりません
でも人間は大昔から
じぶんたちに似た　代用の生きた人形を
ほしがっていました。
——ある時代にはからくり人形がつくられ
——そしてある時代にはマジック・ハンドや
電子頭脳がつくられました
そしてロボットの生まれる時代はすこしずつ
ちかづいていたのです

26

連歌と民衆の言葉

山本吉左右

筆者のいう「言葉の力」（一九一・9）というのは、私たちがたとえば書物を読むときに感じるそれと、どのように異なるのだろうか。

筆者は「言葉」を「口頭言語」（一九四・13）と「文字言語」（一九五・11）の二つに分けて考えを進めている。従って、ここでは「口頭言語」のもつ力と「文字言語」のもつ力の相違を問題にすればよいことになる。

すなわち「口頭言語」には次のような特徴がある。

(1)「眼前に相手を持って」（一九四・11）おり、そこでは「相手の反応」（同・13）が期待されている。

(2)相手と自分との間に「共同の経験」（一九二・16）による結束が生まれる可能性がある。

一方、「文字言語」の場合には、この二つの要素が失われている。

私たちの日常生活に即してもう少し詳しく述べればこうである。たとえば、好感を抱いた男性（あるいは女性）が出現したとき、自分の気持ちを伝える方法は大きく分けて二つある。一つは、面と向かって告白すること。もう一つは、手紙を書いて告白すること。このとき、もちろん前者が「口頭言語」、後者が「文字言語」による伝達に相当する。目の前に相手を置いて告白した場合、当然「相手の反応」を、それもできればよい反応を期待して真剣になるのは人情で、もし少しでも相手の顔に曇った表情が浮かんだりすれば、言葉を補い、しぐさを加え、何とか思いのたけを伝えようとやっきになる。すなわち、告白の現場では、語りかける側も、聞く側も共に、「言葉」を挟んである〈変化〉をしいられるのである。だから、言葉はつたなくても、案外こちらの誠意だけは伝わったりする。

ところが、手紙による告白の場合、たとえば文章が下手で書き手の意が通じなければ、それを修復する手だてはほとんどないといっても過言ではない。そこでは、自分の気持ちを文字にして、相手を説得するための、「口頭言語」にはない別の「規範」（一九六・4）が必要となってくる（そして、この「規範」が基になって「文芸」が生まれることを筆者はつけ加えている）。つまり、書き手と読み手が別々の空間と時間の中に置きざりにされてしまっているわけだ。

書物を読む場合にもこれと同じようなことが起こる。読者がその本によってどのような影響をうけるか（あるいは全く影響をうけずに読み捨ててしまうか）は、著者の関知するところではない。著者にできるのは、可能な限り多くの人に理解してもらえるように書くだけである。この文章の筆者が「文字言語は人間に抽象する力を与え」（同・2）ると書くのは、こうした意味であろう。

さらに述べれば、「口頭言語」がただその場その場で、一回限りの用しかなさないのに対して、「文字言語」は、別の場所、別の時代に置かれたときでも「言葉の力」を発揮することができる。何年、何百年も以前に書かれた「文芸」が私たちを感動させることができるのはこのためである。

以上、「口頭言語」と「文字言語」の優劣ではなく、それらがもつ力の相違点について述べてきた。

▼ところで、この二つの言語について論じるにあたって、筆者はなぜ戦国時代を選んだのだろうか。私たちがここまで考えてきたような、二つの言語の現代における比較検討だけではいけないのだろうか。おそらく、筆者は人間の長い歴史の中で、「口頭言語」と「文字言語」が分離していく〈転換点〉を指し示したかったのだろう。その時期がまさに戦国時代に当たるわけである。

戦国時代以前にも、古典の授業で学習するような『源氏物語』や平安女流文学のような「文字言語」の世界はもちろん存在していた。しかし、支配者たちや一般民衆の生活世界は、大部分「口頭言語」によって成り立っていた。とくに「成り上がり者が多かった」（一九四・3）戦国武将たちは、侍ひとりひとりの「主体的な奮闘や創意」（一九二・3）を必要としていたため、「口頭言語を十分に利用した」（一九五・3）と筆者はいう。さらに、前に⑴⑵に分けて述べた「口頭言語」のもつ「仕組み」（一九二・11）と、合戦に侍たちを参加させ勝利に導くための「仕組み」が「同様」のものであるとも指摘する。つまり、「口頭言語」の「仕組み」が社会のすみずみまで浸透していたわけである。

ところが、この「仕組み」は戦国時代を境にして徐々に変化してくる。筆者は、江戸時代の「御《お》伽衆《とぎしゅう》」の例を出しながら、「配下の者の主体的な参加を求め」ない「文字どおりの支配者」（一九五・11）の出現について述べている。これは、「口頭言語」による世界の「仕組み」が別のものに変わっていく兆しであった。

それは、「文字言語」が「口頭言語」の代役をつとめているというにとどまらず、「眼前に相手を」置き、「言葉」を挟んで相互に働きかけるという「仕組み」自体の消滅でもあったのである。そして、現代社会について思いをめぐらすとき、そうした「仕組み」は私たち一般民衆のものでさえなくなりつつあることがわかってくる。

現代はマス・メディアの時代といわれている。私たちは情報のかなりの部分を視覚（文字や画像）からえている。ラジオやテレビは、音による伝達ではあるが、筆者のいうように、その働き方は「文字言語」に近い。しかし、伝達が一方通行になってしまい、視聴者の「主体的」参加ができないという「文字言語」にまつわる欠点を補うため（あるいはおし隠すため）近ごろ苦肉の策がとられている。すなわち、スタジオに観客を集めたり、ハガキによる投書を歓迎したりすることによって、あたかも「口頭言語」の力が生きているような錯覚を与え、活力を出すという試みである。

　また一方で、「口頭言語」が活発に生きているはずの教室の授業の中に、パソコンが導入されたりして、「文字言語」化の波がおしよせたりもしている。

　この二つの言葉をキー・ワードとして、私たちは身の回りに起きつつある現象を、もっと具体的に分析できるのではないだろうか。

6　作るよろこび

27　長い話

黒澤　明

筆者が「山さん」に教わった「ドラマ」と「もののあわれ」（二〇一・17）の違いはどういうことだろうか。


「ドラマ」とは作劇法にもとづく場面の演出であり、ひいては編集のテクニックである。しかし「もののあわれ」とは、作り手が技術の力で説得するまでもなく、観客の心におのずと湧き上がる詩情である。つまり山さん（山本監督）は、若い映画作家としてさまざまに〝腕の見せどころ〟を凝らそうとする筆者に対して、技術以上に感性を豊かにせよと忠告してくれたことになる。

「表情や行動を克明に」「ドラマティックに」（二〇一・4）見せるよりも、「月の夜に、鬣《たてがみ》や尾をなびかせて、走り回る母馬の小さいシルエットだけ」（二〇二・7）の方が、母馬の哀しみはよく伝わる。

　このことは表現によって他人に何事かを伝達する場合の、ある普遍的な法則のようなものを暗示しているようにも思える。ドラマティックな、饒《じょう》舌《ぜっ》で事細かな表現よりも、寡黙《かもく》な、静かな表現の方が人の心を打ち、かえってリアリティを増すときがあるのだ。カメラでいうクローズアップとロングショットとの効果の使い分けが大切だ、といってもよい。文章にもそういうカメラアングルに相当する筆者の叙述の視点がある。対象との距離である。いつも同じ位置からばかり書いていると、文章は次第に平板で退屈となる。場面や主張の内容に応じて、表現の密度や叙述の立場を自在に変えてみる柔軟さが必要である。

▼著者は本文の出典の書中で、「映画は人間の才能が、その才能の協同体が作るものだ」と書いている。「共同体」でなく「協同体」というところに、映画づくりがさまざまな人の力の結果によるものであることがよく表されている。そういう「協同体」で周囲の人たちから教えられ、助けられて今日に至ったことを筆者は繰り返し述べているが、とりわけ本文に出てくる「山さん」こと山本嘉次郎《かじろう》監督に対する敬愛の念は深い。本文の題でもある「長い話」という言葉の由来を、著者は次のように説明している。

> 山さんは、晩年、勲章を貰《もら》ったが、そのお祝いの壇上に立つと、こんな事をいった。
>
> 「お祝いの言葉は短い方がいい。短いから縮辞（祝辞）で、長いのは長辞（弔辞）である」
>
> 私は、ソ連にいて、山さんの御葬式にも出られなかった。
>
> 私が、もしその時、日本にいたら、弔辞を読まねばならなかったろう。
>
> 私は今、山さんに贈る弔辞だと思って、この文章を書いている。
>
> 弔辞だから長辞になるが、おゆるし願いたい。

28 手が考えて作る

秋岡芳夫

日常生活の中で左手が重要な役割を果たしている場合をあげてみよう。

この設問を考える人は、まず実際にナイフを持ち、自分で削った鉛筆で解答を書いてみよう。右利きの人の場合、「ナイフの保持以外の仕事はほとんど左手がやっていた」(二〇九・7)のに気がつくだろう。左手の微妙な動きをよく観察しよう。左手が果たす重要さが分かるはずだ。高度な科学技術の粋を集めて作られた「センサー」(二二一・1)の役割を、左手がいともやすやすと行っていたのである。左手の発見である。

三億円を一万円札で積み上げたら、何センチメートルになるか、などというクイズを見かけるが、札束を数える場合を想像してみよう。札束を左手の小指と薬指の間にはさみ、親指、人差し指、中指の三本を使って束ねた札から一枚一枚送り出す。一度に二枚送り出さないように細心の注意を必要とする作業である。その送り出された札を右手で受け取りながら枚数を確かめてゆく。左手の指は五本ともフルに活動しているのである。

同じことが、トランプのカードを配る場合にも当てはまる。左手の中に軽く握り込んだカードを小指が固定し、親指と残りの三本で上から一枚一枚滑り出してゆく。一枚ずつ滑り出ているかどうかを指先で確かめながら作業をしているのは左手の方である。右手は滑り出たカードをはさんで受け取るだけである。札束の場合も、トランプの場合も、左手と右手の協同作業であるが、より微妙で複雑な作業は左手が担っているといえるのである。

もう一例考えてみよう。手編みのマフラーやセーターなどは貴重なものになってしまったが、編み物について観察しよう。二本の棒針を左右の手に握り込む。左手は小指、薬指、中指、親指の四本で左針の編み地を持つ。小指と薬指の間に糸を通し、スムーズに糸が引き上げられるように調節する。人差し指は輪にした糸をかけて編み目の具合を調べながら、上下運動によって糸をゆるめたり、引っ張ったりする。右手は棒針を持ち、左手の人差し指が繰り出す糸を編み進んでゆく。糸が足りないときは、右針で糸を引き出すが、余ってゆるくなったときは、左手の助けを借りなくてはならない。左手による絶妙な繰り出しを受けて、糸は右針に編み込まれてゆく。右針にすべての編み目が移ると、裏返して再び編み進んでゆく。左手と右手による協同作業の見事な例といえる編み物の手法にはさまざまな編み方があって、ここに紹介しきれるものではない。たまには棒針を手にし、手編みのマフラーやセーターをつくって彼女や彼へのプレゼントにしたらどうだろうか。きっと喜ばれるにちがいない。

▼その他、スポーツなどでも左手や左腕の使い方を思い出してみるとよい。野球における投球や打撃、テニスのストローク、バレーボールのアタック、バスケットボールのシュートなど、それぞれ左手、左腕が重要な役割を果たしていることに気づくだろう。

7 思考するまなざし

29 自動車と彫刻

A・ジャコメッティ／矢内原伊作訳

自動車と彫刻との違いを本文に基づいて整理してみよう。また、なぜそのようなことが問われなければならないのか、考えてみよう。

できるだけ本文中の語句を使って一覧表に整理してみよう。

自動車	彫刻（絵画）
作動したり役に立ったりする（二一七・4）	一つの問いかけであり、質問であり、答えである（二一七・10）

完成していなければならない（二一七・5）	完成されることもあり得ず、完全でもあり得ない（二一七・11）
より完全に作られたものは、それほど完全でなかったものを廃棄してしまう（二一七・7）	いかなる彫刻も決して他の彫刻を廃棄しはしない（二一七・9）
毀《こわ》れてしまえば廃品になる（二一八・1）	毀れたり、汚れたりしても彫刻（絵画）であることをやめない
それ自身だけで成りたっている（二一八・7）	常にそれ自身以外のものによって成りたつ（二一八・8）

右の一覧表中、最後の、物《オブジェ》（自動車）は「それ自身だけで成りたっている」と、彫刻（絵画）は「常にそれ自身以外のものによって成りたつ」について簡単に触れておこう。

自動車は、一般に（本質的に）その製作者を問われない。時代も問われない。だれが作っても同じ（完全）であり、新しいものほど「より完全」であることを前提としているからだ。それに対して彫刻（絵画）は必ず作者が問われる。作者がわからなければ、時代や来歴が問われる。だれが作ったかによって異なった結果（作品）が生まれることが当然の前提とされているからだ。

では、〝作者によって異なる〟とは何だろうか。まず、〝形〟とか〝構図〟とか呼ばれるものがあるだろう。〝テーマ〟と呼んでもいい。しかしこれは彫刻が毀れたりしたら失われてしまうものだ。毀れてもまだ「美しい彫刻」であることをやめない、とは何だろうか。それは、作者の動かした手のあとだ。彫刻はのみやへらの動いたあとによって作られている。それは、偶然性を伴った、くり返すことのできない一回かぎりの手の痕跡《こんせき》である。私たちはそこに作者の息づかいとか気魄《きはく》とでも呼ぶべきものを読みとる。だから作者が問われるのだ。

自動車には手の痕跡は残ってはいけない。「完全」なものは人間の手の〝一回性〟を排除する。「それ自身以外のものによって成りたつ」という彫刻や絵画の性質として、もう一つ考えておいた方がよいことがある。それは、さきに「一つの問いかけであり、質問であり、答えである」と書かれていたことである。彫刻や絵画は鑑賞者（見る人）によってさまざまな意味を持ち得る。「問いかけ」は作者によってなされると同時に、鑑賞者によってもなされる。そしてその中身は必ずしも一致しない。「答え」にしても同様である。さまざまな答えがあり得る。彫刻や絵画は鑑賞者の参加によってはじめて成立するのである。

自動車に、もし「問い」と「答え」があるとしたら、それはだれにとっても「自動車」である。問いと答えはそれで完結する。人や物を乗せて運ぶという機能以外に〝解釈の違い〟などということは起こり得ない。「それ自身だけで成りたっている」のである。

以上が自動車と彫刻についての大まかな整理である。

では、なぜ自動車と彫刻の違いなどということが問題になるのだろうか。

それに対する答えは本文の終わり近くに（二一八・9）、ヒントの形で提出されている。すなわち二十世紀になって技術の進歩、大量生産の時代を迎え、「抽象彫刻」というものが現れてきたからだ。

たとえば、「完全な」球とか立方体が目の前に提出されたとしてそれをあなたは〝作品〟とか〝彫刻〟とか呼ぶかどうかが問われている。球とか立方体には全く〝手の痕跡〟は残っていない。そしてだれが作っても全く同じものになる。機械を用いて大量生産することもできる。しかも、どれがオリジナルでどれが複製かの区別もつかない。

さあ、どうするか。

現に一九一七年、ニューヨークに住んだフランス生まれの芸術家マルセル・デュシャンが市販の（ものと全く区別がつかない）便器を展覧会に持ち込もうとして拒否されるという事件が起こっている。これなどは現代美術の幕開けを告げる〝歴史的な事件〟と呼んでもいいかもしれない。ただし、この時、便器には「泉」という題がつけられていた。さあ、あなたならどうする？

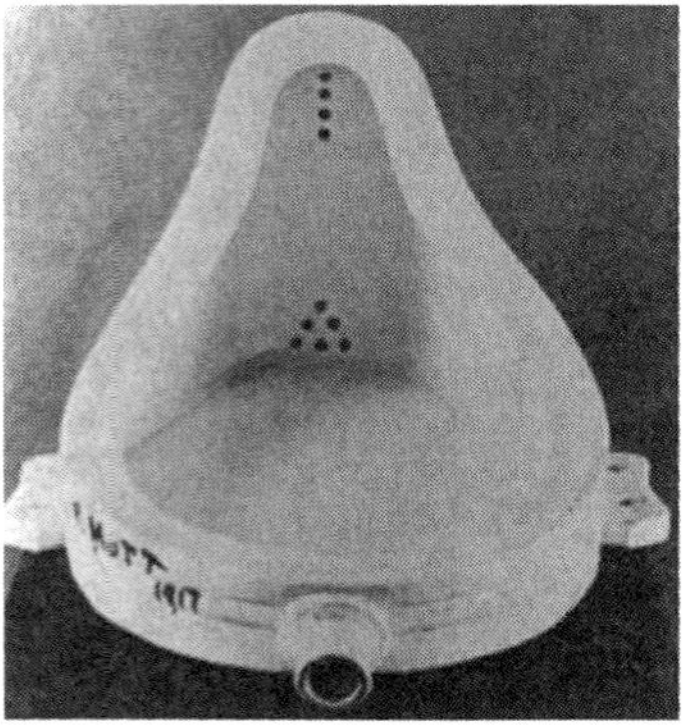

M・デュシャン「泉」（1917年）

▼この「自動車と彫刻」のテーマと関連して、文例50「複製技術の時代における芸術作品」を読んでみよう。特に、ジャコメッティが彫刻や絵画の特徴と考えていることを、ベンヤミンの「アウラ」と呼んでいる概念と比べてみるとき、新しいことが見えてくるかもしれない。

▼シモーヌ・ド・ボーヴォワールが日本で行った講演（一九六六年）の中にジャコメッティの日常を伝える興味深い一節があるから紹介しておこう。ただし、フェミニズム（女性の地位向上）に先駆的役割を果たしたボーヴォワールならではの目が、後半に光っていることも見逃せない。文例22「娘時代」とあわせて読んでほしい。

私がよく知っていた、そして私が深く尊敬する偉大な芸術家がいます。皆さんもちろんご存じと思いますが、ジャコメッティです。

彼の生き方はまったく驚くべきものでした。たくさん収入があるときでも、彼は物質的な偶発事にはまったく無関心だったので、雨の日には雨もりがするといった廃屋《あばらや》みたいなところに住んでいました。雨水を受けるいくつかのたらいが置いてあるのですが、それらにも穴があいているのです。水が床の上を流れているのですが、彼はそんなことはどうでもよかったのです。彼は、ひどく狭い、設備もないアトリエをもっていて、一晩中そこで仕事をしていました。明け方の五時か六時に、眠たくなれば眠り、おひるごろ、そこいらの衣類をひっかけ、ズボンがずらないためのベルトがわりの細ひもを結び、両手は石膏《せっこう》だらけでした。ジャコメッティはそんなことはどうでもよかったのです。世間の人が皆、彼がそういうふうな生活をするのがあたりまえだと思っていました。芸術家だからすべてを許されていました。彼の妻はそういった生活に従っていました。つまり、彼は彫刻のほかに何事にも気を配らなかったのです。もしジャコメッティをまねた女性がいたとしたら、どんなことになるか想像するのに大した苦労はいりません。その女性は精神病院に入れられるか、いずれにしても世間から気違い扱いにされることでしょう。夫がこのような生活のリズムに同調するとは思われません。とすれば、あらゆる社会生活は拒否されるわけです。実際、女性自身のほうからこういう種類の生き方を拒絶するでしょう。ですから、ジャコメッティが所有していた至上の自由を、彼女は内面的にもつことがないのです。そういうわけですから、フランスにおいて、女流彫刻家や女流画家がいて、そのなかにはジェルメーヌ・リシェやヴィエラ・デ・シルヴァ——私が評価している芸術家たち——がいますが、ジャコメッティやピカソほどの大きさをもつに至っていません。

（朝吹登水子訳「女性と知的創造」より）

30 男結びについて

藤原覚一

現代の結びはどうなっているだろうか。

まず自分でできる「結び」がいく通りあるか試してみよう。

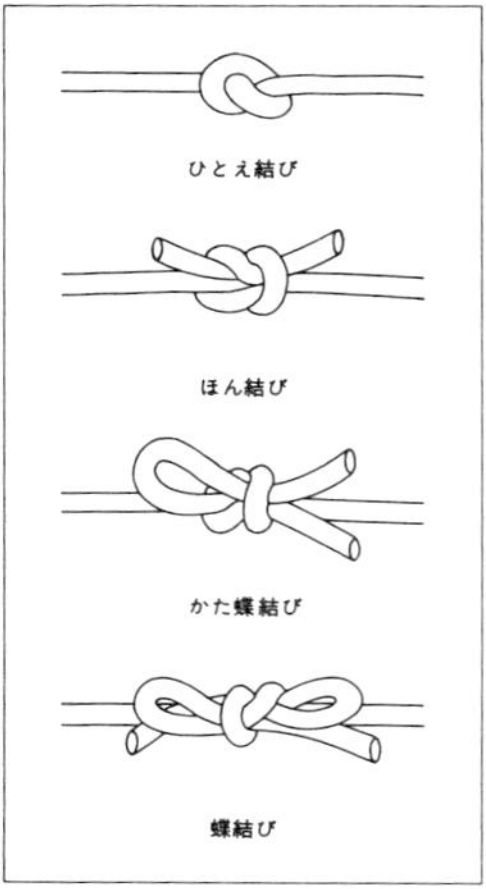

「ひとえ結び」「ほん結び」「かた蝶《ちょう》結び」「蝶結び」くらいはできるだろうか。その他にも、釣りの好きな人なら「てぐす結び」や「釣り針」の結び方を知っているだろう。山岳部の人はザイルの結び方、ボーイスカウトの経験ある人はテントの張り方なども知っているに違いない。しかし、ほとんどの人は、最初に示した最も単純な四通りぐらいしか結ぶことができないのではないだろうか。

それは、現代のわたしたちの暮らしが「結び」をそれほど必要としなくなっているからである。「水干《すいかん》、直垂《ひたたれ》」（二二三・3）の時代にまで遡《さかのぼ》らなくても、和服を着ることを想像しただけでも、「結び」の必要性に思い当たるだろう。帯、帯紐《おびひも》、たすきのかけ方を知らなければ、和服を着ることも、作業することもできない。しかし、現代では「結ぶ」必要はない。ベルト、ゴム、ボタン、ファスナーが取って代わったのだ。「結ぶ」という二本の紐でなされていた仕事が、より機能的な方法に分化したのだ。

こうした機能性の追求は他にもある。紐や縄で結んでいたものが、輪ゴム、セロテープ、ガムテープ、接着剤といったものに代わってしまった。そういう便利で、機能性のみを追求したものが、私たちの周りにあふれ、その結果「結び」が遠ざかってしまったのだ。私たちがほとんど「結び方」を知らないというのも、暮らしの中で占める「結び」の比重の低さを示しているという意味において興味深いものがある。

　ここで一例として、接着剤と「結び」の違いについて少し考えておこう。便宜上、比較表を作ってみる。しかし、実際の用途や機能は異なっているので、必ずしも単純な対応関係を示すわけではない。比較を考えるうえでの参考になるだろう。

接着剤	結び
簡単でだれでも使える	簡単なものから複雑なものまでヴァリエーションがあって、熟達するには、修練が必要
密着する	間隔を調節することができる
接着面積が大きいほど安定する	固定面積には関係が少ない
一度接着するとはがすのが困難である	何度でもほどくことができる
平面にも接着することができる	平面には結ぶことはできない
外から見えない	結び目が見える。運搬の手がかりになる。装飾としての用途もでてくる
接着するまでに時間が必要である	結べば、すぐに使える

▼もともと「結び」は「実生活の必要に迫られて発展してきた技術」（二二五・13）であった。人間の生活がほとんど漁猟に頼っていた時代から「結び」はあった。「アイヌ族の古い猟具に、この結びを発見した」（同・5）ことは、その証《あか》しである。このように漁猟や農作業、それらに付随する荷造りや運搬といった労働の中で、「結び」は発展してきた。また別個の離れたものを結びつけるという機能から、呪術的で神秘的な意味も加わって、装飾や宗教的な実用性を帯びるようになっていったのだった。「結び」の一つ一つには、長い間かかって積み重ねられてきた人間の知恵が集結されているのである。「結び」がどんな時に、どんな場所で生きているか調べてみよう。

▼また「結び」には記録と伝達の役割もあった。古代ペルー（インカ）の結びがそれである。これはキープと呼ばれ、結びの位置、紐の色が文字の代わりをした。このキープを使って人口調査や統計、穀物倉庫の貯蔵量、軍隊の数、採金の量などあらゆるものを記録し、統計をとって保存した。「結び」は計測上でも利用され、船舶の速度を示す単位を「ノットknot（結び）」というが、これは、船から紐を流し一定の時間に繰り出された紐の結び目を数えて船の速さを計測したところから名づけられた。他にも古代の中国や、沖縄においても「結び」による伝達や計算方法のあったことが伝えられている。

31 石の思想

饗庭孝男

石が人間を「拒否するという働き」（二三一・2）とはどんなことをいうのだろうか。

本文の中から、解答または解答のためのヒントになると思われる部分を抜き出してみよう。

(1) 「その非情性は、有機的存在（人間）を、た

だ在ることと自体において即物的に否定しようとする沈黙の暴力を持っているといってよい。」（二三〇・7）

(2)「石造りの建物の中で、石によってうけた、緩慢にして非情な歩みに内部から無残に犯されているように感じられるのであった。」（二三三・4）

(3)「石の非情性と沈黙の暴力が、徐々に有機体の生の機能を犯してゆくのであろうか。」（二三四・11）

このように見てくると、無機物である石が、有機物である人間と対置されていることがわかる。われわれ人間が、石を前にした時に抱く〝どうにもならない〟という感覚——冷たさとか堅固とか——われわれ人間とは本質的に違うものだ、という感覚。文中のカミュの言葉を借りれば「われわれにとって還元不可能」（二三〇・15）だという違和感。これがまず第一に、石が人間を「拒否する働き」として考えられている。

だがそれだけではない。

文中には、「少女」「老婆」「青春」「死」という語が出てくる。これはなんだろうか。これは人間が有限である、ということだろう。人間の有限性などということは、普通の状態では見えてこない。しかし、人間が「石」の前に置かれた時には、はっきりと見えてきてしまうのである。その意味で、「石」は永遠の時間の象徴となっていることがわかる。

時の中での、人間の有限性が最もよく見えるのが「老い」であり、人間にとって永遠とは自分自身の「死」という状態でしか存在し得ない。したがって、「石」の前に人間の死を見るというのも自然な感覚であろう。

石が人間を「拒否する働き」とは、石が人間の前に置かれていても人間はどうすることもできないように、老いとか死の前で人間は全く無力であるという事実を石そのものが無言のうちに私たちに容赦なく突きつけているということを意味する。

▼この文章の特徴について言及しておこう。饗庭孝男のこの文章は、事実を客観的に分析して、その結果を知識として読者の前に提示しようとする種類のものではない。筆者の精神は、事実そのものではなく、事実から受ける「私」の「印象」にこそ集中的に向けられている。

先に引用した三つのセンテンスの末尾をもう一度示してみよう。

(1)「……沈黙の暴力を持っているといってよい」

(2)「……内部から無残に犯されているように感じられる」

(3)「……沈黙の暴力が、徐々に有機体の生の機能を犯してゆくのであろうか」

この傍点を付した部分は何を意味するのだろう。明らかに筆者の関心が「事実」にではなく、事実から受ける「印象」に向けられていることを物語っている。文章の冒頭はこうなっている。

「ヨーロッパで私がはじめて感じたことは、……事実から受ける奇妙な嘔吐《おうと》感、または眩暈《めまい》感であった。」

そのほかにも、「……一つの印象を忘れることができない」(二三二・4)、「私のヴィジョンにおいて」(二三二・9)、「……のように思われてならなかった」(二三四・10) などの表現が見られる。この文章の中では、これらの語句は極めて重要な意味を持つ。これらの語句を単なる表現上の冗長な蛇足として読みとばしていくとしたら、この文章を根本において誤読することになる。なぜなら客観的な知識を得ようとしたら、ここにあるのは、支離滅裂としか呼びようのないことが多すぎるからである。心の外を描写している部分と心の中を表現している部分を明確に区別して読まなければいけない。

この文章が美しいのは、「私」の「印象」を正確にとらえ言葉にしているからだ。「石」を見て、それを「沈黙の暴力」(二三〇・9) ととらえた直観を壊さずに言葉に表現し得ているからだ。

32　二つの瞳

蓮實シャンタル

「集中的な視線」（二三八・9）と「包括的な視線」（同・10）という分け方をした場合、あなた自身の視線の使い方はどうなっているか、筆者の場合と比較して考えてみよう。

この文章は、私たちが日常意識することなく「使って」いる視線をこのように区別し、しかもそれによって日本の社会での視線の使われ方を解き明かすための重要な端緒を与えてくれている。ここに筆者の批評精神を読みとることができる。

さて、あなた自身の視線の使い方はどうなっているか。個人的な条件により違いはあるだろうが、日本の社会で生まれ育った人（以下「日本人」と呼ぶ）の場合は、おおむね文中の「私の夫」と同じような視線の使い方をしていると言って差し支えないだろう。

当然のことながら日本人も「集中的な視線」を使うことは多い。たとえば、視野の遠くにいる人が知人かどうかを見分ける時、あるいは指に刺さったトゲを調べる時、等々。一方、無関心なものに対しては「ほんの一瞬、ちらりと視線を送る」（二三七・16）にとどめること、これも日本人だけではなく万人に共通の態度であろう。

では、筆者と比較した場合に日本人の視線の使い方として問題になるのは何だろうか。筆者は、「私にとって、何かをじっと見つめることは、愛することの同義語のように思われていました。」（同・14）と述べている。しかし、日本の社会では「何かをじっと見つめること」は主として〝点検する〟〝調べる〟、時には〝疑う〟という行為を意味する。だから日常会話の際相手の顔をじっと見るということはしないし、愛する人をじっと見ることもあまりしない。また商店の店先などで、客が品物を手にとってじっと見ると、店主は品質や材質を疑われているような気がして落ちつかなくなり、一言品物の良さを強調せずにはいられない気分になってくる。客の方から言えば、店主をこのような気分にさせることは〝失礼な〟態度ということになるから、客の視線は「さまざまなものの上を揺れ動き、時折また」（二三八・4）その品物の上にもどってくるということを繰り返すことになる。

この「包括的な視線」は、自分の世界に違和感なく対象を受け入れていることを示すと言おうか、少なくとも無関心なものへ投げる一瞥《いちべつ》とは別のものである。

それならなぜ、筆者にとっては「愛することと同義語」のように思われていた「じっと見つめること」（「集中的な視線」）が、日本の社会ではそのような意味を持ち得ないのだろうか。逆に〝疑い〟の意味の方が大きくなるのはなぜだろうか。

その答えは、日本人が愛する人に向かって「（わたしはあなたを）愛している」とあまり言わないという事実と関係がある。「愛している」という言葉がことさら意味を持つためには「わたし」と「あなた」との間に明確な境界がある場合なのである。その境界を当然の前提として、「わたし」と「あなた」との間のつながりを作る（確認する）のが「愛する」という言葉であろう。西欧の社会では「個」の観念が強く人々を支配している。自分と他人（「わたし」「あなた」「かれ」「われわれ」）の区別は厳然としている。その厳然と区別される他人どうしが「愛する」という言葉で境界を越えて結びつくところにこの言葉の重要な意味がある。

それに対して日本は、できることなら自分と他人の違い（区別）をことさら明確にしないままでおきたいという意志が無言のうちに人々を支配している社会である（あった）。「わたし」と「あなた」との間の境界は明確にされないことが〝望ましい〟と考えるのである（古い言葉でそれを「和」と呼んだ）。だから本当に愛しあっている二人の間で「愛している」という言葉が使われると、その言葉はかえって「わたし」と「あなた」の間の隔たり（境界）を意識させてしまうのである。

同様に「集中的な視線」についても考えることができる。「見つめる」とは「ことさらに見る」ということを意味する。自分と対象との心理的な隔たりをはっきりと意識してそれを埋めようとすることである。だから「見つめる」という行為は対象を自分に対する「他者」として設定するところからはじまる。「集中的な視線」が人に向けられる時、この行為は本来なら明確に意識されずに済んだはずの、自分と相手との境界を明確にしてしまう。「見つめる」ことによって相手を「他者」にしてしまうのである。対象を「他者」にしてしまうということは、「わたし（たち）」からその対象を心理的に排除することを意味する。だから日本の社会は親しい人を「じっと見つめる」ということはあまりしない。あえてそれを行う時は、相手に対して何か不審なこと、疑いがあるということを表明することになる。

対象が「物」である場合はなんら問題はない。「他者」として充分に点検すればよいわけである。しかし、その「物」が、相手の持ち物であったり、相手からの贈り物であったりしたら、それを「じっと見つめる」ことは、その物を「他者」とすると同時に相手をも「他者」としてしまうことになる。それは〝失礼な〟ことなのである。

筆者は「あるものをじっと見つめればそれを深さにおいて捉《とら》えることができると思っていました」（二三七・4）と言っている。この場合「見つめる」とは対象との隔たりを埋めようとすることであろう。だが日本人にとっては「見つめる」とは、対象との間に埋めなければならない隔たりがあることを明確にすることである。こうして「見つめる」という一つの行為が一方では「愛すること」を意味し、他方では「疑う」ことを意味するようになる。その結果、日本人は筆者の言う「包括的な視線」という複雑なものを使うようになっているのである。
▼この文章は蓮實《はすみ》重彦《しげひこ》著『反＝日本語論』の解説として書かれたものである。『反＝日本語論』は日本人とフランス人が結婚し、子どもを日本語とフランス語の二つの言語の中で育てていくという生活をふり返る中で生まれてきた書物である。その中に興味深いエピソードがあるので紹介しておこう（ただし原文はフランス語の代名詞や会話が引用されていたりするので、要約によって示すことにする。関心のある人は同書を読んでほしい）。

妻が外出していたある日、父親（＝蓮實重彦）と息子（五歳）が夕食をとっていると、不意に父親は息子から「あなた」で呼びかけられて衝撃を受ける。とまどった父親は思わずそれに対してフランス語で返事をしてしまう。父親を「あなた」と呼ぶのはフランス語にしかない語法だったのだ。だが息子にしてみればフランス語の「あなた」も日本語の「あなた」も同じである。父親はとっさに「こんな場合、日本語では『あなた』とはいわない、ただ、『パパ』と呼びかければいいのだ」と教えてやるかわりに、絶句してしまう。それからフランス語の人称代名詞がいきなり日本語の中へ持ちこまれた時に起こる「排除」と「選別」の機能について考え、「あなた」と呼ばれた瞬間自分と息子との間に越えがたい距離を意識してしまった、と告白する。そして、妻と息子とが日本語で自分のことを「彼」と呼んでいる場合を仮定してみて、その時自分が感じる仲間はずれの意識といったものを想像してみる。考えてみれば父親自身は周囲の人間に「あなた」と呼びかけた記憶はまるでなかった。妻が通っている日本語の学校のテキストにある「あなたはにほんじんですか？いいえ、わたしはにほんじんではありません、フランスじんです」という文章を、まるで電算機が語る台詞《せりふ》みたいと言い、「断じて生きた日本語ではない」と考える。

さて、息子の方は、祖父母に向かって、幼稚園の先生に向かって、近所の友達に向かって、「あなた」を連発しつづける。息子が「あなた」を口にするたびに、奇妙な当惑の輪が一瞬、その周囲の人々のあいだに音もなくひろがっていった……。

8 異郷の発見

33 インドへの旅

吉田ルイ子

「日本から持ち込んだ毒素」（二五〇・14）とはどのようなものだろうか。

端的にいえば機械文明・物質文明の「毒」ということになるが、そういう性急な結論の出し方は、真に筆者の文章を味わったことにならない恐れがある。内容をたどってよく確かめてみよう。

文中で日本のことを「機械の冷たい匂いしかしない日本、スーパーマーケットへいっても薬局みたいな匂いしかしない日本」（二五一・3）と書かれていることに注目しよう。それに対して、インドは「泥水と人糞《じんぷん》の」「悪臭」（同・5）の街と書かれている。この違いはなんだろうか。前者の機械や薬局の匂《にお》いは、後者の人糞の臭いに対して文明の匂いというべきかもしれない。しかしその匂いは、人間本来の臭《にお》いを消し去ったいわば死の匂いなのである。

筆者はインドへ来て「乞食の集団」と「泥水と人糞の混じった、凄絶《せいぜつ》な街の臭い」（二四六・4）と「サイレン」と「よび声」と「叫びのいりまじった音」（同・6）に直面するたびに「凄絶な下痢」（二四七・10）に襲われると書いている。

筆者がインドで直面させられるのは、こうして見ると、視覚・聴覚・嗅覚《きゅうかく》などのあらゆる五感が総動員させられる刺激なのである。異様な光景、臭いと音、そして内臓の機能に至るまで、全身のあらゆる器官のギリギリの能力が試される刺激である。そのとき筆者は、日本でかつて経験したことがないほど、自身の肉体を、意志や知性とは全く別個の、いわば自己主張する存在として自覚したともいえる。いいかえれば、日本では〈肉体〉を忘れて生きていられたのである。「日本から持ち込んだ毒素」を文明の毒というとき、その文明とは、人間の肉体を覆い隠し忘れさせている文明という意味なのである。

大地や空気と結びついた一個の肉体として生きることを、インドは人に強いるらしい。

▼「東京だって一世紀前は、外人が〝ハニーバケツ〟とよんでいた肥溜《こえだ》めの人糞の匂いが充満していた人間くさい街だった」（二五一・6）と筆者は書いている。では「その匂いがたまらなくて逃げ出した外人」（同・8）たちの国はどうだったのか。

十八世紀から十九世紀のころ。ヨーロッパの中心的都市であったパリでは、セーヌ河は汚物投棄の川であり、街路には排泄《はいせつ》物や汚物がぬかるみを成し、ゴミが堆積《たいせき》していた。市民には立ち小便の習慣があり、階上の窓からバケツで（それが庶民のトイレだった）汚物を下の道路へ投げ棄《す》てることさえ常だった。旅行者はパリが近づいたことを、風に伝わる糞尿の匂いで知ったといわれる。さらに橋や広場には乞食、大道芸人、犯罪者が、そしてあらゆる路地には娼婦《しょうふ》がひしめいていた。

イギリスの首都ロンドンの下層庶民の暮らしぶりの惨状もパリに優るとも劣らず、凄絶だった。

だから「東京だって一世紀前は」という筆者の叙述は、そのまますべての文明都市の「一、二世紀前」にあてはまるのである。そう考えてみると本文で筆者の書いていることは、地理的な興味以上に、世界史的な興味によって読むことが可能となってくる。

34 大仏開眼 七五二年の世界音楽祭

林 光

「だがまた、この花盛りは、はかないものでもあった。」（二五八・13）とあるが、輸入文化が根づかなかったのはなぜだろうか。

問題は何のために、まただれによって、この史上空前の世界音楽祭が企画実現されたかである。また文化が根づくためには、文化とそれを受け入れる民衆との間に接点がなければならない。接点はあったのだろうか。

このフェスティヴァルは十年がかりの「大仏計画」（一二五三・3）の完成を祝うために企画された。もちろん、計画を呼びかけた聖武太上《しょうむだいじょう》天皇をほめたたえるためのものであることはいうまでもないが、同時に国の力を喧伝《けんでん》するためのものでもあった。要するに国家の威信を国の内外に広く知らしめるために、「古代日本国の支配者、政治家、文化人たち」（一二五八・11）、すなわち時の権力者たちによって企画されたのである。その時、広く国民に知らしめなければならないのは国家の威信だけではない。フェスティヴァルの企画実現の大任にあたった彼ら、特権階級の威力、勢力をこそ知らしめなければならない。また、その絶好の機会でもあった。

だからフェスティヴァルを彩るものは、容易に民衆の手の届く代物《しろもの》であってはならない。最高の権力を誇示できる超一級のものでなければならない。その水際立った方法は、権力をもたぬ者が決してできぬことをすることである。端的にいえば「外国」の文化、芸能を呼ぶことである。民衆の耳目をそばだたせるものであればいい。民衆の文化のレヴェルや素地などは全く思慮の外である。彼ら、特権階級にとって民衆は見物人であればいい。それ以上であっても、以下であっても困るのである。ここにあるのは、文化や芸能は特権階級が選択し、民衆に示し、そののち自分らがそれを占有するという構造である。

そもそも大仏にしても、「国民の奉仕によって、共につくられる」（一二五二・4）というのが建て前であるが、できてしまえば「平城京は三日もまえから四百人の兵によって警備されていた」（一二五四・5）という。当時の権力者が何を恐れ、そして何を守ろうとしたか、ここに端的にあらわれている。披露された文化や芸能が民衆にまで広まってゆくことは最初から意図されていないのである。

すぐれた文物は時の権力者の宝物となり、やがて雅楽寮《ががくりよう》か正倉院《しようそういん》に秘蔵され、朽ちてゆくのを待つだけであった。それらが民衆の前に姿を現すことは二度となかった。民衆に根づく道理はどこにもないのである。

8　異郷の発見

35　内臓とこころ

三木成夫

「生の波動」（二六三・13）の発見によって、何が見えてくるのだろうか。

「波動」とは、空間の一点での状態の変化が次から次へと、ある有限の速度で周囲に伝わる現象をいう。ここでは、同一の場所にいながら周期的に変わる食と性のリズムが、「生の波動」として比喩《ひゆ》的に表現されている。春が来ると〝サクラ前線〟が北上し、秋になると〝モミジ前線〟が南下する。毎年繰り返される自然現象だが、「成長繁茂」（二六一・16）から「開花結実」（二六二・2）への相の切り換えが、地球の軸、つまり「宇宙的な生のリズム」（二六三・13）と一致することに着目した筆者が、それを「生の波動」と名づけたのである。

太古の昔から受け継がれてきたそのリズムは動物にもある。地球規模で往復運動をするサケや渡り鳥、月の満ち欠けとハーモニーを奏でるゴカイなどである。このリズムが宿っている場所は、動物の内臓系である。そこは動物体内にあっては「植物器官」（二六七・7）と呼ばれる部位であり、厳密には消化腺《しようかせん》と生殖腺がその役目を担っている。

さて、動物の体内における「生の波動」の発見によって、私たち人間にはどのようなことが見えてくるのだろうか。人間の身体の中に「植物器官」が存在すること、「卵巣そのものが一個の〝天体〟というよりない」(二六七・15)といった宇宙リズムが内在すること、「地球というモチをちぎったようなものですから、ひとつの星――〝生きた地球衛星〟」(二六六・10)としての身体を発見することなど、いずれも従来の人間を中心にすえた世界観を揺すぶるものであろう。

それは、人間は生きているが、他方では生かされているということではないだろうか。自分の中には自分でない部分があって、その〝他者〟を含みながら自分があるということだ。この〝他者〟が「個体の維持から種族の保存」(二六二・1)をつかさどる「生の波動」であり、三十億年の昔から絶えることのない宇宙のリズムなのである。「私たち人間の内臓系を見ますと、この食と性のリズムは、ほとんどなくなりかかっている」(二六七・10)と筆者は言うが、私たちがその存在を意識できないのは、私たちがこの〝他者〟と歩調を合わせているからである。〝他者〟の存在が意識できるのは、〝他者〟が私たちの思い通りにはならないときである。身体に変調が起こったり、病気になったりした時、私たちは否応《いやおう》なくその存在を思い知らされる。なかでもそれを最も強く感じることができるのは、私たちが死ぬときである。私たちの意志や力では制御することができない〝他者〟としての死は現れる。最大最強の〝他者〟、それが死である。「個体維持から種族の保存」の一つの短い周期が完結するとき、「生の波動」は次の世代に受け継がれているのである。

なお、文明と人体の生理の問題については、文例33「インドへの旅」にもふれられているので、参照してみよう。

▼占星術やバイオリズムなど人間は昔から、運勢を天体の運行と結びつけて考えてきた。しかし、「火星だとか土星だとか、あるいは土星の衛星だとか、かなりたくさんの順列組み合わせ」(二六六・1)が明らかになってきたからといって、早

合点しないでおこう。科学知識の断片と自分の将来や運勢とは何の関連もないからである。

8 異郷の発見

36 胡桃の中の世界

澁澤龍彦

あなた自身の「ミニアチュール」を楽しむ経験をいくつかあげて、その場合の想像力の働きをふり返ってみよう。

こどものころをふり返れば、だれでも思いあたることがあるだろう。まず、さまざまなおもちゃがある、ミニカーやプラモデルはミニアチュールそのものである。船や飛行機や電車、レール、踏み切り、ビルディング……。プラモデルは大人の趣味となってくると複雑で精巧になってくる。さらに徹底したものに木製帆船などという鋲《びょう》の一本一本まで本物そっくりのミニアチュールがある。

一方には人形がある。単純な人形あそびからはじまって、着せ替え人形、雛《ひな》あそび……、これも次第に精巧になり建物、部屋、宮殿などが付随してくる。

さらに箱庭というものがある。浅めの箱の中に土や苔《こけ》や草を使って山、川、森、道を作り、川には橋をかけ、寺や学校を作っていく……。昔は、小学校の教室の隅には必ず箱庭用の大きな箱があり、集団ですばらしい箱庭を作ったものだ。これなどミニアチュール遊びの王様と呼んでもいいかもしれない。箱庭の変形したものに、展覧会場などで見かけるパノラマや立体地図がある。

また、針穴写真機というものがある。暗箱の一方に小さな孔《あな》をあけ、反対側に曇りガラスかパラフィン紙を貼っただけの簡単な装置だが、これを明るい戸外へ向けて動かしていくと、小さなスクリーンに外の風景がくっきりと逆さまに映ってゆるやかに移動していく……。

挙げはじめたらキリがないが、もう少しつづけてみよう。童話やおとぎ話には小人や妖精の話がたくさんある。これなども一種のミニアチュールである。「ふしぎの国のアリス」とか「浦島太郎」とか「リップ・ヴァン・ウィンクル」とか、草むらのかげや水の底の別世界にこの世の人間が飛び込んでしまう話。大小を相対的と考えればこれなども一種のミニアチュールと呼んでもいい。現実には、大仏の胎内めぐりをさせてくれる寺もある。

こうして挙げてくると、私たちの現実の行動のあれこれは、「ミニアチュールを楽しむ」ことのすぐ隣にあることに気づく。たとえば、

人形あそび──→ままごと──→演劇

という流れを容易に考えることができる。ままごとも演劇も、実生活や実人生のミニアチュールであるといっても不自然ではない。

そういえば、写真を見るとき、私たちは手のひらの上へ現実をのせてミニアチュールを楽しんでいるのではないか。部屋の中には彫像が置かれたり、生け花が飾られる。生け花は、天地自然を模したものとも、山の中の自然の一角を模したものともいう。こんな身近なところにもミニアチュールの精神は生きているのである。

すでに気づいている人もあるだろう。小説も人生のミニアチュールなのだ。これは人間の考えだした最も精巧なミニアチュールかもしれない。その上、ちょうど箱庭を作るとき、現実には存在しない橋を架けることができるように、小説の中では実人生にはない人や場面を作ることができる。時には実人生以上の精巧さでもって作ることができるのだ。

以上、さまざまな「ミニアチュールを楽しむ」ケースを挙げてみた。それぞれの場合に想像力が重要な役割を演じている。現実には不可能なこと、論理的には別物としか呼べない二者の間の距離、それら欠落している部分を想像力が補うことによってミニアチュールは〝いのち〟を持ってくる。それは、考えてみれば驚くべき事実であるが、あ

まり日常的であたりまえのことになっているので、私たちは気づかないだけのことなのだ。
　こどもの時にミニカーや人形で遊んだことが、写真を眺めたり小説を楽しんだりする時の精神の原動力になっている。人間とは、生まれながらに、そのような異郷へのあこがれと、それをいわば手のひらの中でそっくり所有する能力を与えられているのだ。
▼澁澤龍彦の「胡桃の中の世界」は、ミニアチュールという、ともすればこどもの夢想として顧みられずに終わりそうなテーマをとりあげて、それが人間にとっていかに豊かな財産であるかを、私たち読者に気づかせてくれるところに特徴がある。しかも、そのような〝児戯にも等しい〟ことを論ずるに、古今東西のあらゆる文学者や哲学者とその著作を引用しているところにも私たちは驚かされる。それはシェイクスピアであったり、ライプニッツであったり、ニコラウス・クサーヌスであったり、バシュラールであったりする。それぞれが全く異なった時代と場所の人間であり、厖大《ぼうだい》な著作群を残した人物ばかりである。その中からわずかに「ミニアチュール」という共通点が見いだされることによってこれらの人物や文献は緊密な関係で結びつく。この手際は、あざやかな手品を見せられるようだ。文章の世界につくられた、もう一つの世界と呼んでもいい。読者はそれを楽しませてもらうことになる、ちょうど手のうちでミニアチュールをもてあそぶように。

8　異郷の発見

37

言葉ともの

高良留美子

この文章で「物」が擬人化されている箇所（語句）をあげてみよう。また、その擬人化によって見えてくることは何だろう。

　まず気づくことは「物」（複数）を指して「物

たち」「かれら」と何度も呼んでいることである。すでにこれが擬人化である（ただし、傍点付きの「かれらの言葉」という語句が文中に三度出てくるが、これは「権力者の言葉」（二七八・7）、「他人たちの言葉」（二七九・4）の意味であり、傍点なしの「かれら」とは明確に区別されている）。

それ以外で「物」を擬人化している語句を順に拾ってみよう。

「物に語らせる」（二七七・2）
「物もまた死んでいた」（同・5）
「物と言葉はわたしを閉じこめ、わたしを誘い、わたしに未知の片言を語った、かれらの言葉を」（二七八・2）
「それらの魂」（同・15）
「かれらはわたしをとりまき、見つめ、しばしばわたし自身でもあった」（二七九・10）
「物たちの新しい表情」（同・17）
「物たちが生きはじめる」（二八〇・4）
「（言葉は）物の表情であり、身ぶりであり、その意思表示でさえあるように思われた」（同・4）

主なものを拾ってみると、右のようになるだろう。このような擬人化によって何が見えてくるのだろうか。

擬人化するということは、「物」を加工し名づけ、使う人間の位置から「物」を見おろすのではなく、人間に「加工され、名づけられ、使われている」（二七九・9）「物」と対等の位置に立って「物」を見ることを意味する。筆者はそうすることを「物の側につ」（同・11）くと呼んでいる。

わかりやすくするために一例をひこう。仮に今、屋根つきの車庫がないために長雨の中に放置されている自家用車を、家の中から眺めている父子があるとする。

父――「うちの車、あんなに濡《ぬ》れっぱなしで、よくないなあ」
子――「うちの車、あんなに雨に濡れていて、かわいそう」

右の父の言葉は、自動車を「使う」側からの発想であり、塗装や金属のいたみを気づかった、いわば自分の利害を中心にした発想である。それに対して、子の言葉は「かわいそう」という擬人化によって自動車と対等の位置に立った発想になっている。この言葉によってあたかも家族の一員であるかのような、全く新しい「自動車」が発見されているのである。子は「物の側についたのだ。名づける者ではなく、名づけられる者の側に」(二七九・11)。

もちろん擬人化だけが「物の側につく」ことではない。本文中の用語を借りれば、「権力者の言葉」「存在から離れた言葉」「普遍的な顔をして通用している言葉」(二七八・7)を拒否して、「存在を映している言葉」(二七九・16)、「わたしの知らなかった物たちの新しい表情を見つけだす」(同・17)ことができる言葉を求めることが重要なのだ。擬人化は、そういう「わたし」と「物」と「言葉」との新しい関係を見つけだすための端緒として筆者によって実行されているにすぎない。

筆者が望んでいることは、既成概念によって対象の表面をとらえることではなく、真に「わたし」の目と言葉で対象(「物」)をとらえることである。対象をとらえるには、言葉によらなければならない。だから「わたし」と「言葉」との関係も新たに問いなおされなければならない。

その意味では、言葉もまた「わたし」にとっての〝異郷〟であったわけである。

▼文中に「権力者の言葉」「普遍的な顔をして通用している言葉」に対する「わたし」のつまずきが語られ、「わたしは言葉がきらいだった。自分の存在がそれで不当に名づけられているという理由で、自分をそれで語れないという理由で、わたしは言葉がきらいだった。それは他人たちの言葉だ。かれらの言葉だ」(二七八・9)と語られている部分がある。このことについて少し考えておこう。

たとえば、あなたは「人材」という言葉を聞いたことがあるだろう。この言葉で、高校生であるあなたが、あなた自身の知らないところで、呼ばれていることがある。あなたはどう感じるだろうか。「人材」とは「木材」「石材」「鋼材」などと並ぶ単語だ。あなたのことを「人材」と呼ぶとき、呼ぶ側の人間はあなたを「物」として扱っている。明瞭《めいりょう》に意識はしていないだろうけれども、この言葉は人間を何かの「材料」として使おうとしている側の人間の言葉なのだ。筆者はそれを「権力者の言葉」「かれらの言葉」と名づけている。高校生であるあなた自身は決して「私は優秀な人材になります」とは言わない。しかし政治や産業や教育を左右する立場にある人々の間では、この言葉は「存在（＝あなた）から離れて」「普遍的な顔をして通用している」のである。

実は、これは一単語を例に考えてみたにすぎない。それでも、「普遍的な顔をして通用している言葉」が、いかに真実のあなたを語り得ないか、あなたの真実の気持ちから程遠いものであるか、がわかっただろう。そのことに気づいた時、あなたは身のまわりのあらゆる単語、あらゆる言いまわし、ことばの体系そのものまで疑ってみなければならなくなる。疑いながら言葉を発する、それが言葉を疑うということなのだ。

38 母語と母国語

田中克彦

「ことばとその話し手との関係に関する、日本人の平均的な理解度」（二八九・3）とは何だろうか。

直後の「ことばはすべて国語であると考える日本人の考えかた」（二八九・4）を指すが、もう少し詳しく言えば、一つの国家は一つの民族で成り立ち、その民族は皆同じ言語を使う、つまり、国家、民族、言語を三位《さんみ》一体のものとして理解することである。

世界中にはさまざまな言語、民族、国家がある。

民族や言語が複雑に絡みながらも一つの国を形成する例もあれば、同一の言語を話しながら別の国家を形成する例もある。また複数の公用語を持つ国もある。国家、民族、言語が三位一体であるのは、むしろ例外である。言語について考えるとき、そういう点にまで考えが及ばない思考の限界が、「日本人の平均的な理解度」なのである。

その根底には、日本という国家は大和民族だけで成り立っていて、日本語が唯一の言語だとする考えが根強く残っている。いつのころからか、日本人は日本を「単一民族国家」とし、それが理想の形であるかのように内外に吹聴《ふいちょう》して、多くの日本人がそれを信じて今日に至っている。しかし、その裏には、言語的少数者であるアイヌ人やウイルタ人を滅ぼし、その言語を「学校、役所、裁判所のどこにも、そのことばのための場所はあてがわれていない」（二八九・9）状況を作り出した支配の歴史がある。日本列島においてはアイヌ人やウイルタ人が先住民族であったことはほぼ定説である。もともと、アイヌ人にはアイヌ語が、ウイルタ人にはウイルタ語があったのである。

日本の国の中でも日本語だけが唯一の言語ではないのだという認識の転換が求められているのだ。国家、民族、言語が三位一体になってはいないのである。日本もまた、世界の多くの国々と同じく「単一民族国家」でもなければ、「単一文化」の国でもなかったのである。

▼では、ゲンダーヌさんの記事を書き、「言語的少数者が置かれている状況にたいする深い理解」（二八八・3）を持った記者は、母国語ということばを使わず、母語あるいは国有語と書けばよかったのであろうか。おそらくその記者は、日本が「単一民族国家」でないことも知っていただろうし、ことばはすべて国語であるとも考えてはいなかっただろう。だからこそ、筆者はこの記者の陥った盲点をことさら取り上げる必要があったのだし、論及もその点に向けられているのである。

しかし、この記事の書き手を責めるばかりでは問題は片付かないだろう。辞書をひもといてみれば、それが分かる。辞書はその時点におけることばについての「平均的な理解度」の指標である。その範囲内での報道が記者に与えられた条件である。この記事が書かれたのは一九七八年である。それ以前に発行された辞書と、それ以後に発行された辞書について、母語と母国語の記述を引用しておく。参考にしてほしい。この記述の変遷が「ことばとその話し手との関係に関する、日本人の平均的な理解度」を示す例といえるのである。辞書の記述のうえではほんの少しの変化であるが、その違いがことばに関する根本的な考え方の転換を意味しているのである。

○『広辞苑』（一九六三年刊、第一版　岩波書店）
母語…自分の本国の言葉
母国語…母国の言語
○『広辞苑』（一九八三年刊、第三版　岩波書店）
母語…幼時に母親などから自然に習得する言語。（母国語というと国家意識が加わる）
母国語…母国の言葉。→母語
○『新英和大辞典』（一九六八年刊、第四版　研究社）
mother tongue…母国語
○『新英和大辞典』（一九八〇年刊、第五版　研究社）
mother tongue…母語《幼時に母親などから自然に習得する言語》

なお、比較言語学で言う祖語（同系列の言語の分岐・発展の元となったと想定される言語）の意味で使われる母語の場合は省いた。

▼二八七ページの脚注にも示したように、戦時中召集をうけたゲンダーヌさんは、シベリア抑留から帰ってみれば、国籍がないことに気づく。戸籍がなければ、旧軍人に支給される恩給も支払われない。国家は都合のよいときは徴用するが、後は知らぬ顔をきめこむのだ。ゲンダーヌさんは軍人

として働いていたとは認められず、その間の人生は空欄になってしまったわけだ。軍籍にあったことを認めるようにとの申請に対して、一九七六年九月十日、厚生省は回答を出した。その〝判決〟なるものを次に引用しておこう。少数民族に対する国の政策は、今も変わっていないことを、その〝判決〟は語っているのである。

判　決

北川源太郎氏については、次により、日本軍人として在隊したものとは認められない。

一、樺太《からふと》原住民に対しては、兵役法の適用がなかったこと。したがって現役兵として徴集すること及び召集規則により召集して在隊せしめることはできなかったものであること。

二、前記のとおり、特務機関関係者について聴取した結果、軍人として召集（徴集）した事実はないこと。

（注）当時、日本軍隊に協力せしめるため、特務機関がその出頭を強く要求したことが、召集と誤解されたむきもある。

三、北川源太郎氏の身分は上陸地における身分決定（軍属、傭人《ようにん》）のとおりである。

（田中了《たなかりよう》／D・ゲンダーヌ『ゲンダーヌ』より）

39

異時代人の眼

若桑みどり

筆者はなぜ、「マイナー・ペインター」とされていたカラヴァッジオに「同時代人」を見いだしたのだろうか。

私たちが人やモノを評価するとき、そこに何らかの「先入主や偏見」（一九六・11）が入り込むことはどうしても避けられないことである。自分が周囲の人間をどう評価しているかを、少し冷静になって反省してみればよい。

　同じ時間に同じ空間の中で生きている人間への評価がこんな具合なのだから、古い時代の外国人ともなれば、どうしようもない偏見によってその人物像が形づくられてしまうのも何の不思議はない。

　筆者が十六世紀から十九世紀の美術思潮を詳述しながら展開しているカラヴァッジオへの評価の歴史も決して例外ではなかった。同時代人の「個人的憎悪からはじまって、イデオロギーや政治や一つの美学や体制がいっしょくたになって」（二九五・7）カラヴァッジオを「マイナー・ペインター」（二流の画家）に位置づけてきた。作品自体を無垢な眼《め》でみつめるということをしないまま、個人的、政治的、派閥的等々の偏見が各時代各時代重ね合わせられ、私たちのもとに届けられる。私たちが目にするのは、「不具にされ、変形され、ときには惨殺された「真実」」（二九五・15）だけというわけである。

　それでは、どうすれば偏見をとり除けるというのだろうか。

　私たちが偏見なしに作品を眺めるためには「自己否定にいたるほどの、価値の転換」（二九七・1）を経験する必要があり、現に西欧は、二十世紀に入って「激変」の数十年を経てこの「自己否定」をなしとげた、と筆者はいう（この点の具体例について筆者は何も書いてはいないが、第一次・第二次の二つの大戦などの苦い経験を契機に、西欧社会が自己中心主義的な世界観の克服を余儀なくされた、ぐらいの理解をここではしておくことにしよう）。自分とその仲間たちが歩んできた道に疑問をいだき、「同時代人」たちに一種の違和感を感じなければならないとき、その苦い経験によって私たちははじめて自身の「先入主と偏見」に気づきはじめるのであろう。これが批評精神の第一歩となる。

　こうして、歴史の中で同じような偏見のベールにつつまれていた人物を、全く新しい眼で（比喩《ひゆ》的にいえば「同時代人」として）掘り起こすことも可能になってくる。

筆者がカラヴァッジオに「同時代人」を見いだしえたのは、筆者「自身の世代」が「旧《ふる》い価値の体系の崩壊」（二九七・3）を経験してきたからにほかならない。

▼筆者の世代は、太平洋戦争という激変を子ども時代に経験してきている。敗戦の前と後では、ものの考え方や「価値基準」（二九七・5）が裏と表のように一変してしまった。だから彼らは〈変化〉ということに非常に敏感で、歴史的な感覚、つまり時代時代を〈変化〉の集積としてとらえる発想が豊かである。

ところが、時代が安定し、変化も少なくなると、当然歴史的な感覚もとぎすまされる修練の場を失い、鈍くなってくる。歴史は教科書で習う暗記中心のもの、というあきらめも生じてくる。だが、もしも、あなたが今の自分や学校や社会に少しでも違和感をいだいているとしたら、それは歴史的な感覚をつちかうよい機会となるだろう。「同時代人に異時代人を感じ」ることによってはじめて「異時代人に同時代人を見いだ」（二九七・6）すことができるのだから。今の学校で、たとえば「自由」が乏しいと感じるならば、必ず一度は「自由の歴史」について思いをはせる必要があるだろう。そして、それがまだ書かれていなければ、あなた自身が書いたとしても、いっこうに構わないのである。

9 制度の罠

40 もののみえてくる過程

中岡哲郎

「ひきずりこまれてゆく」（三〇〇・17）時間と「吸い取られ」（三〇四・8）、「搾取され」（同・9）る時間との違いは何だろうか。

「ひきずりこまれてゆく」時間の特徴は当事者の意識の上では一定の速度では流れないということだ。「思考のリズム」(三〇〇・16)にひきずりこまれてゆくには、「ある問題」の発見や、「ある感動」(同・17)の体験が前提となる。

筆者のように通勤電車の中で読み始めた小説がある感動を呼び起こす場合もあるだろう。あるいは、今日天気がよいから、バスに乗らずに歩いて帰ろうと、道草を食いながら歩いて帰る途中に、思わぬ光景に出くわし、その感動が深まってゆく時もある。

いつ、どこで、どのような形で問題や感動が引き起こされてくるか分からない。それがどのように受けつがれ展開してゆくかも予測することはできないのである。このように「思考のリズム」に入ってゆくまでには、一見無駄とも思える「ゆったりとした時間の流れ」(三〇五・13)が必要なのである。そして、いったんひきずりこまれたら、「ずっと考え続けたい、より深くより先へ」(三〇一・1)という「持続への希求」(同・1)が生じてくるのだ。「ゆっくりと回転しはじめながらやがてぐんぐん」(三〇五・13)ひきずりこまれてゆく。それは緩急自在の速度を持った時間の流れといえるだろう。

「吸い取られ」「搾取される」時間は機械のリズムに支配された時間である。基本的にはスケジュールに支配された時間である。必ず一定の間隔をおいた切断がくるコマ切れの時間である。「電車が七時何十何分に高槻《たかつき》駅につけば、頭の方は何を考えていようとそこでおりねばならない」(三〇一・6)。一度回転し始めた思考のリズムも中断されてしまうのだ。現代人は、多かれ少なかれこの機械のリズムに支配されている。

さらに、筆者のような技術屋は、「機械の中にはめこまれている人以上に実は機械に使われている」(三〇一・9)。なぜならば、「装置のある部分がちょっと狂ってしまったことによって全体の関連の中で」(同・13)生じたアンバランスを期日内に修理せねばならないからだ。そこでは、思考のリズムだけでなく、日常生活のリズムも装置の中にはめこまれてしまうのだ。

同じ形で大きさの違う数個の箱を組み合わせ、大きい方に小さいのが順にきちんと納まるように作った器を「入れ子」、そういう仕組みを「入れ子式」というが、筆者はそのような「入れ子式」に組み込まれていたのだ。一つの機械を止めることは、ある製品ができないことである。ある製品ができなければ、その製品を使用したさらに大きな部品を作ることはできない。その部品がなければ、一つの商品を完成させることができない。かくして、この何重にも入り組んだ現代の「入れ子式」社会ができあがるのである。

従って、筆者の生活は、機械のリズムに支配されるだけでなく、さらに一回り大規模な装置のリズムにもはめこまれていることになる。それは、「無限の時間を吸いこむ」（二九九・3）入れ子構造になっているのだ。「時間を食われる」「時間を吸い取られる」「時間を搾取される」という受け身形の表現に、「無限の時間を吸いこむ」何重にもなった入れ子構造を読み取ることができるだろう。高度に機械化され、複雑に絡み合った現代の社会という入れ子構造に無限に吸い取られる時間、それが仕事の時間なのである。

▼筆者は、機械のリズムに思考を中断され、日常生活さえも仕事の時間に組み込まれた日々をおくってきた。偶然から、何に使ってもいいゆったりとした時間、今までとは異質の時間に出会う。筆者は、この二つの時間の違いを身につまされる思いで振り返っている。わたしたちもまた、スケジュール化された時間と、巨大な装置と化した社会の中で生きる現代人である。その中で生きる私たちの時間がどのようなものなのか、自分の生きる時間として見直してみよう。

41

接吻

阿部謹也

「人間とモノの間にも接吻が交わされる」（三一〇・12）ヨーロッパ世界で、「ドイツの老紳士」のようなエピソードが生まれるのはなぜだろうか。

この文章は、ユーモアをまじえつつ軽いタッチで書かれたエッセイで、一読してわかるように、思い出すままに短いエピソードを連ねている。だから、〈論説文〉を読解するように論の展開だけに目を向けていくのは、ふさわしい読み方とはいえないだろう。むしろ、一つ一つのエピソードを楽しみながら、小さな指摘にちょっと足をとめてみることだ。そして、それをヒントにして想像力を広げていこう。想像力が、要求されるのは、小説や詩のジャンルだけでは決してない。

筆者は「ドイツの老紳士」が「ワインが入ったあと」（三〇九・8）語った話から、日本とヨーロッパの「身体表現」の相違についてふと思いあたる。「接吻」には太古の時代から特別な意味があったのではないか、と。

少していねいに本文を読んでいこう。加えて、私たちの想像力も少しばかり導入しよう。すると、「接吻」という独得な「身体表現」の歴史が行間からうっすらと浮かび上がってくるかもしれない。

まず次の文章に注目しよう（どこを手がかりにしてもよい。まず自分で面白い、と思ったところを突破口にすることだ）。

「接吻はヨーロッパにおいては聖別の行為でもあり、息のなかにはその人間の霊が宿っていて接吻によって相手にそれを伝えるのである。」（三一〇・3）

私たちが彼（あるいは彼女）と接吻を交わすときに、自分の霊が相手に伝わるなどということがあるのだろうか、あるとしたらなかなか面白いのではないか。こんなことを考えているうち別のことに思い至る。

かつて、自然は非常に強大な力で人間をとりまいていた。夜は明かりもなく真っ暗で月のない晩はじっと住居の中にこもっていなければならない。こんな生活はちょっと想像を絶する。だから、人間が自然の一部を自らのものとするとき、そこに人間の〈痕跡《こんせき》〉を残すという意味から「人間の霊が宿」るとされていた息を吹きこんだのではないだろうか。

現代の私たちの目から見れば、男女の関係以外に何の意味もないような「身体表現」の中に思わぬ意味が含まれていた。こうなると、「接吻」が祭祀《さいし》などの儀式＝ローマ教皇の「塗油の接吻」(三二〇・5)からはじまって、社会的・政治的儀礼＝「団体に加入する際や講和の締結」(同・10)の中で、その元来の意味を保ちつづけてきたのも理解できるというものだ。時代が下って、それが「男女間の私的な関係」(三〇八・17)の表現になりつつあるときでさえ、公的なものである「法制史」(三〇九・15)の対象になったりする。キスのことが法律の条文に含まれているというのは奇妙なことだ。

現代ともなれば、私と恋人との私的な関係の中でだけ意味をもつのではないだろうか？　でも「接吻」を強制されるっていうのも、ひょっとしたらつらいことかもしれない。「ドイツの老紳士」の場合、「愛情の表現が三回の抱擁という形で定式化」(同・10)してしまっている。これは〈人間疎外〉というものだ。

人間の社会の中では、本来の意味が全く忘れ去られてしまった後でも、それにまつわる「身体表現」や儀式や制度などがずっと残存しつづけることがある。儀式と化してしまった「身体表現」が逆に私たちを規制し自由な行動を奪っていく。法律だって、本来人間が考えたものなのに、かえって人間を堅苦しく拘束する。こんなとき、「身体表現」や儀礼や制度の、本来の意味を考えていくことは決してむだではないような気がする。

恋人との「接吻」に疎外感を感じたときは、是非とも「息のなかにはその人間の霊が宿っていて接吻によって相手にそれを伝える」ということを思いだすことにしよう。

9 制度の罠

42 ホンモノのおカネの作り方

岩井克人

筆者はなぜ「ニセモノ」と「ホンモノ」をカタカナで書いたのだろうか。

「ホンモノ」も「ニセモノ」も暫定的な、仮の価値でしかないことを明かすたくらみである。

ニセモノとは何であるか。――少なくともホンモノではないということである。従って厳としたホンモノが正しく存在して初めてニセモノは由緒正しいニセモノたりうるのである。

しかるに「ホンモノのおカネ」とは何であろうか。いうまでもなく政府公認の貨幣や紙幣である。これは本文の説明にもあるように、金銀に交換してもらえるという証明書なのである。つまり金銀の「代わり」でしかない。

「ホンモノの「代わり」がホンモノに「代わって」それ自身ホンモノになってしまう」(三二九・6)ことにほかならない。

では金や銀こそホンモノの価値かというと、それも実際にはややこしいことになってくる。

「人はパンのみにて生くるにあらず」とキリストはいったが、これは逆説的反語というもので、基本的にはパンで十分生きてゆくことができるのである。しかし金や銀で生きてゆけるかというと、これは決してできない。金や銀によってパンが購入できるというシステムが社会で整っていなければ、人は金や銀を持ったまま餓死するしかないのだ。つまり本当の価値はあくまで手に入れたいと望むモノにあるのであって、金や銀はそのモノを手に入れるための保証でしかない。つまり金や銀でさえも「ホンモノの代わり」でしかないのである。

もともと原始的な物々交換から出発して、人がおカネという仕組みを造り上げたとき、あらゆるおカネは「ホンモノの「代わり」がホンモノに「代わって」それ自身ホンモノになってしまうという逆説」に立った価値でしかないことを宿命づけられたのである。そういう一種の共同的な約束を踏まえた上で、おカネの「ホンモノ」性はあやうく成立している。すなわち暫定的な約束上の「ホンモノ」でしかないわけである。天王寺屋《てんのうじや》や鴻池屋《こうのいけや》のニセガネ作りが成功したのは、この「約束」の仕組みを見抜いて利用したからにほかならない。

▼カタカナには、本来漢字で書くべきところをワザワザそうした場合には、表記されたコトバの価値を、一見しただけでフタシカで疑わしい、あるいは皮肉でユーモラスな価値に変容させてしまう力がある。殊に、お高くとまったエラソーな言葉や、チューショー的で観念的な言葉ほどその効果は絶大である。考えただけで痛快になってしまうような例がいくらも周りにあるはずだ。お試しあれ。ただし外来語のカタカナ同様、使い過ぎにはごチューイを。

10 〈私〉とは何ものか

43 否と言うこと

アラン／白井成雄訳

筆者は「君は観客の立場にある」（三二七・14）という。それは君にどのような観客であれと言っているのか。

筆者は「大げさな俳優たち」（三二七・14）を相手にせず、「口笛」も吹かず、徹底した傍観者であれと言っている。

だが、それがいかに困難なことであるか。この文章の力点はむしろそちらにあると言ってもよい。

徹底した傍観者をつらぬくこと――まずはその決意からはじまる。しかし、戦争が鼓舞される中で「観客」でありつづけることがいかに困難なことか。うっかりすれば、いつのまにか君自身が「俳優」にされてしまう危険がいたるところに潜んでいる。文中にもそのことを告げる語句が多く見られる。「華やかな光景や行進」（三二五・2）、「陶酔」（同・4）、「華やかな光景や雄弁」（同・10）、「熱狂」（同・13）、「祝祭」（同・16）、「興奮」（三二六・10）、「栄光」（同・10）、「ヒロイズム」（三二七・4）……これらは何を意味するのだろうか。君に「判断の混乱」（三二五・9）をもたらすために仕掛けられたわなの数々なのだ。だから「この酒を決して飲んではならない」（同・11）と筆者は言うのである。

主体性のないまま「観客」であろうとしても、知らないうちに「俳優」にさせられてしまうのがオチであろう。しかも自分が俳優にさせられた時には、すでにその自覚さえなくなってしまっているだろう。

「観客」の立場をつらぬくということ、徹底した傍観者でありつづけるということのためには、実は「観客」であろうとするだけでは不十分なのだ。「別種の戦いを挑む」（三二四・4）ことが必要になってくる。それが、「否と言うこと」だ。

ここでいう「否」とは、単なる傍観・無視、何もしない、ということではなく、逆の意味で「戦い」なのだ。アランはそのことを「だが君が他人の始めるのを待つ限り、だれも始めはしないだろう」（三二四・7）という一文で端的に語っている。傍観者はやがて流れにのまれていく。「死者を想《おも》い、死者の数を勘定すること」（三二六・8）は単なる傍観ではない。これが「否と言うこと」だ。「立ち去ること」（同・7）とはもう単なる「観客」ではないことを意味する。ここから「否」と言う戦いがはじまるのだ。

44 接続点

藤本和子

文中で繰り返し使われる「生きのびる」ということばの意味を考えてみよう。また、「生きのびる」ためには「接続点を発見することが大切」(三三七・6)だというのはなぜだろうか。

「生きのびる」ということばは文中で都合六回使われている。「だからこそ、あたしたちは生きのびたのだ」(三三二・9)、「あの無惨な大西洋の連行の航海を生きのび、二百年の奴隷の時代を生きのび、それからまたその後の百年を生きのびた」(同・10)、「この人びとには生きのびる力があるのだ」(三三五・6)、「民族の中に生きのびた力」(三三六・14)である。

このように列挙してみると、「生きのびる」ということばにはある特別な意味がこめられているのが感じられる。単に「死ななかった」とか「生命を維持してきた」とかいう意味にはとどまっていないようだ。むしろ、彼女らアメリカの黒人にとって、とりわけかけがえのないものを、かろうじて保持してきたという意味に近いだろう。しかもそれをやっきになって否定し、滅ぼそうとする者たちに抗して。

かけがえのないものとは何か。

彼女は言う、「あたしたちは生きのびたのだ」と。白人からは牛や馬以下のモノとしてしか扱われなかった長い奴隷の時代を、人間として「生きのびたのだ」。また奴隷解放後の厳しい差別、虐待、極度の貧困の中でも、人間であることを放棄せずに「生きのびたのだ」。そして彼女自身のこれまでの人生を顧みて、「あたしの受けた教育はいつもあたしたちを滅ぼそうとする類《たぐい》のものだった」(三三七・3)という。自分を滅ぼそうとする者を見抜いた時、彼女は自分につながる黒人たちがしたと同じように、人間として抵抗した。「生きのびる」ために。

　すなわち、「生きのびる」ということばは、自分たち黒人の「人間性」を否定し、滅ぼそうとする者に抗して、黒人自らが自身の「人間性」を守り続けること、またその頑固なまでの意志を表している。

　だが抵抗から自立への道具として、「人間性」ということばは抽象的に過ぎるであろう。そこにだけ寄り掛かるならば、彼らの「人間性」を認めず、執拗《しつよう》に彼らを差別する者への直線的な行動しか起こし得ない。行き詰まってしまうのだ。つまりそれまでの黒人の被差別意識や被抑圧意識の激《げっ》昂《こう》から生まれたのは、「暴動」(三二九・6)か、卑屈かであった。だが彼女、ユーニスが立っているのは新しい出発点である。

「本当の自分を理解しなければならない」(三二九・1)。白人から差別され抑圧されている黒人である「あたし」は何者かという問いである。すなわち黒人であることの積極的な確認から出発するのである。次の問いは、「あたし自身は個人として黒人文化や共同体とどのような関係を結ぼうとしているのか」(同・1)である。いうまでもなく「黒人文化や共同体」自体も白人文化や共同体から差別され続けている。だが、白人社会が頑強に認めようとしない「黒人文化や共同体」を「あたし」が明瞭《めいりょう》に意識化したこと、また「あたし」がその側に立つ人間であることを自覚した時、彼女は大きな転換点に立ったのだ。まさにこの時、彼女は「南部へ行って「私と黒人共同体」という関係」の「回復」を試みる「彼ら」(三三〇・5)北部の黒人とつながった(コネクト)のであり、「この北アメリカ

奴隷船でアメリカへ運ばれるアフリカ人

という国にいるわれわれとはいったい何者なのか」（同・8）と問う「われわれ」とつながった（コネクト）のである。ここに彼女の第一の接続点《コネクション》があったのだ。同じ問いを問う黒人たちの発見と、黒人であることを自身に積極的に認めるところから出発することの確かさ。「それが豊かな土壌を生み出しつつあると思う」（同・7）と彼女は言う。

　さらに確かな第二の接続点《コネクション》を彼女はアフリカ旅行で発見する。薪束をかついだ「針金のように細いからだの女」（三三一・7）に、特別の力が宿っていることに気づき、それが彼女自身の身体の中にも脈々と流れ込んでいることを感じる。「彼ら（黒人）は特別にすぐれているのだ」（三三一・10）。そして「それならあたしもきっとすぐれているのだ」（同・12）と、彼女は自分が「あたしたちの民族の力」（三三六・10）、すなわち「黒人文化と共同体」とつながっている（コネクト）ことの確認をしたのである。

　いうまでもなく、これはひとつの到達点であって、決して終着点ではない。いわばユーニス・ロックハート＝モスが人間として自立するための始発点である。この確認が、以後の彼女の生きる方向を明確に定めたに違いないのである。
▼connectionという英語を一度辞書で調べてみよう。筆者の訳は一見私たちに馴染《なじ》みがなく、生硬な訳に見える。けれどもconnectionということばで自分の経験を言語化したユーニスに対する筆者の共感は、安易な訳出を拒ませたのであろう。そしてこの手垢《てあか》のついていない新鮮な訳語の選択を迫らせたのだ。
　本書には翻訳が数多く収録されている。外国語を日本語に直す際、必ず生ずる「この一語」にまつわる訳者の苦闘を背後に読み取れるだろうか。

10〈私〉とは何ものか

45 掟

F・カフカ／本野亨一訳

登場人物が、不特定な人間を指し示す「番人」「男」（三三八・1）という名詞で表されていることの効果について考えてみよう。

どこのだれとも特定できない「番人」「男」などの名詞は、一つの類に属するのであればどの個体にも適用できる語である。それらは読者がある具体的な人物や特定のイメージを思い浮かべることの少ない名詞である。文章に書かれたことだけが、その「番人」の、その「男」の人間像を考える唯一の手がかりになる。語にまつわる特定のイメージや先入見にとらわれずに文章の中に入ってゆくところに、読むことの醍醐《だいご》味《み》がある。私たち読者は、いまだ読まれていない文章を前にして、白紙の状態に置かれているのである。

「番人」の役割は、門の中に「男」を入れないことである。彼は常に自分の役目に忠実である。「男」を門の中に入れはしない。「男を相手にかかるい尋問を試み、男の故郷のこととかそのほかいろんなことを、たずね」（三三九・15）て羽目をはずしたり、「相当な値打ちのあるもの」を「黙ってちょうだいする」（三四〇・2）が、それは「番人」ならばだれもがするくらいのことで、決して限度を越えることはない。それどころか、「男」が、「ほかにも番人がいることは、忘れてしまい、この最初の番人こそ、掟へ入ることを拒むただひとりの人間であるような気がしてくる」（同・6）ほど番人らしい「番人」なのである。

ただひとつだけ「番人」には、どこにもいる番人からはみ出す部分がある。「毛皮の外套《がいとう》に包まれた番人の、大きなとんがり鼻、長くてほそい真っ黒なだったん人のようなひげ」（三三九・9）は、本文中唯一の具体的な描写である。ヨーロッパ人から見れば意志の通じることのない異教徒として、また、過去何回かにわたって侵略してきたことのあるフン族や蒙古民族などの特別の意味を持つと考えられるかもしれない。が、ここでは「だったん人」は、屈強な「番人」のイメージを描くために使用された比喩《ひゆ》であることを指摘するにとどめておこう。

「男」もまた、田舎から出て来て、門の中に入るために一生を費やす以外、どこのだれであるのかをはっきりと読み取れる具体的な記述はない。特定された人物ではないのである。しかし、この文章は「番人」の最後のセリフによってにわかに現実味を持ってくるのである。

「ほかの人間は、絶対に入らせてはもらえない。この入口は、君ひとりのものときめてあったからだ。さあ、戸をしめに行ってくる」(三四一・11)。それまで普通名詞であった「男」が死にかかった瞬間、「個」の相貌《そうぼう》を帯び、特定の人物への変貌が読み取れるのだ。「男」はやり直すことのできないたった一度の生を生きてしまったことを知らされるのである。そのような生をおくった特定の「男」の生が動かせない事実となってのしかかってくる。どこのだれとも特定されなかったものが、「それは、お前だ」と急に名指されたときの、怖さがそこにあるのである。

▼このような登場人物の無名性が、カフカの作品の重要な特徴である。一度捉《とら》われると離れないカフカの作品の謎《なぞ》にみちた魅力のひとつが、ここにあるような気がする。どこのだれとも分からない人間、あるいはどこにでもあるような平凡な名の人間、また、「掟」の「番人」のように、役割だけが与えられた人間、そのような人間がカフカの作品の登場人物なのである。作品の舞台がどこで、いつの時代で、登場人物がだれであるのか。読者はかたや関心をかたや不安をいだきながら読み進んでゆく。うず潮の吸引力のような魔力が、そこにある。それは「掟」の「男」の場合と同じなのである。カフカの他の作品で登場人物がどのように設定されているか、参考のため、その冒頭を掲げておこう。

○だれかがヨーゼフ・Kを中傷したにちがい

なかった。　（『審判』）

○Kが到着したのは、晩遅くであった。　（『城』）

○「奇妙な装置なのです」と、**将校**は**調査旅行者**に向《む か》っていって、いくらか驚嘆しているようなまなざしで、自分ではよく知っているはずの装置をながめた。　（『流刑地で』）

○この何十年かのあいだに、**断食芸人**たちに対する関心はひどく下落してしまった。　（『断食芸人』）

▼ここまで、「掟」とは何かをあえて問わなかった。辞書には、前もって方向づけたとりきめとあり、狭くは命令や法律と定義づけられている。「わたしには権力がある」（三三九・3）、「広間から広間へ入るごとに、番人がいて、順番にその権力が大きくなる」（同・4）という「番人」のことばは、強大な権力機構の存在を暗示し、「掟」とは国家やそれに匹敵する組織の法律であるように思える節もある。しかし、本文全体の持つ寓意《ぐうい》的性格から、「掟」すなわち法律ときめつけることはできないだろう。「掟」の持つこの多義性のために、「掟」をめぐるさまざまな解釈が残されているといえる。

例えば、進士の資格を得るために、十年、二十年、ときには一生を費やして挑戦した中国の科挙制度を連想して、現代の受験戦争に結びつけることもあろう。あるいは、いつまでたってもかなえられない恋愛なども考えられるかもしれない。「掟」とは何かと考えるとき、手がかりのない白紙の状態の中にわたしたちは放りこまれていると言わねばならないのだ。

ちなみに、同じカフカの長編小説『審判』第九章では、法律の入門書にある話として、この「掟」のエピソード（挿話）が紹介されている。

46 快楽

武田泰淳

「象徴的な言葉」に「生々しい現実的な欲望」(三四六・17)がこめられている例を、日ごろ耳にする表現から捜し出してみよう。

〈例一〉 まあまあ、またマンガなんか読んで。ちょっと目を離したらすぐこれなんだから。いまいったい何月何日だと思ってるの。入試まであと、七百二十三日しかないのよ。また嫌な顔をする。あなたのためよ。あなたのためにいっているんでしょ。お父さんはロクなところ出てないから二十年も勤めてまだ係長どまりだし、そのおかげでお母さんまで恥をかくし。山田さんなんかT大出ていきなり課長で会社へ入ったのよ。奥さんなんかわたしよりブスでデブで、おまけに十歳も若くてもう重役夫人なのよ。ああくやしい。山田さんとこの子供もT大受けるのよ。お父ちゃんと同じ学校でなきゃいやだって。まだ小学生なのに偉いわ。あんたなんかマンガ読む暇があったらラジオ講座でも聴きなさい。お母さんが毎晩録音してあげてるでしょ。あなたのためにそうしてるのよ。おかげでお母さんまで憶《おぼ》えちゃったわ。「せ・し・す・する・すれ・せよ」。がんばってよね。あなたのためにいうのよ。それじゃお母さんは先に寝ますからね。ああ疲れた。

〈例二〉 あいつのカワイイとこっていうのは、男を立ててくれるってとこかな。オレよりもいつも後ろを歩いてさ、何を決めるのでもオレなんだ。「だって、わかーんない」なんていってさ。着る服だってオレ好みだぜ。超ミニスカートに白いハイソックスなんかはいてさ、お尻《しり》がプリンプリンしてさ、カワイイぜ。何でもいうことをきくしね。小遣い足りなくなったらバイトして稼いできてくれるんだ。このあいだオレの買った新車な、あれ出したのもあいつだもんな。カワイイ奴だよ、まったく。けどね、そろそろ正直いって飽きてきたんだよな。次のをぼちぼち捜してんだけど、おまえ、だれかカワイイ女知らないか。

〈例三〉　われわれは**世界人類**のために何としても平和な社会を築かなければならない。この地球は宇宙に浮かぶ一艘《いっそう》の舟である。**世界人類**が一つになってこそ「宇宙船地球号」は安泰なのである。そのためには皆さんにもぜひとも助けていただかなくてはならない。一口五万円の会費を一口でも多く集めていただきたい。B教団がわれわれのことを金もうけ教団と悪口をいっている。われわれのお金は**世界人類**のために使われる清らかな資金である。そんなデマをいうB教団は**世界人類**の敵である。（拍手）彼らこそ平和を乱す悪魔である。（大拍手）B教団撲滅と、B教団に負けない資金を確立することこそが、**世界人類**の将来を担うわれわれの急務なのである。（歓声）

10 〈私〉とは何ものか

47 思考

M・セール／及川馥訳

不特定で無限定な「私」を伝えるために、本文で用いられているさまざまな比喩《ひゆ》を、それぞれ比喩となった根拠を確かめながらたどってみよう。

中には予備知識が必要な場合もあるので、脚注を参考にしてほしい。

すべての比喩に共通するのは、何とでもくっつき、何にでもなれるという〝可能性〟の能力である。「私」なる存在は、それ自身としては何者でもなく、白紙の状態であって、何らかの思考の対象を見いだしたときに、その対象と結びつくことで初めて具体的な「私」となる。そのような存在であることが、さまざまな比喩の連鎖（あるいは重層）によって、次第に明瞭《めいりょう》なイメージとなっていく。

　では順を追って比喩をたどってみよう。

　まず「木《き》蔦《づた》」（三四九・1）は、いうまでもなく、自身のみでは樹木の形を成すことができない。他の樹木や岩、建造物などに巻きついて伸びることで初めてその「姿」を現す植物である。

　次いで「動詞エートル」（三四九・10）が出てくる。フランス語のエートルとは、英語でのビー動詞に相当する。辞書にはエートル（être）で出ているが実際の文章では必ず人称と時制に合わせた変化形となる。しかもさまざまな語を補語（目的補語）として持つことによって初めて動詞として生きられる言葉である。さらにエートルには名詞として「存在」の意味もある。まさに「存在」の比喩そのものである。

「白いドミノ」「ジョーカー」（三四九・10）は脚注を参照していただければわかるように、数字並べのゲームにおいてはどんな数にも接合でき、あるいはなり代わることができる。つまりそれ自身は空白であって、何かと結び付き関連づけられることで初めて存在の役割が生じるのである。

「あの目ざめの戦慄《せんりつ》」（三四九・17）、「あの踊る炎」（三五〇・1）という句がある。すでに検討した「木蔦」と一緒に出てくる。どういう関連があるだろう。まず眠りからさめる瞬間の「目ざめ」とは、人が眠りという仮死（無）の状態から「私」に立ち帰る瞬間である。その瞬間、私たちは自分が何者で何をなすべきかを思い出すことによって初めて「私」に立ち帰れる。あるいは否応《いやおう》なく「私」に立ち帰らされてしまう。「戦慄」という表現は、この不思議な、そして不可避なメカニズムを、「私はだれであろうか」（三四八・1）という自問の前に立ちふさがる恐るべき現象としてとらえた表現であろう。

「炎」の性格は「木蔦」と似ている。つまり辞書的な意味での「炎」は一般的にだれでも知っているが、実際に出現する炎は、何かが燃えて生じているのであって、その「何か」によって千差万別の姿をとる。

次には「プロテウス」(三五〇・13)が登場する。プロテウスはギリシア神話中の、変幻自在な変身の力を持つ神である。ついでに付け加えておくと、ヨーロッパではギリシア神話はギリシア哲学とともに知識の源泉であって、私たちの想像以上に、その神々の名は明瞭な性格のイメージを伴って用いられている。その名を目にしただけで、その神にまつわるさまざまなエピソードとともに頭に確かなイメージが起こるというところまで、私たちが理解力の落差を埋めるのは容易ではない。暇があったらギリシア神話を読んでみよう。すると、たとえば星座の由来を知ることもできる。

「あらゆる色彩とあらゆるニュアンスを合わせた白色」(三五〇・15)という表現もユニークである。ここでの「白色」は「エートル」と同じく、どんな色にでもなることのできる可能性を指している。日本語の「白色」とははっきりした色彩であるが、フランス語の原語blancは「白色」と同時に「無色」や「空白」をも意味する。つまり何色とも決められない、色以前の状態を指しているのである。

「私は、私に接近する思考を受け入れる単なる娼《しょう》婦《ふ》にすぎない」(三五一・5)は、また過激な比喩だ。「私」なるものが確たる存在であるという誤った先入見を打ちこわそうとする、破壊力を帯びた挑戦的な表現でもある。「娼婦」という呼び方は、きわめて侮蔑《ぶべつ》的な言い方なのだ。と同時に、さまざまな相手を客として取ることで初めて「仕事」が成り立つ娼婦という存在は、人間の不特定な存在のしかたの比喩としてふさわしいのである。

さらに「娼婦」のごとき「私」は「朝に夕に十字路に立ち」(三五一・6)、ちょうど客を待つように「思考を待っている」のだが、そのとき「天使ヘルメスの像の下で」(同・6)というのが、また手が込んでいる。脚注にあるとおり、ヘルメスは旅の神であり、どこへでも行ける能力を持っているのだが、日本の道祖神と同じく、男根像などの性的なシンボルの姿で信仰されることが多いのである。「十字路」と「旅の神」との組み合わせ、さらに「娼婦」と「男根像」のイメージとの組み合わせが、一つの文脈の中で有機的に響き合っている圧倒的な比喩表現であるといえよう。

▼M・セールは現代フランスの思想界の最前線に居並ぶ思想家の一人である。本文は単なる詩的散文ではなく、〝哲学作品〟として書かれている。しかしまるで詩のようにも思える、縦横に比喩が組み合わさったイメージ豊かなこういう文章が「哲学」であるということが、セールの特異な思想のまさに主張の体現なのである。

ふつう「哲学」というと厳密な定義や体系化された論理展開に満ちた、味もソッケもない文体を思い浮かべる。それは実は「私は考える、ゆえに私は存在する」と書いたデカルト(一五九六―一六五〇)以来の方法が行き着いた姿なのである。デカルトは、あらゆるものを疑い続けた結果、疑い考えている「私」という主体の存在(コギトという)だけは疑いようのない実体として存在すると確信し、その「私」の主体性をあらゆる認識の基礎とした。つまり主体的な個人の自覚をすべての思考の出発点としたのである。そこから導き出されるのは、「私」の判断と思考を、世界の認識に至るまで合理的に緻密に積み重ねていく論理的記述の体系化である。ライプニッツ(一六四六―一七一六)やカント(一七二四―一八〇四)などに代表される体系的な形而上《けいじじょう》哲学が生み出されていくのは、そうした出発点からなのである。

セールがこのデカルトの「私は考える、ゆえに私は存在する」に真っこうから異議を唱えていることは、本文の「私は考える、ゆえに私は「だれでもない」」（三五〇・13）という表現を読めば明らかである。つまりセールはデカルト以後の哲学を書き変えようという壮大な試みを暗示しているわけである。「私」そのものが、明らかな実体といえない不特定な存在だとするなら、思考もまた厳密な論理や概念の体系化には収まりきらないであろう。変幻自在な多様さを思考じたいがそなえているような記述でなければならないるまい。

本文に見られるような、詩的散文とも読める文体があえて「哲学」として選ばれているのは、このような意図からであると考えられる。

しかし、このようなややこしい哲学史上の観点によらなくとも、セールの記述の自在さが、いわゆる「哲学」の窮屈なイメージを一新する斬新な試みであることは容易に理解できるだろう。思考を伝える方法とは、論述説明一辺倒でなく、かくも多様な可能性があるのだという発見を、驚きとともに受け取ってもらえれば、この文例を読む意義は十分達せられたことになるのだ。

48　飛行機と地球

サン＝テグジュペリ／山崎庸一郎訳

「飛行機とともに」「直線を知った」（三六〇・2）ことが、なぜ「残酷なまでの進歩」（同・1）なのだろうか。

飛行機を知らず「曲がりくねった道路に沿って歩いていた」（三五九・4）ころ、人間は「この地球を、湿潤で温暖なものだと信じこんでいた」（三五九・16）。また人間自身を花園に遊ぶ「女君主」（三五八・6）になぞらえていた。

だが飛行機に乗り、「直線の弾道の高みから」（三六〇・7）見た大地は決して温暖な花園などではなく、その素地は「岩石と砂と塩から」（同・

8）なる、「不毛の土地」（三五九・5）の広がりであった。そして人間は「廃墟《はいきょ》のくぼみに生えるわずかな苔《こけ》のように、そこかしこに無謀な花を咲かせている」（三六〇・9）にすぎない、ちっぽけな存在であった。

飛行機とともに直線を知ることによって、人間は花園に遊ぶ「女君主」ではなく、「牢獄《ろうごく》」につながれた「奴隷」のようなものだと、認識の転換を迫られたのである。例えば天動説から地動説へと、従来の通説をすっかり変えてしまったコペルニクス的転回にもなぞらえることができようか。飛行機は、地球という「牢獄の姿を美化し」（三五九・16）その虚像にすがりついていた人間たちに、唐突にしかも容赦なく真実をつきつけた。筆者はそれを「残酷なまでの進歩」と言ったのである。

だが筆者がこの言葉にこめた意味はそれだけではない。初めて人間の真実の姿を発見した先駆者としての、ふるえるような興奮がある。

人間は長い間、大地の真の姿を知ることなく「牢獄の姿を美化」したり、人間の真実を知らなかったゆえに「奴隷の身分」を「ながくいとおしんできた」（三六〇・5）。だがそれは無知から来る虚妄なのであった。とはいえ、それに代わって示された「牢獄」につながれた「奴隷」というおのれの姿は、人間にとって受け入れ難い真実であった。しかし、どんな真実であろうと、知ることなくしては正しい認識に至らない。

ライト兄弟による人類初飛行の瞬間

こうした真実の人間の姿を発見し、人間についての正しい認識に踏み込む入口に、だれよりも早く立った筆者のおののきが「残酷なまでの進歩をとげた」ということばになったのである。筆者にとってみれば、大地が「岩石と砂と塩から」成り立っていることは、むしろ人間の社会にこびりついた虚妄を荒々しくはぎとってくれるもののように思えただろう。また「そこかしこに無謀な花を咲かせている」人間たちの営みは、空を行く孤独な飛行士にとって言いようもなくいとおしいものに見えたに違いない。

▼ライト兄弟の初飛行からサン゠テグジュペリの「おののき」までは、翼を手に入れた人間の興奮が私たちに如実に伝わってくる。科学技術への無邪気なまでの信頼はほほえましいほどだ。けれども人々に夢を与え、人間の輝かしい未来を約束するはずの「飛行機」は、あっという間に私たちをおびやかすものとなってしまった。第二次世界大戦を境にして急速に進歩した「飛行機」は、戦闘機として、また爆撃機として私たちの頭上を飛びかう「兵器」となった。そして今日では、レーダーと核ミサイルの装備された「飛行機」が、人類滅亡の危機をはらみながら、超音速で空から地上をうかがっている。本文のことばを借りれば、ライト兄弟の時代には思いもよらなかった「残酷なまでの進歩をとげた」のだ。

49 コールドチェーンとひそやかな意志

森崎和江

「だれもが今は何かしら、ニセモノの役を演じている」(三六六・1)例を本文中からまとめてみよう。また、その問題点もあわせて考えてみよう。

私たちが毎日食べる食品の中で、加工された乾燥食品や冷凍食品がどの程度を占めているだろう。それに比べれば、調味されていない自然食品の方がはるかに少ないだろう。そして自然食品といっても、あるものはいけすの中で栄養剤と成長ホルモン剤をたらふく飲み込んだ新鮮な高級魚であったり、またあるものは化学肥料と農薬で青々と育った野菜であったりする。生産者も消費者も区別なく巻き込んだ、食べ物をとりまくこのような環境に、本気で異を唱えることは非常に困難だ。そんなことをしたら食生活が成り立たなくなる。材料の買いつけから皿に盛りつけるまで、そのすべてに気を配り、工夫をするような手間も暇も、現代の忙しい生活には組み込まれてはいない。

たいていの人が「ニセモノの役を演じている」、あるいは演じざるを得ないのは、こういう食文化のあり方を背景にしている。

文中の例をまとめてみよう。

まず、冷凍産業は原料の段階から味つけに至るまで、どれほど多種多量の添加物でごまかした製品であるかを知りながら、「湯を加えれば一流コックの味」（三六四・6）と売り出す。買う側もまた、それが「一流コックの味」などと本気で考えて買う訳ではない。

次に、生産者として冷凍産業のシステムに組み込まれた漁師は、自分がとってきた魚を全部冷凍倉庫に放り込み、消費者としてはタラスティックやハンバーグなどの「ハイカラな食べ物」（三六五・15）を喜ぶ。

「学校給食というあの全日本的外食」（三六六・7）も典型的な例である。「文部省や日教組や現場の栄養士や調理の方々」（同・5）、すなわち作る側はだれ一人として給食をホンモノだとは思っていない。落としても割れない皿に、ポリバケツか牛の飼料缶のようなものから盛られて配給される食料が、ホンモノの料理であるはずはない。実に給食というのは不思議な食文化である。栄養のバランスだとか、好き嫌いをなくそうとか、集団生活上の躾《しつけ》だとか、平等主義だとかいう能書きがなかったら、おそらく成立しないだろう。食べる側も同じだ。子どもたちは「大人が作ったルールに敬意を表し」（同・17）て「丸のみする」（同・11）。親（大人）たちも給食が食文化のかけらもないものだと知っていながら、子どもに残さないように食べなさいと言う。

　このように私たちは「ニセモノの役を演じている」、あるいは演じざるを得ないがんじがらめの構造に有無もいわさず取り込まれている。

「食べることにやさしさや倫理感」（三六二・12）を伴わなくなったり、「ばくぜんとひろがる生物共存の世界を、食べることの背後に感じ」（同・16）られなくなったりしてから、もうずいぶん時が流れた。「ニセモノ」になれ切った味覚は、むしろ自然そのものの味を奇異なものとして受けつけない。「ニセモノの役」も板についた私たちは、すでに「演じる」という意識すら感じなくなりつつある。

　私たちの食生活は、こうしてますますコールドチェーンに取り込まれ、巨大な産業機構としての「コールドチェーン」は、食生活を通して私たちの精神に侵入して来る。食生活に起こったことが、精神の世界で起こらないという保証は何もないのである。

▼巨大な産業機構としての「コールドチェーン」は、すでに私たちの精神の領域にまで侵入して来ている。文例9「貧困の現代化」ともテーマが響き合うであろう。別冊も参考にしながら再読してほしい。また二十世紀初頭に早々とこの問題についての鋭い洞察をした、W・ベンヤミンの文例50「複製技術の時代における芸術作品」もあわせて紹介しておこう。

11　明日を問う

50　複製技術の時代における芸術作品

W・ベンヤミン／高木久雄・高原宏平訳

「こんにちのはげしい大衆運動」（三七二・12）は、筆者の主張とどのような関連があるだろうか。

「大衆運動」とはこの場合、政治運動などの〝集団行動〟だけをいうのではない。マス・コミュニケーションによって反復され増大された、広い意味での大衆的反響を指す。具体的にいえば、流行、ブーム、観客の大量動員、ベストセラーなどの現象がこれに当たる。つまり「いま」「ここに」しかない芸術作品のアウラが失われたのと同じく、「いま」「ここに」しかない自分だけの思考や行動もまた、複製化の影響を受けて失われていくのである。

筆者はその「はげしい大衆運動」の担い手として映画が社会に及ぼす影響を指摘している。この文章が書かれた当時（一九三六年）、映画はすでに大衆の心を娯楽の中心として捉《とら》えていた。ラジオよりもはるかに視覚効果において説得力があり、芸術的表現の可能性も高い映画が、大衆をいわば一斉に〝教育〟し、大規模な影響を与える能力を持つことの必然性に、ベンヤミンは気づいていたのである。

もちろん今日ではその映画の持っていた役割はさらにテレビや雑誌、ネットによっていっそう拡大されているわけだが、ここで筆者が指摘した本質は、八十年余りたった現在でもなお変わってはいない。

一人一人は個人という砦《とりで》の中で、自分なりに主体的に考え、行動しているつもりでも、実はそれが一人一人の見ているテレビや雑誌に出てくる考え方や行動様式から、圧倒的な影響をこうむっていることは、現代人ならだれしも否定することはできない。つまり、そこでは「自分だけ」というアウラが、やはり失われているのであって、複製の思考と行動とが、無意識のうちに侵入し拡大していくのである。

▼筆者は、アウラの喪失と複製品の出現は、「伝統の震撼《しんかん》であり、現代の危機と人間性の革新と表裏一体をなすもの」（三七二・11）と述べている。ここで「現代の危機」と書かれているのは何を暗示しているのだろうか。

映画に代表される大衆操作の能力が、もしも権力に利用されたとすれば、わたしたちはたちまち国家の利益や権力の維持のために個人の主体性を奪われる「危機」に陥るであろう。そしてベンヤミンがこれを書いた当時のドイツで、すでにナチス・ドイツがとどめようもない勢いで全国民を支配していたことを考えると、この控えめな表現には、絶望的な予言と警告が込められていたことがうかがえる。

実際ヒトラー率いるナチス政権は、女流の名監督レニ・リーフェンシュタール（一九〇二―二〇〇三）を用いてベルリンで開かれたオリンピック大会や、ニュールンベルクで開かれたナチス党大会の模様を、長編〝芸術〟映画に製作して国民を大いに〝鼓舞〟した（『民族の祭典』一九三八年、及び『信念の勝利』一九三三年）。

本文の末尾で、映画芸術の未来を無邪気に信じきったアベル・ガンスの言葉を紹介したのち、「このとき、ガンスは、おそらく自分ではそれと気づかず、全面的な総決算への呼びかけをおこなっていた」（三七二・6）と書かれている。この「総決算」とは、喜ばしい技術の進歩という意味で書かれたのではない。進歩とひきかえに人類が準備してしまった人間性が破壊されかねない「危機」を、皮肉にたたえた表現でもあったのだ。

11 明日を問う

51 終末の言葉

安岡章太郎

「老婆たち」の一言が私たちを「震撼させ」（三八〇・13）る力をもつのはなぜだろうか。

「老婆たち」の一言は、人間の本来もっている自然な感情に発している。この一言によって私たちは、「原発」に賛成する者も反対する者も、二十世紀技術文明のゆがみの中へ知らず知らずのうちにとりこまれてしまっていたことに気づかされるのである。

　最初は、「老婆たち」の一言は私たちに意外・突飛な発言として映る。聞き（読み）流してしまえば、それで終わりになってしまうことだったかもしれない。だが、ここに筆者の用意した仕掛けが有効に働いてくる。筆者は「老婆たち」の一言を紹介する前に、

「一つだけ感動したものがある」（三八〇・2）

とさりげなく読者の注意を促す。そして紹介し終わったあとでは、

「……という一言に私は、何か震撼《しんかん》させられる想《おも》いがしたのである」（同・12）

と結ぶ。筆者は、自分がなぜ「感動した」のか、なぜ「震撼させられ」たのかについては一切語らない。こうして私たち読者は、いやおうなしに「老婆たち」の一言に自分で向き合わざるを得ないように導かれていく。安岡章太郎の文章はここで終わっているのである。私たちが「老婆たち」の一言に「震撼させられる」としたら、そのあと、自分でこの言葉に向き合ってみることによってである。

　はじめは一種のとまどいにも似た、わり切れない気分が漂うだろう。「老婆たち」の一言が私たちにそういう気分を誘発すること、すなわち、意外・突飛の印象を与えるところにこそ、この言葉のもつ深い批評の意味が隠れているのである。

　私たちは知らず知らずのうちに、核、放射能、ピコキュリー、原発、安全性、危険性、住民、事故、政治、確率、規模、科学者、専門家、……等々の用語でものを考えるようになってしまっている。この文章も半ば意図的にそういう用語で叙述がすすめられている。そこへいきなり「置いてかれた羊や鶏」（三八〇・9）と言われて私たちはとまどう。すでにそういう発想自体が私たちの中で除外されていたからだ。

　政府は住民を避難させた。それは住民の安全のためである。行政の側から言えば〝おまえたちのためだから〟ということになる。だが「老婆た

ち」はその指示に従わなかった。愚かな老婆たち、と呼べば確かにそうだ。しかし、そう思うことによって、私たちも行政の側に立つ。

そもそも「老婆たち」はなぜ避難しなければならなかったのか。そんなところへ「原発」を作って大事故を起こすようにした政府こそ非人間的なことをしたのではなかったか。「老婆たち」の一言は、本来私たちは原発事故に遭《あ》った「老婆たち」の側に立つはずの人間なのに、無意識のうちに行政の側の感覚でものを考えていたことを思い知らせてくれる。放射能、原発、安全性、住民……等々の言葉でしかものを考えられないことが、すでに二十世紀技術文明のゆがみに心を汚染された結果なのだ。

「おまえら、……何をしてるんだ」(三八〇・6)は実は「老婆たち」から私たちへ向けて発せられるべき言葉なのだ。それなのにこれは役人から「老婆たち」へ向けて発せられている。この「役人」の背後に私たちはいないだろうか。

そういう意味で、「置いてかれた羊や鶏」という エゴイズムを超えた言葉は、この事故の加害者と被害者の真の位置関係を純粋な形で私たちの前に突きつけてくる。

技術文明の〝進歩〟の中で私たちは〝人間のエゴイズム〟に毒されてしまい、無意識のうちに加害者の側に立っていたことに気づかせてくれると言ってもいい。「羊や鶏」という言葉の中には、この世は人間以外の生物も共に生きる場である、とする発想が秘められている。それは原始以来、人間が自然に対してはぐくんできた素朴な感情であった。その自然な感情に従うことを、政府の命令や自分の安全よりも第一に選んだ二人の老婆の存在は、もはや私たちのエゴイズムに毒された思考の圏外にあって、しかも私たちの心に鋭く突き刺さってくるものを持っている。

それに気づくとき、私たちの心は「震撼させられる」のである。

学芸文庫版へのあとがき

ある感慨

梅田卓夫

編集部から『高校生のための批評入門』を「ちくま学芸文庫」に、との連絡を受けたとき、ある種の感慨があった。

実はそのとき、前々日に録画しておいたテレビ番組「果てしなき除染〜福島県南相馬市からの報告」（NHK ETV特集 2011.10.30）を見ていた。画面には、高濃度放射能のため特定避難勧奨地点に指定された区域内に今もひとり住み続ける九十九歳の老人が映っていた。馬を飼っているため避難を拒んでいるのだ。退去を勧めにきた区長に、老人は穏やかに言った。「馬と一緒に死んだってかまわねえやな。」そのあとカメラは、夕日のなか、無人の道を小さな手押し車を押して帰る老人と、すこし離れてついてゆく子馬のうしろ姿を映していた。

この場面を見て『高校生のための批評入門』に収めた一文章を思い出した。本書には五十一編の文例があり、その最後が安岡章太郎「終末の言葉」である。

これは、チェルノブイリ原発事故の三か月後、すなわち一九八六年八月六日の朝日新聞夕刊に載ったものである。そこには、ウクライナの危険区域から立ち退きを拒否する老婆の言葉が出てくる。「置いてかれた羊や鶏の面倒を、いったいだれが見るだね。」

この、二十五年を隔てた二つの状況の、あまりにも象徴的な類似！　ここには、「批評」というものが歳月を経て新たな意味を獲得するさまが如実に示されている。ことに三七六ページの「チェルノブイリの原発事故」につけた脚注などは、これが将来これほど重い意味をもつことになろうとは、編者も意識してはいなかった。

『高校生のための批評入門』は版を重ねてきたとはいえ、作ってからすでに四半世紀が過ぎている。あらためて他の文例も読み返してみると、それぞれが少しも古びることなく生きている。新たな意味さえ獲得している。

本書を作るとき、編者四人は全力でとり組んだ。そのさまを自らなぞらえて「弦楽四重奏」と呼んだりしていた。時には編集部から若き日の熊沢敏之氏（現社長）も加わり、旅館に泊まりこんでの果てしない議論を繰り返した。氏の発言に四人が教えられたことは計り知れない。その後、松川由博さんが亡くなり、今にして思えば、あの日々は二度と来ない夢のような人生の一瞬だったと気づかされる。

その本が、装いを新たにして出発することになった。新しい読者の手にとられて、さらに命を吹き込まれていくことを期待したい。

新米批評家の日々

清水良典

いわゆる「高ため」第一弾の『高校生のための文章読本』が世に出た一九八六年は、私にとって個人的なもうひとつの出来事が起きた年でもあった。筑摩書房の四月の新聞広告に『文章読本』の刊行案内が出たのとほとんど前後して、群像新人文学賞の評論部門を受賞した知らせを受けたのである。ある夜、受賞を知らせる電話がかかってきたときは本当に驚いた。受賞したのが、評論だったからである。

『文章読本』以前にも四人の共著がじつはある。八四年に『風車は記憶する』という四人の創作集を自費出版していたのである。そこに梅田さんと私は小説を、松川さんが詩を、服部さんは戯曲を書いていた。私の短編は地元の新聞でも取り上げられた。手応えを覚えた私は、二十代の最後に書いた長い小説を応募してみようと思った。そのとき群像新人賞には小説と評論の両部門があると知り、両方に応募したのである。

大学時代に谷崎研究を卒論に書いていた私は、谷崎でなら評論を書ける自信があった。当時は新進作家だった古井由吉を論じた評論を、郷里の恩師が主宰する同人誌に発表したこともある。しかしあくまで小説が本命で、評論はおまけのつもりだったのだ。だから評論で受賞だといわれて正直なところ、こまったと思った。頭の良さと学識を競っているように見える批評家の世界で、私などはズブの素人同然だった。

そのあと筑摩から依頼されたのが『高校生のための批評入門』である。膨大な文例候補を選びあい、連日四人で討論に明け暮れながら、誰よりも私自身が批評とは何かという自問自答でのたうち回っていた。しかし本書の全体像が立ち現れてくるにつれて、少しずつ心の靄は晴れていった。それまで高校生の文章に目を見張り、ひとが文を書く現場の多様な豊かさを教えられてきた経験が、自分の貴重なフィールドワークであることに改めて気付いていったのである。そのなかで「批評」とは、万人にとって自らの生き方を導く力であるというヴィジョンが徐々に見えてきた。今でもその普遍性は古びていないと思う。

本書には、いわゆる文芸評論はまったくといってよいほど入っていない。意気込んで候補は出したのだが、結果的に残らなかった。文芸評論はたいてい、それ以前の権威に喧嘩を挑み、いわば先人の頭を背後から引っぱたいて自分がノシ上がろうとしているところがある。だから単体として読むと、その文脈が不透明な夾雑物となりがちなのだ。『文章読本』以来の担当編集者の熊沢敏之さんが、若い頃は好きだった文芸評論がそれで嫌いになったと私に告げたことがある。「清水さんは、そんなさもしい批評を書いちゃだめだよ」という彼の言葉を、私は今でも自戒にしている。その彼が筑摩書房の代表取締役社長となり、解説を執筆してくれるという時の推移の戯れを、この文庫はまとって世に出る。

「高校生以外のための……」

服部左右一

一九八七年に『高校生のための批評入門』の初版が出てから二五年、ちょうど四半世紀がたった。今度ちくま学芸文庫の一冊として装いもあらたに出版されることになって、編集した者にとってはとても嬉しいことである。ただ、共同編集者（梅田・清水・服部・松川）の一人である松川由博さんがこの世にいないのが、さびしい。残念である。

松川さんは亡くなる前に、ぼくに一つの贈りものをしてくれた。九〇年代の半ば、ぼくは勤務校の愛知県立小牧工業高校でこの本を使った授業方法を考え出していた。四人で話し合っているうちに、これは面白いと、松川さんがハットリ・メソッドと名前をつけてくれた。自分の名字がついているのでおこがましいが、ともに授業実践を切り開いてきた彼の思いのこもったこの名称を使い続けている。

ハットリ・メソッドの概要を紹介すると、読み手は文例を黙読して、次の①から⑦の項目をレポートして提出するというものである。

① 作者紹介を写す。（客観的な知識）

② 文例の前のリードを写す。（編集者からのメッセージ）

③　本文の中から最も気に入った箇所を三行程度写す。（作者からの声）
④　③についての感想を一行以上書く。（読者のオリジナリティをちょっぴり）
⑤　覚えたい漢字を一〇字書き出す。（ことばの学習）
⑥　調べたい事柄・語句を書く。（自分で調べる）
⑦　文例を五段階評価する。（自分流のマークを考えてランキングをつける）

この方法は、学校の授業用に開発したが、高校生以外の人が使っても、自分の読書の世界に新しい風の吹き込んでくるのが実感できる。その場合は、授業という枠がなくなるので、省ける所を省けばよい。③と④は、この方法の中心項目である。これをじっくりやることで文章と自分との接点が明らかになる。つまり、文章の中の、どの部分に自分の感性と精神が反応したかということ、そしてそれに触発されて自分の考えがどのように発展したかが記録される。一度実行してみることをお勧めする。

おまけとして項目⑦を付け加えると、楽しみが増える。「批評入門」の文例を手始めにこの方法の試みの領域を広げていくと、自分の力で文章のアンソロジーを作ることができる。与えられた文章を読むだけの、いわば受動的読書から一歩踏み出し、自分流のアンソロジーを編み出す能動的読書への道が見えてくる。

四人の話し合いがあったからこの方法ができたのだ。そういえば、「批評入門」というタイトルの発案は松川さんだったことを思い出した。彼の精神が、ここにも生きている。

解説　「批評」の発見

熊沢敏之

生涯総部数

一人の編集者が生涯で世に送り出す本の総部数は、あらかじめ定められている――そういう「俗説」をもっともらしく唱える人がいる。となれば、『高校生のための文章読本』（一九八六年）、『高校生のための批評入門』（一九八七年）、『高校生のための小説案内』（一九八八年）という、いわゆる「高ため三部作」を編集した私などは、この三点であらかたの生涯総部数を使い果たしてしまったことになる（以下、書名表記で「高校生のための」を略記することがある）。それほどまでに、これらの本はよく読まれた。なにしろ、刊行後四半世紀が過ぎようとしているが、三点で五〇万部をゆうに超えているのだから。

そもそも、どういうきっかけで『文章読本』が誕生したのか？　それを語り始めると、あまりにも多くの紙幅が必要になってしまう。このあと『文章読本』も「ちくま学芸文庫」に収録されるかもしれないので、そうした僥倖に期待しつつ、詳細は次の機会に譲ることにしようと思う。また、「高ため」誕生秘話の一部が永江朗『筑摩書房 それからの四十年』（筑摩選書、二〇一一年）の第17章に書かれているので、関心のある読者はその部分を参照していただきたい。

「四人組」という奇跡

ここで、四人の編者を簡単に紹介しておこう。編者の一人である清水良典さんが「無限作文体——「高ため」冒険史」というエッセーを発表していて、そこにこう書いている（記録はきちんとしておくもので、「解説」を書くにあたって、このエッセーにはずいぶんと助けられた）。

中部地区を代表する詩人の一人であり、教育者としても素晴らしい見識と人格の持ち主である最年長者の梅田卓夫さん。京大仏文科でプルーストを研究しながら、外国語でなく国語教師になった（つまりインテリであっても、いわゆる「エリート」ではないという美徳を持つ）服部左右一さん。文学青年と音楽青年（フルートとチェロの奏者で、指揮者でもある）の情熱では飽き足りず、登山やカメラにまで触手を伸ばしている松川由博さん。（『海賊の唄がきこえる』風琳堂、一九九〇年）

そして、清水さん自身は自己紹介をしていないので、私が代筆すればこうなるだろう。

六〇年安保世代一人と全共闘世代二人の先輩を向こうに回しても、口数では引けをとらない年少の理論派で、しかも小説で世に出ようと創作に励んでいる清水良典さん。

彼らの仕事場は、愛知県郊外にある小牧工業高等学校だった。必ずしも学力や偏差値で評価されることのない実業校である。大学に進学する生徒もごく一部だ。四人で国語科のメンバーのすべてだった（普通科の高校には、一般に一〇人以上の国語科教諭がいる）。

この「四人」でなければならなかった。進学を目指すような高校ではダメだった。四人がほかならぬ周縁部のこの高校に集ってしまったというのは、まさしく「偶然という奇跡」の名に値しよう（そして、ほかならぬ私が、この四人に出会ってしまったというのも）。

挑発としての企画

『文章読本』は、あくまで高等学校国語科用教科書の副読本のつもりで刊行されたものだった。当初は、高校生が教室であるいは自宅で、少しずつ読み進めるための、そして文章を書いてみるための「見本帖」のような用途を想定していた。したがって、それぞれの作品は最長でも四ページまでの読み切り、しかも中略をしない、という厳しい内規ともいえる条件を付し、一冊のなかになんと七〇編を収録してしまったのである。
　そうした編集方針が功を奏したのだろう、『高校生のための文章読本』は読者を局限するそのタイトルとは裏腹に、なぜか一般サラリーマンや大学生たちにまで急速に広まっていった。その詳しい、時代制約的な理由については、あらためて述べることにしよう。『文章読本』が好調な売れ行きを見せつつあった一九八六年夏に、私はシリーズ第二弾として「評論・論説」を中心とした文集を編まないか、と四人にもちかけた
　国語の授業の二本柱は小説と評論・論説で、小説のほうは近現代文学の基本を押さえ、評論・論説は現代的で多様性のあるテーマを取り扱うのがつねである。小説は「定番」主体であまり変化のつけようのないジャンルだが、評論・論説はテーマのバラエティにさえ気を配れば、いくらでも冒険が可能だ。
『文章読本』は、工業高校の生徒たちへの日々の授業実践を基礎に据えながら生まれた、まさに「傑作」と言えるアンソロジーだった。しかし、「評論」や「論説」を読みこなしたり、ましてやそれを書いたりすることは、その生徒の日常からはほど遠いところにあるだろう。四人は、私の依頼と日常的現実をどう折り合わせることができるのだろうか？まだ、三〇代前半と若かった（最年少の清水さんと同学年だった）私は、すこし挑発的な意味を込めて、彼らに難しい課題を突きつけてみようとしたのである。

直感と帰納的思考

教師には「現場（教室）」という、抜き差しならない現実がある。いかに高邁な理想や優れた方法論を掲げてみても、「現場」で生徒が反応を示してくれなければどうしようもない。だから、ほとんどの教師は「現場の関数」としての授業で良しとする、そうした習性をいつとはなしに身につけてしまう。だが、このとき四人は、小さな成功体験をもっていた。

「読み書き算盤さえできれば結構」というのが、工業高校で普通科に期待されることのすべてだ、と言われていた。しかし、あるとき就職試験の作文で三行しか書けずに、不採用になる生徒が出てしまった。それを憂えた校長は、文部省が導入したばかりの「国語表現」（作文）をカリキュラムに入れるよう要請した。「渡りに舟」とばかりに、そこから四人の徹底討議による授業づくりが始まったという。おそらく、一九八四年ごろのことだと思う。

たとえば、「最初の記憶（一番古い記憶）」という作文のテーマが設定された。人はたしかに、かけがえのない記憶をもっている。だが、それは曖昧で、おぼろげで、捉えどころのないものだ。そんな断片的なものをつなぎ合わせていって、ひとまとまりの文章、ひとつの世界を構成することができるのだろうか？　あるいは、たとえ文章になったとしても、それでいったい何になるというのか？　そうした疑問はもちろん生じるだろう。

経験はありのままに書けるという素朴な神話を再生産していたのが「生活綴り方」、ありうべき結論に向かって収斂するように書く訓練をするのが「読書感想文」と「受験小論文」。その三つが、作文の常識的なスタイルだった。それから見れば、まさしく革命的で、また無手勝流の試みでもあったろう。

四人がベルクソンやフロイトやプルーストの著作と作品を意識していたかどうかは、大きな問題ではない。それが「現場」ではまったく通用しないことは目に見えていた。彼らは決して理論家でも、演繹的思考の人たちでもなかった。鋭い直感力をもって本質的なものを捉えながら、それらを「現場」にフィードバックさせつつ確信を深めていく、いわば帰納的思考の人たちだった。彼らのこの志向こそ、長い目で見れば、その仕事を揺るぎないものとした原動力だったと言えるだろう。

実際、書かれた作品は、想像をはるかに超えてユニークで鮮烈な描写を数多く含んでいた。ひとたび文章として表現されるや、固有の光彩を放ちながら、「私」の端緒を形づくるものとなっていったのである。

表現の現場

結論を急ぐのはよそう。四人がのちにまとめた実践と理論の書『新作文宣言』(ちくまライブラリー、一九八九年)から、生徒作品を引用する。タイトルは、「最初の記憶」。

空はいまにも泣き出しそうだった。大きなくもの巣に一匹のアゲハ蝶がひっかかっているのが気になって、窓から何度かそのくもの巣を見ていた。つい我慢できなくなり、くもの巣を棒で引き裂き蝶を捕らえて家へ上がった。きずついた羽はピクリとも動かず触角はたれ下がっていた。

僕はどうしていいか分からなかったが、体がクレヨンとがよう紙のある戸棚へ向かっていた。「花の絵を描くんだ」そう思った時はすでにクレヨンとがよう紙を手にもっていた。僕は花の絵を無我夢中になって何枚か描いた。部屋の床一面が花の絵でいっぱいになり、そこへアゲハ蝶を置いてみた。僕はただ「お願いだから動いてくれ」と、そう祈るほかなかった。その小さな祈りがかなったかのようにアゲハ蝶の羽は一瞬大きく動いた。アゲハ蝶は僕に何かを伝えて満足したかのように奇麗に羽をたたみ横這いになった。うれしかった。決して悲しくはなかったが目から涙が溢れ出ていた。

外は、まるで僕の心にひっかかっていたもやもやを流してくれるかのように、激しく雨がふっていた。(高木康治)

「最初の記憶」というテーマに気づいたことが、四人のその後を決定づけたと言ってよいだろう。そこには、のちに展開される発想・着眼と可能性のすべての要素が含まれていた。

①日常生活のなかでは眠ってしまっている五感を躍動させながら想起する――「想起」の世界のほうが「思考」の世界よりもひょっとして豊穣なのかもしれない、という予感はすでに良質な作品という証明を手に入れ始めていた。

②断片的なものは総体的なものと同じような価値をもつ――さらに言えば、断片的なものが総体的なものの虚偽意識を暴露することがある、という発見さえも導かれていく。

③自我や認識は知識や学力を前提としながら、研鑽によって育むものではない――むしろ、ある機会に語り出され、言語化されることで、おのずと生成していくものこそを自我や認識と名づけなおすことができるのではないか、という思考の逆転が生じた。

そこで、彼らはこうした生成の場所を「表現の現場」と呼び、それを『文章読本』のキー・コンセプトにしたのである。

「評論・論説」ではなく、「批評」

評論・論説ばかりで一書を編む。その際、テーマのバラエティには事欠かないだろう。しかし、人間の精神活動の本質に立ち戻ってみたとき、「表現の現場」と同様に重要な意味をもつものは何か？　評論・論説を読むときの精神活動の根幹を何と名指せばよいか？『文章読本』をつくるときと同様の、根源的で果てしない共同討議が続けられた。それは、最終的に「批評」ということばで定着される。

たとえば「評論」が人の心を動かし共感を与えるためには、論理の展開がなるほどという妥当性をもっていなければならないのはもちろんだが、主張そのものの中に、読者をハッとさせるような個性的な批評が含まれていることが不可欠である。

批評なくして評論は成り立たないが、批評じたいは文章で表現されなければならないという訳ではない。人が事物に対して、他者に対して、あるいは自分に対して、ひいては世界に対して抱き持つ精神の働きなのだ。

……

どのような人間にも批評の精神はある。能力としてできるのではなく、一人の人間として何かを考えて生きている限り、それは在るのである。

それが「在る」ことの素朴な実例を、わたしたちがさまざまなものに対してしばしば抱かずにいられない違和感に見出すことができる。（本書「〔手帖1〕批評が生まれるとき」）

先の①～③を思い出そう。「批評」の端緒となるべき「違和感」は、だれにでも「在る」。想起すべき過去がだれにでも「在る」のと同じように。「批評」は、閃くように顔をのぞかせる。まさしく「断片」的に。こうして、「批評」的な精神活動は「私」を生成する。「批評」はジャンルを示すタームであることをやめ、精神活動を示す記号となったのである。こうして、タイトルは『高校生のための批評入門』と決まった。さらに、まったく逆説的なことだが、『批評入門』は、評論・論説ばかりでなくエッセーも、はたまた小説や対談までをも含む、さまざまなジャンルの文章を掲出できる自由を手に入れることになる。

共同討議とカルタ取り

『文章読本』をつくったときの記録が「無限作文体」のなかに残っている。

さて、いよいよ文例選びが始まると、おそるべき数と多方面の文例がフルイにかけられることになった。……最終的に、七〇編の収録に対して候補にあがったのはのべ四〇〇編近かった。いずれも提出者には思い入れと愛着のある文章であるから、それが落とされるとなると、血相を変えて反論をすることになる。逆に自分の気づかなかった領域からいい作品が出てくると、「やられた！」というどこか痛快な悔しさも味わう。

『批評入門』の作品検討会議も、まったく同じ雰囲気だった。ただ「最終的に五一編の収録に対して候補にあがったのはのべ三〇〇編を超えていた」と訂正するだけでよい。もうひとつ違っていたことと言えば、文例候補を提出する権限と収録すべき作品に投じる一票が、編集者である私にも与えられたことだった。四人の意見が二対二に分かれてしまうことがよくあったらしく、私の一票はいわばキャスティング・ボードのようなものとなった。四票以上ならば当確、三票は保留のまま、残った候補の作品タイトルをカード化してテーブルの上に並べる。旅館（「枡屋《ますや》」という名前だった）の一室を借りきり、朝から一日かけて白熱した討論と取捨選択が繰り返された。何かに導かれるように二枚の親和性の高いカードが接近したかと思えば、それに異を唱えるかのように別のカードが割って入る。文脈が変わる。こうした「カルタ取り」を延々と繰り返すうちに、なにやら全体像がおぼろに浮かび上がり、最後にはそうなることをあらかじめ知悉していたような凝固体になりおおせる。

個人的な思い入れを乗り越えて、みんなが「参ったなあ」と賛成せざるをえなかった文例には、決して最大公約数的な意味ではなく、ある普遍的な魅力や衝撃力が宿っている。……その判断力は、個人の選択眼や教養を越えた、共同討議というフィルターを通じてはじめて具体化したのである。作業を進めていくうちに私たちは、すべてを共同討議によって決定していく一見非能率的な自分たちの方法が、従来の個人的な著作の方法とはまったく異なる、ある未知数の合理性と創造性を宿していることに気づきはじめた。

『文章読本』で手にした「気づき」は、『批評入門』のなかではいっそうの自信とともに前景化される。じつは、巻末の「思索への扉」をあらためて読み返してみて、執筆者を特定できない解説がかなりあった（はっきりしているのは、私自身が書いた数本で、「文体は昔から変わっていないな」という奇妙な感慨を抱かされた）。『文章読本』のときは一目瞭然だったのだから、これは四人の「共同討議」がかなり成熟していることの証しだろう。

「ニュー・アカ」とポストモダン

一九八〇年代半ばというのは、日本経済全体がバブル景気に踊り始めていたころである。九〇年代になってバブルがはじけ、以降「失われた二〇年」と言われつつ今日に至っているのは周知のことだ。だが、それは経済に限ったことではなかった。浅田彰『構造と力』（勁草書房）、中沢新一『チベットのモーツァルト』（せりか書房）が出たのが一九八三年。いどちらも大きな評判を呼んで、「ニュー・アカデミズム」ブームの到来と喧伝された。いわゆる「ニュー・アカ」バブルである。

団塊の世代を代表する書店人である今泉正光がフェアやイベントを仕掛け、リブロ西武池袋店の人文書を大きく売り伸ばしていたのもこの時代である。横断的で鮮烈な品ぞろえは、「今泉棚」という異名さえとっていた。

今になってはっきり見えてきたけれど、私がリブロにいた時期（書店の前線にいたのは、一九八二―九三年）こそは本当に奇妙な時代だったのかもしれない。

バブルの時代だと片づけることは簡単ですが、それがリブロの時代であったと考えると、文化の享受の条件がバブル的富の出現とそのバタイユ的蕩尽とセットになって出現したのは明らかですね。……

ひょっとするとあの時代は戦後に蓄積されてきた様々な過剰性が社会の全面に露出してしまった時期だったのかもしれない。（『「今泉棚」とリブロの時代』論創社、二〇一〇年）

八〇年代になって、「知」がファッションやマンガと等価になった、そうした世情にポスト構造主義の思想がスパイスのように加わった。たとえば、かつては実存主義の祖として祭り上げられていたニーチェが、今度は脱構築の嚆矢と読み換えられるようになる。近代的な主体は徹底的に解体されるが、弁証法的意味で止揚されることは決してない。

一九八六年、そのリブロで、『文章読本』はいきなり週間ベスト10に入ってしまった。丸山眞男『「文明論之概略」を読む』（岩波新書）、渡辺淳一『化身』（集英社）という硬軟の大御所と並んでの第八位。翌八七年に刊行された『批評入門』も、「ニュー・アカ」を愛好する人々に、いわば簡便な知のパッケージとして手に取られていたのかもしれなかった。

解体され断片と化した（アンソロジーとなった）作品群は、当初の思惑から大きく逸脱しながら享受される可能性を、潜在的に内包していたことになる。それは、「バタイユ的蕩尽」と見紛うばかりの、知の消費と資本の収奪に身を委ねることだった。だが、当然ながら「ニュー・アカ」バブルもはじけ、「今泉棚」もいつしかその役割を終えることになる。

この『文章読本』や『批評入門』だけがなぜ消費し尽くされずに命を永らえることができたのか、という疑問が解決できないままいまなお心に残っている。それは、なによりこの本が、教室という現場にしっかりと根を張っていたからとしか思えない。読者たちが年々再生産されるばかりでなく、四人がこの本に託した「初心」が、読者（生徒）たちの力によって年々更新されていったことの意味は大きいだろう。

「批評」の再解釈と「断片」の運動

『批評入門』の危うい享受を八〇年代に経験してから、「批評」や「断片」の意味とは何だったのかが、たえず私の脳裏に去来し続けていた。

私のもっとも敬愛するドイツの思想家、ヴァルター・ベンヤミン（一八九二―一九四〇年）は、「批評」という営為を端的にこう定義している（「文学史と文芸学」一九三一年）。

というのも、重要なのは、書かれてある作品のことをそれが書かれた時代のもつ連関のうちに叙述することではなく、それが成立した時代のなかに、それを認識する時代――それはわれわれの時代である――を描き出すことなのだから。(『ベンヤミン・コレクション5』ちくま学芸文庫、二〇一〇年)

『批評入門』の文脈に即して敷衍すれば、自らの「違和感」の正体を突き止めるためには、歴史的な事象への問いかけが不可欠だ、ということになろう。

言うまでもなく、ベンヤミンが生きた時代は、ナチズムによる戦争が世界的な規模で進行する時期とぴったり重なっている。ユダヤ人であったベンヤミンの「違和感」を解消すべき「いま」は、ほとんど閉ざされていたことだろう。その苛酷さが、その危機意識が歴史へと向かわせる。「認識する時代」(現在)にもしも自由が許されないならば、「それが成立した時代」へと赴かねばならない、それこそが「批評」という営為である、と。

もうひとつ、「断片」という形態についての、文字どおり断片的な思いつきを書きつけておこう。戦後の思想家のなかでもっとも意識的に「批評」行為を実践した藤田省三の傑作、「松陰の精神史的意味に関する一考察」からの引用である。

「状況的」という一句の含み持つ、言ってみれば記号学的な意味についてだけ一言しようと思う。それは、総ての「制度的なもの」、「型」を備えたもの、「恒数的なもの」が崩壊し去った社会状態を示している。社会的行動に当って期待通りの反応を予測させうるような「秩序的な関係」が社会の中から消え失せて、「変数」相互の測るべからざる衝突や結合が社会の主たる動向となって来るのが「状況的」社会状態なのである。(『精神史的考察』平凡社選書、一九八二年)

藤田は、幕末の社会「状況」をこう描いた。そして、社会ばかりでなく、思想もすべて「筋道立った秩序性(理論的首尾一貫性と言ってもよい)を完全に喪って最終的に断片的スクラップと化し終った」という。ここでも、「断片」はきらめくような耀きを剝奪されて、社会と思想の崩壊の厳しい表徴となっている。だが、「そのすさまじい状況化の極致を経ることを通して、その中からそうした状況を克服すべく、「奇兵隊」に象徴され又「連合」計画に象徴されるような横断的結社が全く新しく生まれて来て、それこそが新しい社会構成の核心となるのであった」と、「断片」の運動と新たな社会の到来を示唆するのである。

じつは、「批評」的精神も「断片」の運動も、二〇世紀の苦難が発見を促したものだったのだ。

身体に刻む文章

別れの予感が兆す。高校教員にとっても、人事異動は避けることのできない関門だ。四人がちりぢりになれば、共同討議による授業づくりや編集・執筆はままならなくなるだろう。『新作文宣言』（一九八九年）で、共同執筆という幸福な時間に一区切りがついた。

その後、一九九五年、清水さんが文芸評論家として独り立ちするとともに、大学へと転身した。梅田さんが定年前退職した九八年には、松川さんが病気で帰らぬ人となった。おそらく四人のなかでもっとも熱血漢で、好奇心の塊だった。こういう形で「別れ」が来るとは、夢にも思わなかった。服部さんだけが最後まで「現場」を全うし、「ハットリ・メソッド」というすばらしい実践を後進に残した。

そうしたなか、四人と私にとって、「初心」を思い起こすことのできるチャンスが到来した。東京都にある国立市公民館の和田正子さんから、「実作文章表現――ことばによる「私」の創造」という講座に招聘されたのである。一九九四年のことだ。以来二〇〇五年まで、夏の午後の半日をかけた、一二期にわたる社会人向けの「作文の授業」が展開された。もちろん四人（松川さんが亡くなった後は、田中元信さんが担当した）は講師として毎年各一回の講義をこなし、私は受講者として何度も原稿用紙に向かうことになった。

その成果の一端は、梅田さんの単著『中高年のための文章読本』（ちくま学芸文庫、二〇〇三年）で読むことができる。同じく梅田さんの極めつきの好著『文章表現 四〇〇字からのレッスン』（ちくま学芸文庫、二〇〇一年）との併読が楽しい。四人の仕事は、最終的にこの二冊に行きついたと言っても過言ではないだろうから。

本を制作し、四人の方法論を熟知しているはずの編集者でも、実際に作文を書いてみると、ずいぶん勝手が違うことが体感されてくる。なかでも、「最初の記憶」を課題としたときの難しさ、そしてこのうえないカタルシスは、いまでも忘れられない思い出となっている。

彼らが長い時間をかけて考え抜き、試行錯誤してきた方法がどのくらい有効なのか、それは、頭ではなく、私の身体の奥深くに刻み込まれた――それを、編集者の幸福と呼ばずに何と呼ぼうか。

マ行

ヤ行

ラ行

ワ行

ナ行

ハ行

サ行

タ行

作品名索引

＊太文字の数字は，その作品が収録されていることを示す．

マ行

ヤ行

ラ行

タ行

ナ行

ハ行

人名索引

＊太字の数字は，その作品が収録されていることを示す．

本書は一九八七年四月、筑摩書房から刊行された。

ちくま学芸文庫

高校生《こうこうせい》のための批評入門《ひひょうにゅうもん》

二〇一二年三月　十　日　第一刷発行
二〇二五年五月二十五日　第九刷発行

編　者　梅田卓夫（うめだ・たくお）
清水良典（しみず・よしのり）
服部左右一（はっとり・さういち）
松川由博（まつかわ・よしひろ）

発行者　増田健史
発行所　株式会社　筑摩書房
東京都台東区蔵前二―五―三　〒一一一―八七五五
電話番号　〇三―五六八七―二六〇一（代表）

装幀者　安野光雅
印刷所　中央精版印刷株式会社
製本所　中央精版印刷株式会社

ISBN978-4-480-09440-7 C0190